骨の髄までホテルマン
——Executive Hotel Official は語る

加藤　敬三

オータパブリケイションズ

イラスト　しまかたさちこ

はじめに

　1930（昭和5）年、中華人民共和国山東省青島市に生まれました。うろ覚えながら、福建省福州市（3歳）の記憶にはじまり、次いで福建省厦門市・コロンス島（7歳）、一年間台湾省台北市に避難、再び汕頭を経て今の広東省広州市（12歳まで）生誕地青島市へ戻り、河北省張家口市、首都北京市を経て、大東亜戦争により15歳の時初めて祖国日本を見ることになるのですが、この育ちにより、国際感覚がめばえたのではないかと思っています。

　1953（昭和28）年、慶應義塾大学文学部英米文学科を卒業、4年間アルバイトでお世話になったContinental Hotel（味の素ビル接収）で、米国コーネル大学出身の日系二世のMr. Imai General Managerのもと American Hotel Management による未来のHospitality産業、その後の新しい人生を委ね学ぶことになりました。その後、千鳥ヶ淵にあった Fairmont Hotel Tokyo に就職、幸いにも小規模 Hotel で、あらゆる部署・職種に携わり Hotel の Generalist として成長しました。

　1964（昭和39）年、開催の Tokyo Olympic 前年、America の First Class の Hotels の視察。その体験は、その後に押し寄せる第一次、第二次、第三次……Hotel の建築ラッシュ・ブームによる業界の発展、Mega Hotel の成長を見る重要な視点を養うことに大いに役立ったと思います。

　縁あって経営の神様、銀行の頭取、ラジオ、テレビ、マスコミの最先端を行く社長が大型高級ホテルの経営者になる新規事業に一番に下阪、参画。関東商法、加えて関西商法も学ぶ機会に恵まれました。

欧米、関東、関西のHotel Managementの知恵を得ればExecutive Hotel Officialとしては最高のHotel Management体験・勉強をしたものと深く感激もひとしおと、自負しています。

さらに、南海電気鉄道株式会社のHotelを核とした難波都市開発の大事業に参画する機会を得ました。南海電鉄のグループ事業、ビジネスホテル、旅館業、リゾートホテル、レストラン、遊園地事業とあらゆるサービス産業にも参画、Fashion Brandsの研修にヨーロッパの業界視察にも数々の幸運に恵まれたのです。

何よりも特筆すべきは、どっぷりと浸かっていたHotel業界から離れて、第三者の目線でサービス業界を見つめることができたのは、決して私の実力ではないと認識しつつも、「チョット待てよ、こんなビジネス環境、経験、体験者は他にいないな」と思ったわけです。それならば何らかの記録を後輩たちに残すべきだと、責務があると勝手にイメージしたわけなのです。

1991（平成3）年『ベテランが語り継ぐ、骨の髄までホテルマン』（ペンネーム：堀田 胤／非売品）を上梓しました。本書は、同書に加筆再構成したものです。

現役はもちろんのこと、これから業界を目指してご活躍される若者たちへの贈り物として刊行いたしました。第三次産業の中心、サービス産業の花形であるHotelとは、素晴らしい未来がある世界ということをぜひご理解ください。「**温故知新**」

芦屋にて
加藤敬三

2015（平成27）年　2月吉日

目　次

はじめに…………………………………………………………… 3

**第1章　エグゼクティブ ホテル オフィシャル
　　　　（Executive Hotel Official）プロファイル** …………　16

1. 1940年代　――"ホテル"はじめの一歩 ………………　16
2. 1950年代　――「ホテルマン」1年生 …………………　19
3. 渡米 PART.1　――初渡米・ハワイ編 …………………　21
4. 渡米 PART.2　――サンフランシスコ編 ………………　24
5. 渡米 PART.3　――シカゴ編 ……………………………　26
6. ホテルは常にエースで戦え
　　――欧米視察で開眼したマネジメント魂………………　29
7. 自称 Gourmet は筒井福夫総調理長（帝国ホテル出身）の下で
　　――従業員食堂の使用を禁ず……………………………　31
8. 人呼んで Mr. 断言
　　～ホスピタリティー産業界「パッケージプラン」の創生～ …　35
9. ホテルが"昭和"に刻みしもの
　　――元参謀将校でスタート、戦後のホテル……………　38
10. 一つの歴史は終った
　　――桜の花とともに散った、千鳥ヶ淵のフェヤーモントホテル…　41

第2章　一輪のバラで始まる物語（感性のお話） ………………　43

1. 一輪のバラが意味するもの………………………………　43

2．ホテルマンの哀歓
　　──不安を安心に変える、言葉サービスのベテランの心遣い … 49

3．心の産業
　　──ここでも右脳と左脳の戦い……………………………… 52

4．恥ずかしながら失敗談を
　　──いや、困惑した話………………………………………… 55

5．カラーワールド
　　──おもてなし産業の色彩商品はどう進化するのか…… 58

第3章　安眠はホテルの永遠の商品………………………… 61

1．"安眠"はホテルの永遠の商品
　　──ホテルは安眠のための場所であり続けなければならない … 61

2．かつてどのホテルにもあった「抱き枕」はどこへ？ …… 65

3．もう一つの条件──安眠頭寒足熱……………………… 67

4．Sleep Solution──心地よい眠りのための装置について … 69

5．バスルームの"快楽"法則………………………………… 72

6．オールスイートホテルの"誘惑"
　　──お客さまのシルエットが、人のぬくもりを伝える知恵 … 78

7．ビジネスホテルに泊まる………………………………… 84

8．Royal pink palace THE ROYAL HAWAIIAN
　　LUXUARY COLLECTION RESORT WAIKIKI …………… 87

第4章　正しい「料理」とは ………………………………… 90

1．クライマックスを考えるのが正しい料理の基本………… 90

2．"正しい"ホテルの朝食とは ………………… 93
3．メインダイニングルームの栄光を再び（その1）……… 98
4．メインダイニングルームの栄光を再び（その2）……103
5．京料理の「水」の大切さから考える ………………108
6．何でもエスニック！
　　伝統のフランス料理はどこへいってしまったのか？……113
7．Viking 料理（Buffet）………………………115
8．今は失われたプライベートルームボーイと本物のハンバーガー…118
9．ご飯の味
　　――"正しく"素材を生かした味を識る …………120
10．しょうゆ
　　――日本の食文化の誇り ……………………122
11．回転寿司文化考、世界展開する「日本料理」
　　――味覚本能は変化する ……………………125
12．雑食の時代
　　――食文化のカケラもない ……………………127
13．駅弁当
　　――昔・今（旅と駅弁の今昔）…………………130
14．鉄板焼
　　――ビーフステーキ考察 ……………………133
15．牡蠣のおいしい季節がやってきた
　　――新洋食時代の到来か ……………………136
16．伝統の味
　　――その料理を選ぶお客さまは心得ている …………138
17．ハム＆チーズサンドウィッチ
　　――明治・大正・昭和ロマン …………………141

18. ホテル逸品グルメフェア
　　〜 sweet －それもスポンジが主流か〜 ……………………143
19. Hamburger on buns ……………………146
20. ホテル雑話
　　――Executive Hotel Official は語り続ける ……………149
21. 懐古・回顧・復刻食文化にみるシルバーウイーク ………151

第5章　UG会の創始者が教える、
　　　UG鑑別法ホテルマンの観察力 ……………**154**

1．おっと、待った！UG鑑別法教えます
　　――ホテルは、For Customers Satisfaction である ……154
2．ホテルマンならではの観察力を養え……………………161
3．Amex Gold Card の威力 ……………………164
4．一見紳士風にはご用心………………………………168

第6章　ホテルにおける四つのネス ……………………**171**

1．日本のホスピタリティー・マインドの祖、
　　犬丸徹三氏と進駐軍 Advanced Army ……………171
2．高級感とは平面ではなく立体に見る……………………174
3．「安全第一」選ばれるホテルの条件 ……………177
4．客商売のポイント4点 ……………………179
5．一番難しい"ソートフルネス"……………………182
6．スマートに使われていたランドリールームはどこへ？…185
7．ホテル現代史……………………………187

8．ハウスキーピング──縁の下の力持ち
   EXECUTIVE HOUSEKEEPER ……………………………190

9．あの誇り高きハウスキーパーたちはどこへ……………192

10．ランドリーには誤解が多い
    ─VALET SERVICE は総称─……………………………194

11．ホテルが忘れているマザーズタッチ ………………………197

12．番頭さん ──にじみ出る、気配りと思いやりと心遣い…200

13．Hotel hospitality ホスピタリティー
    ── Quality of hotel life ……………………………203

14．手代まつや源助
    〜その柔軟な発想力とその行動力〜 ……………………206

15．「朝ドラ」に学ぶ
    ──研ぎ澄まされたホスピタリティー・マインドの究極…芸妓…208

16．街角風情──生活臭はむしろお手のもの ………………210

17．戦後64年語り継がれる証言
    ──2009年「Clean と Sanitary」……………………212

第7章　ホテルのセキュリティ……………………………215

1．テロと観光産業……………………………………………215

2．香港の百万ドルの夜景を見ながら………………………218

3．Mr. Obama 初来日　東京でのお宿は
   オバマ大統領─Barack Hussein Obama Jr.……………223

第8章　ホテルの仕事……………………………………………226

1．バーテンダーの時代よ、今いずこ……………………………226
2．総支配人 PART.1──取締役総支配人は悲しからずや… 231
3．総支配人 PART.2──悩める総支配人 ………………………236
4．総支配人 PART.3
　　──行動する支配人が携えていたあの七つ道具は………239
5．ルームサービスの心得
　　──深夜、注文を待ちうける忍耐の報酬…………………241
6．その昔、名マネジャーはよきマイスターでもあった……246
7．Executive housekeeper
　　──トイレの掃除からはじまるホテルのおもてなし……248

第9章　ホテルの経営……………………………………251

1．ホテルマンは都市の"魂"たりうるか
　　"魂"の供給源としてのホテルマン …………………………251
2．ホテルオークラ神戸への頌辞
　　──「勝つための条件」を携えて神戸に渡来 ……………256
3．ホテルのアーケードを考える………………………………262
4．ディナーショーの代わりが見つからない！………………268
5．"ニッパチ"でも稼ぐ話 ………………………………………273
6．いいホテルの10ポイント ……………………………………276
7．大型ホテルの崩壊現象 PART.1 ………………………………278
8．大型ホテルの崩壊現象 PART.2 ………………………………281
9．大型ホテルの崩壊現象 PART.3 ① ……………………………284
10．大型ホテルの崩壊現象 PART.3 ② ……………………………286
11．大型ホテルの崩壊現象 PART.3 ③ ……………………………288

12. 求められる構造改革――「のれん」か「フランチャイジー」か、
    和食産業フランチャイジー化計画 ……………………290
13. 不況の中で勝ち抜くために ……………………292
14. いにしえ旅館と若い世代の着眼点 ……………………294
15. 大型ホテルよ、お前はいったいどこへいくのか？ ……296
16. Streamline of the Hotel Management ……………………298
17. 年末年始の恒例イベント "Dinner Show" ……………………301
18. ダイヤモンドホテル東京に乾杯
    ――フェヤーモントホテルを偲んで ……………………303
19. アメリカンホテルの合理主義 ……………………306
20. ホテル運営学
    ――コーネル、ローザンヌのDNAを日本市場で生かすには …309
21. アメリカン・マーケティングは絨毯爆撃
    ～ホテルキーパーOBの呟き～ ……………………311
22. もう一人の偉大なる経営者――タネ銭哲学 ……………………314
23. 非正規雇用社員――ウエーターサービスのプロ ……………………317
24. アメリカって国は――2009年 ……………………320

第10章　ホテルの営業
――老兵の胸から去らぬ一つの疑問 ……………………323

1. マーケティング論よりも景気で変動……………………323
2. ホテルのマンネリ企画
   ――ディナーショーで誰が儲かっているのか……………………328
3. アメリカンローストビーフに学ぶ演出力・企画力………330
4. 災い転じて。シーズンオフ対策…人呼んで「シティリゾート」…333

5. 蝉時雨も終わった
　　──ザ・ウィンザーホテル洞爺リゾート＆スパ……… 335
6. FIFA-WORLD CUP がもたらしたもの ……………… 338
7. Value for Money──報酬相応の仕事をする精神の確立を… 340
8. デフレ宣言 spiral deflations ……………………… 343
9. INTERNET 通販検索機能は進化し続けている ………… 345
10. お値打ち価格──Value for Money ………………… 347
11. 中抜きがやってくる ……………………………… 350
12. ホテルカードメンバーズ ………………………… 352
13. ホテルの駐車場利用権 …………………………… 355
14. 環境エコがもたらした価格破壊現象 ……………… 358

第11章　ホテルを煮詰めれば残るは「気」……………… **361**

1. ホテルを煮詰めれば残るは"気" ………………… 361
2. いにしえのホスピタリティーは今、いずこ ……… 367
3. ホスピタリティーマインド・・・昔はこうだった……… 369
4. NO と言い切ることはホテルの権威 ……………… 372
5. ホテルの表玄関は
　　── IT 時流に乗れないホテル、IT 時代に漂うホテル … 375

第12章　日本人の文化とマナー …………………………… **379**

1. ブッフェに見るお客さまと店の相互理解 ………… 379
2. 嗚呼ジェネレーションギャップ、
　　古のエチケットやマナーはどこへ？……………… 385

3．嗚呼、受験生ブルース、心を喪失した時代の若者たち…387
4．家庭教育……………………………………………………389

第13章　時勢のコラム …………………………………391

1．結婚披露宴今昔模様──名調子のホテル司会者の話芸は…391
2．日本人の国際感覚──Must have your Reputation ……394
3．表と裏……………………………………………………396
4．試行錯誤の業界──顧客の変化に対応を……………398
5．情報化時代──知らぬが仏………………………………401
6．ホテルマンたれ、トレンドに敏感であれ………………404
7．腹芸──ニッコリ笑ってバッサリ切る…………………406
8．人質解放
　　──戦前戦後そして未来の日本国家像を見直す機会に…409
9．アテネオリンピック2004
　　──成功を支えた、調理・サービス・警備スタッフたち…412
10．他人事ではない …………………………………………415
11．ホテイチ──元来デパ地下に勝る、ホテルのテイクアウト…418
12．超高齢社会──ホテルとホスピタルについて改めて考える…421
13．ホテルの英語は──和製英語に気をつけて ……………423

第14章　お客さまは神様だ ……………………………426

1．ホテルよもやま話………………………………………426
2．HOTEL IS A HOME AWAY FROM HOME ……………430

3. Concierge
   マイ・スウィート・ホーム
   ──ホテルとは、旅先のもう一つの家庭……………………433

4. Guest is always right ………………………………………436

5. お客さまは神様である──教えてくださるのはお客さまの声…438

6. YES Sir, YES Madam, Very well Sir, Please
   ──Hospitality Mind の始まり ……………………………441

最終章　もう一度、お客さまをゲストに遇しよう……………**445**

1. "MORE" から "BETTER" ……………………………………445
2. ホテルこそ地域経済・文化を活性化させる………………449
3. 終わりに──国際化時代に原点を見直す…………………459

第1章　エグゼクティブ ホテル オフィシャル（Executive Hotel Official）プロファイル

1．1940年代　——"ホテル"はじめの一歩

　1949（昭和24）年。終戦4年後にはじめた学生アルバイトを機に「ホテル」との縁がはじまった。

　慶応義塾大学に入学したこの年、間もなく父が他界。アルバイト学生を余儀なくすることになり、東京・中央通りにあった「コンチネンタルホテル」（東京都中央区京橋一丁目15番1号）のルームボーイとして働くことになった。ホテル勤務を優先するかたちで大学の講義を調整した。例えば、午前中の早い講義を受けてホテルへ駆けつける。そして、最終講義に間に合うようにまた大学へ走っていく。そんな学生生活を送った。私にとってアメリカンシステムのホテルは、ある意味、好意的であった。働きながら勉強することがアメリカでは不思議ではなかったせいだろう。今振り返っても、その点だけはありがたかったと思う。

　報酬は15分25円。1カ月4,000円ほどだった。当時の大卒公務員の初任給が4,863円だったと思えば、なかなかの高収入だ。加えて、チップ代わりにもらったアメリカのタバコ（1カートン400円ぐらい）が、今となっては時効だが…学生仲間に1,200円で売れたことにも助けられた。

　私には慶応の学生という誇りとアルバイトという気安さもあって、仕事はとても楽しかった。しかし、同僚のボーイたちはまとも

に生活がかかっていたので、すでに世帯を持っていたり子供を育てていたりする者にとってみれば、決して楽ではない仕事だったと思う。ボーイの制服をまとい、私たちは部屋の掃除、靴磨き、アイロンかけ、何でもこなした。客室の掃除が終わると廊下に座り込みお客さまの靴を磨く。その作業中に互いの暮らしを語り合った。世の中を知る、それは楽しい時間帯であった。**アメリカンライフを学ぶ最高の舞台**であった。もちろん仕事の要領や上司への不満、あまり大声では言えないがお客さまの噂話にもふけった。まだまだこの日本という国は食糧難で、私たちのようなボーイも飢えていた時代だ。

　この時代のホテルの宿泊者は、アメリカ国連職員や外国人客が大半で、皆、食券でサンドウィッチやコーラを注文していた。中にはさりげなくその券をボーイに置いてゆく心やさしいお客さまもいた。ボーイたちはお客さまのオーダーであるかのようにコーラやハンバーグを受け取り、お客さまの去った部屋でこっそり食べたりした。17〜18歳の飢えたボーイたちにとって、そのハンバーグのおいしかったことは今でも忘れない。この世にこんなおいしいものがあるのか、と不思議に思ったほどだ。食券もチップの一種だったが、タバコもよくもらった。そのタバコを前出のように慶応の同級生が学生仲間に売りさばいてくれた。貧しかった私にはそんな彼の友情がとても嬉しかった。

　私たちは出退勤時に持ち物検査を受けていたので、チップ代わりに1カートンのタバコをもらっても従業員の持ち出しは難しかったが、誰にもらったのかを証明するサインさえあれば問題はなかった。もし、現代の日本のホテルでこんな持ち物検査をしたら人権問題に発展しそうだ。

　多民族国家アメリカでは、きちんとしたマニュアルを設けており

罰則も多い。秩序や統制を図るために設けた「持ち物検査」だろうが、実は検査をしなければならない事情も持ち合わせていたのも事実である。

慶応大学時代の筆者

2．1950年代 ──「ホテルマン」1年生

　1953（昭和28）年。私が慶応義塾大学を卒業したころはそれなりに就職難の時代だったが、新聞社や放送関係、まだ華やかだった映画会社などへ同期生の多くは就職していった。私は、学生時代のアルバイト経験を生かして、「フェヤーモントホテル」（2002年に閉館）に入社。晴れて正式にホテルマン1年生となった。

　そのころ、銀座に小松ストアという小規模なデパートを経営する慶応の先輩がおられた。この方はホテルの経営者でもあって、当時すでに飯田橋に「アンバサダーホテル」（旧・大正閣、1951年）、三番町に「サンバンチョーホテル」（同年）、そして九段千鳥ケ淵に「フェヤーモントホテル」（52年）を持っておられた。私は、フェヤーモントホテルを見にいった。モルタル二階建て、アメリカ風のアットホームなホテルで、その建物の明るさに惹かれ採用試験を受けた。25倍の競争率だったにもかかわらず合格し採用通知を手にしたときは、コンチネンタルホテルで培った4年間のアルバイト経験が大いに役立ったと思った。他の業種へ進まず**ホテル業界をやはり選んだのは、これからの成長産業になろうと思っていたからだ**。進駐軍による大ホテルの接収も次々解除されていく中、いわばホテルの戦後草創期であった。**業界がどのように発展していくのか、歩みを共にしつつ自分も成長していこうと思った。**

　ひとり立ちし、ホテルマンとして出発したその年、巷では"八頭身"が流行語になり、映画「ローマの休日」のオードリー・ヘップバーンの髪型、ヘップバーンカットという男性的な短い髪型が流行していた。フェヤーモントは入社した翌年、改装を施し政府登録ホ

テルになった。私の職種、その初めはドアボーイであった。それからレストランボーイ、ルームボーイ、幹部候補生であったからあらゆるパートを経験した。1週間に1回のローテーションで皿洗い、パン焼き、ボイラーマン、ジャニター（Janitor／施設などの管理人・労務者・用務員）など、何にでも当たった。

　キッチンの鍋洗いに回された時、私はリネン室から白い高い帽子を取り出し、それをかぶって調理場へ入った。途端に大声で怒鳴られたのである。30センチもある高い帽子は、コック長しかかぶってはいけないのを初めて知った。いろんなパートの中でもコックの仕事が一番つらかった。1日中立ちっ放しに音を上げたのだ。4日目には休みをもらわねば体が続かなかった。コック志望ではなかったし幹部候補生でもあったから、私はまだ大目に見られていたのだが、コックの仕事はひときわ重労働に思えた。今でもコックという仕事には頭が上がらない。何よりもその時の体験によっているとつくづく感じる。

　当時の総調理長は有名なシャリアピンステーキの創始者筒井福夫氏であった。ここで私は筒井氏の本格的なフランス料理をおよそ3年間食べさせていただくありがたい機会に恵まれた。決してつまみ食いではない。社命を受けて食べたのだ。

　フランス料理はサッパリとした軽い味が多かったが、そもそも日本料理とは脂の量が違う。私の体型はしだいに肥り始めた。が、神経だけはフランス風というか、だんだん繊細になっていくようであった。

フェヤーモントホテル時代の筆者

3．渡米 PART.1 ——初渡米・ハワイ編

　1961（昭和36）年。初渡米。1964年——東京オリンピック開催前の視察旅行として、まずはハワイに到着した。

　生々しい戦争の体験と記憶が癒えないまま、未だ戦後復興途上にあった日本から初めて渡米することになったのは1961年の夏であり、東京オリンピック開催を前にしての視察がその主な目的であった。当時は現在のように自由な観光海外旅行ができず、すべて許認可制であった。それに持ち出し外貨の割り当ても制限があり、ひと月の費用を当時のレート＄1.00（360円）で＄500（18万円）までで、まかなわなければならない厳しい予算だった。当時は、物資不足の折から旅装も今のように立派な素材はなく、せいぜい高級なものと言えばカメラぐらいであった。今から考えるとよくもあんな重いカメラを持っていったものだと思う。血気盛んな31歳。日本復興のために新しい知識を米国から得ようとする数少ない日本人渡米者、エリート意識、未来の希望と夢に満ち満ちていた。乏しい予算の中でも、宿泊のホテルだけは一流へと職業柄心に決めていた。米国内の移動手段は「SEE MORE AMERICA」のキャンペーンで、自由に乗りまわしても＄99（3万5,640円）という「GRAYHOUND Bus」に乗ることにした。

　戦時中サイパン、グアム、ウェーキ島、沖縄島と攻め込まれた爆撃の記憶や耐乏生活がまだ体にも脳裏にも鮮明に残っていた私にとって、米空軍B29爆撃機が日本の富士山を目指して飛んできた南太平洋を眼下に眺めながら、ボーイング707で反対方向のハワイに向かっていくというのは、真珠湾奇襲攻撃もかくあらんと、

チラッと頭をかすめ、まさに感無量であった。途中ウェーキ島での給油後、米国の第1歩はハワイでの宿泊であった。1961年当時、ワイキキ通りはまだ現在のような一方通行ではなかった。車の数は少なく高速道路や高層ビルもなく、ホテルから散策するとどの角度からも DIAMOND HEAD はその象徴として美しい姿を見せてくれた。癒やし、平和、PARADISE、南国の真っ赤なハイビスカスの楽園がこの世界にはあったのだと強烈に感じた。

あっ、そうだ。戦前、3歳のときから住み育った福建省夏門市「アモイ」のコロンス島のことを想い出した。バナナ、マンゴー、パイナップル、パパイヤ…、南方の果物の味は一気に幼年時代を、濃厚なグアバジュースを飲んだ時は数十年前、確かに味わった記憶を私の胃は鮮明に蘇らせた。戦勝国の米国国民は敗戦国の小島国日本人に対して誰もが "Hi" と声を掛け、鷹揚であり陽気で親切で敗者の心の痛みを労わるようでもあった。そして "enjoy your life" と決まり文句が飛び交っていた。ワイキキビーチにはゴミ一つ落ちていなかった。海には必ず藻が流れ着くものだが、その一片も見当たらなかった。海に沈む夕日の頃になるとたいまつが灯され、ローカルピープル老若男女が木陰でウクレレを奏でロマンチックな光景を演出する。誰もが平和であった。しかしその後ハワイを訪れる機会が十数回、あれから45年が経ち高速道路網、ワイキキ通りに立ち並ぶ高層ビル、夏服にネクタイのビジネスマン、ビーチには数々のゴミ…に驚かされた。その環境破壊の多くは、訪れる日本人観光客のせいだとか。もはやハワイは "big city, no more resort" である。

文明文化の進化は果たして人類にとって良いことなのか。「衣食足って礼節を知る」あのアメリカ人の人懐っこい微笑みは一体どこへいってしまったのか。**ベトナム戦争以来アメリカ国民はハイテク**

化がますます進み、心はすさんできている。今、世界に渦巻く戦争反対 "no more war" の声はあの勝者のゆとりとスマイルを環境破壊と同時に失ってしまったのだろうか。

PANNAM B707は
ウェーキ島に
給油のため
途中着陸

4．渡米 PART.2　──サンフランシスコ編

　ホテルのマネジメントとメンテナンスシステムの視察のために、ハワイからいよいよ、第一歩は米国本土サンフランシスコへ、ベイブリッジの百万ドル夜景を眺めながら到着する。機内で隣り合わせた新婚さんが敗戦国日本人の一人旅を気遣ってか、親切にも空港に迎えに来ていたご両親の車で深夜にもかかわらず市内コンチネンタルホテルまで送ってくださった。アメリカ人本来の大らかさなのか、島国あるいは敗戦国日本人に対する労わりなのか、当時はアメリカ人というアメリカ人は皆が陽気でスマイリーであった。もちろんホテルの部屋代はコンプリメント無料。かくして本土の地面を踏みしめながら、まずは St. Francis Hotel から視察を始める。ここでは多くのホテル日本人留学生が研修をしており、ロビーのじゅうたんの厚いことでも有名である。私はルイ王朝時代の超豪華ホテルの裏方から表方まで視察し、次いでマークホプキンス (Mark Hopkins) へ。坂の上に位置し、ベイを見渡す景観は最高。講和条約を締結するために吉田茂総理一行が、敗戦後に泊まったホテルでも有名で歴史を感じる。Fairmont も同じく坂の上にあり、こちらはタワービルで有名だが、私はそのタワーの建設工事を見学することができた。あれから 53 年（当時）経っている。伝統ある超豪華ホテルを見学して回る。名刺を差し出すとどこも親切に HOTEL TOUR（館内見学）に応じてくれた。しかし、超高級ホテルを見て回るのは若いとはいえ疲れるものである。あれから何度もサンフランシスコは好きな街として訪れているが、いつまでも一流を保っているアメリカのメンテナンスにおけるマネジメント力は、日本人にはまねできないもの

の一つである。つまり清潔感に関する感覚の違いである。日本人は、表は綺麗にするが一歩裏に回るとゴミや壁の汚れは当たり前である。後で学んだことだが、メンテナンスのマニュアルはホテルマネジメントの重要事項の一つという。接収下の帝国ホテル元・犬丸徹三社長はヨーロッパでホテル修業をしたのだが、**アメリカのホテルマネジメントと日本のマネジメントとの違いは清潔に関するシステムであり、メンテナンスシステムは学ぶべきものがある**とよく業界で言われていた。

さて、いよいよ大陸横断の旅はバスターミナルから始まるのだが、当時のせっかちな日本人が、順序よく列を作り並んで窓口でチケットを買うのは苦手である。並んだ列を間違えば無情にもネクストウィンドウと、また最初から並び直さなくてはならない。なるほど公衆道徳は、キッチリと守られているのだなぁと感心する。当時の日本人ほど列を乱す国民も少ない。その後、渡米した折に懐かしくタクシーで訪ねようとしたら、運転手は危ないから降りるなと側を通り過ぎた。1970年代のベトナム戦争は、あの戦勝国の米国人の余裕と微笑みを露と消してしまった気がする。そういえば1980年、1990年とアメリカの犯罪は増え続けている。その後、何度か米国を訪れるたびに米国民の顔つきは険しくなり街はゴミだらけ、危険は増すばかりで遂にホテルはセキュリティを重んじてエグゼクティブフロアーなるものを設置し、エレベーターにはそのフロアの宿泊客専用の鍵で止まるシステムで安全を確保するようにまでなってきた。

さて、テロ事件に驚愕しアフガニスタンからイラクへと戦いを伸ばした米国民の心は、それを機に大きく傷つき疲弊した。それが後の、アメリカ経済の落ち込みにつながったと感じずにはいられない。

5．渡米 PART.3　——シカゴ編

　サンフランシスコのターミナルを出発し、いよいよ大陸横断の旅に出掛ける。ロッキー山脈を曲がりくねって平坦なハイウェイを一直線にひた走ること延々2泊3日、ようやくシカゴに到着。そしてThe Drake Hotelに泊まる。シカゴは高架電車が走り、運河があり、橋があって戦後間もない東京の日本橋界隈に似ているとの印象を持った。

　その当時、世界最多の客室数1,639室を誇るPalmer House Hotel Hiltonを一度見てみたいと思いつめた視察も叶ったが、あまりの規模の大きさに、また初めて見上げる高層ビルに驚いたものだ。ホテル・ツアーをいやな顔ひとつせず東洋の島国から来た敗戦国日本人に、丸半日掛けて丁寧に隅から隅まで案内してくれたアシスタントマネジャー。大宴会場の裏では体格のいいパートタイマーの黒人学生が、たった1人で山ほど…1万点もあろうかという銀器・食器類をひと晩掛けて洗浄機を使って明日朝までに片付けるのだそうだ。なるほど、人件費の高いアメリカでは銀器・食器類は明日朝まで使わないので急ぐことはないし、しかも電気水道代は日本よりはるかに安い。1人の人件費で済ませればよいというわけだ。日本のホテルなら宴会が終わったら、ただちに食器の洗浄を多くの人数を投じてでも勤務時間内に片付け、明日に持ち込むことはない。当時よく言われた省力化・合理的・機械化されたアメリカ人の経営手法を目の当たりに体験したわけだ。日本人の人件費や所得は低く、やたらと人海戦術が繰り広げられていた。現在の自動化・機械化は、すべてアメリカから学んだものだ。

GRAYHOUND Bus でニューヨークへ向かう。四方を見渡せる広大な砂漠に鉄道の踏切があって、長距離バスは必ず一旦停車する。人が見てようが見ていまいがルールは守る。さしずめあの頃の日本なら徐行しながらでも人が見ていなければ踏切を渡るだろう。The Roosevelt Hotel に宿泊。摩天楼を見上げてとうとう私も世界のニューヨークに来たかと実感したものだ。

　さらにワシントンでは、Sheraton park Hotel に宿泊してバーでひと息ついていると、なんと世界の美女エリザベス・テイラーがいるではないか。私もどうやら一流社交界の仲間入り。少し気取って「Hi」と声を掛けると、「Are you enjoying」と決まり文句が返ってきた。さて、米大陸のあまりの広大さに恐れをなして復路は、なけ無しのドルをはたいてラスベガス、そしてロサンゼルスへと飛んだ。ロサンゼルスでは、そもそもビジネスマンのために開発したという「STUDIO BED ROOM」で一躍有名になった Statler Hilton Hotel に宿泊した。昼間はソファ、夜はベッドになるといういわゆるソファ・ベッドのことで、世界最初のホテル客室内の使用であった。

　1961年。ひと月にわたる貧乏国日本人の、職業柄一流ホテルを泊まり歩き食べまくる豪華な長旅は、老若男女、出身国籍のいかんを問わず、**陽気で明るく気さくに声を掛け合う米国人気質に支えられ、ものの考え方・合理性・省力化・機械化・利便性・自由・人権の大切さ・清潔感など民主主義の多くを学んだ旅であった。**今から考えれば当時のアメリカは古き良き時代ではあったのだ。

■日本人出国者数

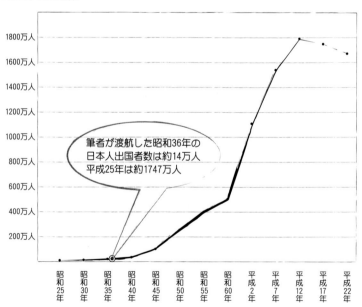

筆者が渡航した昭和36年の
日本人出国者数は約14万人
平成25年は約1747万人

6．ホテルは常にエースで戦え
——欧米視察で開眼したマネジメント魂

1964年。入社10年目。

10月に開催した「東京オリンピック」の2カ月前、私はその8月から9月中旬までアメリカやヨーロッパのホテルの視察に行なった。帰国すると、フェヤーモントホテルの営業担当支配人（支配人兼営業部長）を仰せつかった。

ちょっと偉くなったなあ——。正直に言ってそんな気がし、34歳半ばの私は得意気になったのである。支配人にもなれば自分のデスクもいる。営業上の秘策練りも計算もデスクがなければ落ち着いて仕事なんぞ出来ないのだ、と。そこで、小さな事務室の片隅に、私は自分のデスクを一つ用意した。ある朝いつものように私は7時半に出勤して事務室に入ると、フェヤーモントの小坂武雄社長がなんと私の机を放り出す作業にかかっているのであった。机の引出しをあけ、中の物を引っ張り出す。からっぽになった机を外へ運び出そうとする。私は突然の事態に茫然とした。

いくら社長であっても、机の引出しまで勝手に開けるとは、今で言うところのプライバシーの侵害か、パワハラか。私はこのホテルの支配人だというのに、部下たちの目の前でなんの断りもなく、私の机を外へ運び出すとはどういうことか。

小坂社長は、慶応義塾大学を出てロンドンに長年留学された秀才にとどまらず、ジェントルマンであるはずであった。それがまるで無法者のような振る舞いに及ぶ。私は猛烈な怒りを感じながらも、部屋の外へ放り出される机の動きをなすこともなく眺めていた。私の怒りはおさまらなかった。こんな理不尽な人物の下には居たくな

い。今日を限りに辞めてしまおうと思った。支配人として座るべき椅子もない。社長はひと言も言わずに出ていってしまった。部下たちも語らず、気まずい空気が朝の事務室に漂った。どうしようもなくこみ上げてくる憤(いきどお)りとサラリーマンの哀しさ。私は窓際に立って通りの風景をうつろに眺めていた。

　そのとき、小坂社長に呼ばれたのである。そして、社長室に入るや否やこう言った。

「君は、このホテルで一番サービスやマナーが良いんだよ。だから若い連中の手本になるようにと、支配人のポストにしたのだ。その君が奥まったところに机をデーンと置いて座っている。それではなんにもならないではないか。野球で言うなら君はエースだ。ここ一番という勝負のときに、**エースがベンチに引っ込んでいて試合に勝てると思っているのか。常に第一線に立ち、ホテルの看板となりなさい**」

　故(ゆえ)なくして机が放り出されたのではなかった。確かに私は得意になり、第一線に立つのではなくデスクワークができるポジションに安住しようとしていたのだった。さっきまで私は辞める決意だったのに、小坂社長の言葉を聞いて思い直した。私の傲慢(ごうまん)さの芽生えをすばやく見てとった小坂社長の偉大さを感じ、引き締まった気持ちで仕事に当たろうと思ったのである。

7．自称 Gourmet は筒井福夫総調理長（帝国ホテル出身）の下で
　——従業員食堂の使用を禁ず

　料理飲食担当支配人として仕事をはじめたころ、勉強の意味もあったのだろうか社長から「今後コックだけは調理見習にまかないを作らせ、筒井福夫総調理長を囲んで３食一緒に食事するように。従業員食堂の使用は禁ずる」とのお達しがきた。ついでに、私も必ず参加するよう命じられた。当時はまだ食料不足の時代。従業員食堂の昼食は決まってうどんか蕎麦、夕食は焼き魚にみそ汁、ご飯といった具合で、重労働には耐えられないほど質素なものであった。朝昼晩といくらフランス料理がおいしいといっても「毎日ではなぁー」と嘆くと、帝国ホテルの村上信夫総料理長の兄貴分で親方でもあったフェヤーモントホテルの筒井福夫総調理長（帝国ホテルでは料理長）は「加藤さん心配しなさんな。私の料理はシンプル。決して脂っこくなくさっぱりしているから飽きずに毎日食べられるよ」と自信を込めて言った。後述するが筒井福夫総調理長は、あの「シャリアピンステーキ」の考案者として有名なグランシェフである。そして３年間にも及ぶ毎日の食事が始まった。なにしろ、フランス料理を日本に導入したのは帝国ホテルである。本物を毎日公認で、しかもただで食べられるとは。最初のうちは滅多に口にすることのないフランス料理のこと、夢中で食べまくって味など全く分からなかった。筒井福夫総調理長は若い者にこんこんと作り方の手順の間違いなどを指摘し正しい調理法を教えていた。

　自称 gourmet はその時の解説と勉強と試食で、味見は充分に記憶に叩き込まれたと思っている。サービス業に携わる私の将来にとっては、外国のホテルでは料理の分かる総支配人が多いことから

誠に幸運であった。良い調理人に求められる舌・鼻・耳・目・触覚の五感は幸いにも比較的鋭敏な方であった。今日になって社長が**なぜ調理人だけに従業員食堂で食べることをさせなかったのか**理解できた。つまり冷蔵庫や冷凍庫に入っている材料を持ち出す折、大概は面倒くさいと、先に納品された奥に入っている材料からは出さず、手前に置いてある新しい材料を要領よく使用しがちだったので、順序よく使う癖をつけるためにということだ。自分で調理して先輩親方に食事を出すとなると、先に仕入れた日付の古いものから使うようになる。当然ながらお客さまには常に新しく仕入れた材料を使うことになる。つまり**在庫の回転を良くするということと、原価意識を持たすための「無言の体感教育」**であったわけである。

　出されたフランス料理はサッパリしたものだった。言うなれば、日本人における「白米」のようで毎日食べても飽きない。素材の味を生かし立派に引き出したその名人芸は私の五感に染み込んでいる。バターは泡を飛ばし水分を抜いてから肉を焼く、塩味付けは少しずつぱらぱらとふりかけ間を置いてまた味を見る。それでも足らなかったらまた少し足す。それには少し時間をおいてとよく注意をしたものだ。それにもまして**筒井福夫総調理長は、味見するときは必ず小皿にとり口に直接スプーンをつけることはない**。和食の調理人も親方のしつけが厳しいせいか小皿に移して味を見る。中国調理人は熱いスプーンの間に人差し指を軽く当てて吸い込む。**一流シェフはマナーからして違う**。テレビの料理番組を見ていると平気でスプーンを口につけ、また鍋に入れてかきまわしている光景を見るが、お客さまのために清潔第一と思わないコックがおいしい料理を作れるはずがない。素材を生かしたシュリンプカクテルやクラブミートのフレッシュな味はどこへいったのか。料理の進歩、嗜好の変化に

よってか最近のくどい味には辟易(へきえき)することが多い。このころの洋食はきっちり味付けされ個人の味加減の好みの入る隙間もない。他の料理にしてもそうだが、どうもサービス業には押し付けが多いように思う。基礎やマナーの分かっていない料理が多いのには、この先一体どうなることかと心配する次第である。

新メニュー Smithfield Baked Ham の販促用写真
筒井福夫総調理長とサービスされる筆者(左から二番目)

シャリアピンステーキとは …… Ramp Steak a la Chaliapin

1936(昭和11)年、日本を訪れたロシアのオペラ歌手、フョードル・シャリアピンの求めで作られたステーキ料理。宿泊先だった帝国ホテルで、「毎日のヘビーな食事に飽きたサッパリした味のステーキ」というリクエストに応えて、帝国ホテルの料理長であった筒井福夫氏がすき焼きをヒントに考え発案。それは、それは大絶賛されメニューは帝国ホテルだけでなく、日本全国・東南アジアや・太平洋沿岸カリフォルニアにまで広まった。　※帝国ホテル取材

◆作り方

(1) 牛肉を肉叩きで5mm以下ほどの厚さまで薄く形を整えながら伸ばす。最後に包丁の背で斜めに目が交わるように軽く叩き、筋があれば切る。

(2) 玉ネギ2個はすり下ろし、肉全体になじむように漬け込み、ラップで包んで常温で30分ほどおいておく。

(3) 熱したフライパンに半量の無塩バターを入れ、みじん切りの玉ネギ2個をじっくり炒める。キツネ色になったら取り出しておく。

(4) 漬け込んだ肉を取り出し、おろし玉ネギを取り除いて塩こしょうする。熱したフライパンに無塩バターを入れ、溶け始め水分の泡が無くなってから肉を入れて表面を強火で一気に焼く。返したらすぐに火を止め、軽く余熱を加えたら、好みの付け合わせとともに皿に盛る。

(5) 肉を取り出したフライパンに(3)の玉ネギを入れ、水を加える。肉の旨みを含ませ、軽く塩こしょうをして肉の上に広げてのせる。

(6) 盛り付けた肉の上に炒めた玉ネギを均等に盛り付け、包丁の背で網目模様をつけ、パセリをふりかけてできあがり。

シャリアピンステーキ（4人分）

牛肉（ランプ130〜150g×4枚）、玉ネギ4個
好みの付け合わせ少々、パセリ少々、
無塩バター大さじ4
塩こしょう適量、水 大さじ3杯

8．人呼んで Mr. 断言
～ホスピタリティー産業界「パッケージプラン」の創生～

　かつて、「Mr. 断言」と呼ばれた私も今年で85歳。ホテル業界歴60余年の最古参者の一人であり、戦後のホテル業界の歩み、動静、そしてそのソフト・ハードの変化、移動、発展過程、加えてそれ以外、日本の人の坩堝(るつぼ)、交流の場、ホテル業から読み取る諸々の生きた戦後史の流れの実体験者、いわば生き証人の一人でもある。人生で一番脂の乗り切った38歳の折に、1970年の大阪万国博覧会に向けて「大型デラックスホテル」を建設するという話で、勇躍した第一号ホテルの経験者として下阪し、その大プロジェクトに参画する機会に恵まれた。私の性格は本来**センシティブ**（鋭敏）で**ナイーブ**（おひとよし）。一見、強引豪胆風ではあるが、なかなかどうして繊細な一面をちらつかせることもあり、中国生まれの大陸的な大らかさを持ち合わせている。本人は、神経質と呼ばれるのを極端に嫌う。**ハイテンション**（極度の緊張）・**デリケート**（繊細）・**センシティブ**という英語がよく似合うと思っていた。物事を緻密にピンからキリまでこだわるタイプ。そして中国的で粘り強く、納得するまで追求する性格だ。したがってモノの情報をよく知っていると自負している。

　戦後1950年からホテル業界、小型のホテルに身を投じ、首を突っ込んだ。聞こえは良いのだが当時は就職難の時代。いくところがなく、大卒にも関わらずボーイ稼業から見習いをはじめた。本来の性格・性質はものの見事に役立って、第三次産業の業界の動き、トレンド、経営手法、運営手法をよく学び取り、他社との比較検討も怠らなかった。吸収する脳細胞もまだ若かったのも奏功した。31歳

のとき、果敢にアメリカ旅行に出向いて多くの国際ホテル学を吸収した。当時は数少ない渡米視察旅行者の一人であった。東京でホテル学を学び、欧米のホテルを研修視察した私にとっては、先に述べた「大型デラックスホテル」の他、銀行の頭取、マスコミ情報最先端業界TVの社長の両社の経歴を持つ、言うなれば経営の神様、トップ経営者の異色のホテル経営、しかも商人の町・大阪でのホテル経営とはまたとないチャンス到来、そこに参画経験することは、ホテル業の集大成にふさわしいホテルでもある、と自ら判断したからこそ、勇躍下阪したその決断に悔いはなかった。私が関わった新規開発の準備作業には、多くの会議での決断を求められた。民主主義の中で多数決を求められるのは基本ではあるのだが、私の豊富な経験と知識と体験は常に先を読み取り、場合によっては他者の提言の否なるを断固としてトウトウと述べ、身に付いた経験をもって諄々と諭し、その説得力は実体験に基づいたものであり、会議の席上で独断的に「NO」と叫び断言すると、誰一人反論できる者はいない場面がしばしば見受けられた。それは、会議出席者の意見の否なるを蹴散らすものでもあった。それから誰となく私を「Mr. 断言」と呼ぶようになったのだ。

　顧客拡大増進の販促会議で「Mr. 断言」こと私は、大胆にも本邦初、ホテルのサービスを商品化した「Honeymooners Plan」を幹部会に提案した。各一流ホテルから参画した、自他共に一流と自負する大型ホテル出身者の幹部諸兄は全員商品化案には大反対。一流ではFIRM契約 (firm contracts)、顧客名簿の整理、趣味嗜好の分析を主張し、心のこもったサービスこそが顧客獲得の真髄とばかりに賛同者は一人としていなかった。旧態依然の感覚であった。そこで私は一喝した。「これからはホスピタリティー業、ホテルといえど

も大型化、競争激化する中、商品化を図って**差別化戦略を図らなければ生き残れない**」と。**私は、次々と新しいプランを発表した。今でいう「パッケージプラン」である**。今でこそ何でもないことだが、当時は受け入れられるのが大変で、多数決の会議では決まらない。私が一声上げると、その商品化の結果はものの見事に大成功、営業は常に満杯─めでたし、めでたし。Mr. 断言の面目躍如たり。

今日の業界に、無数ある「パッケージプラン」のその影に Mr. 断言の苦労の存在があったとは、誰一人知る由もない。85歳を迎えた今、いよいよ告白してみてもと思いここに記した。

9．ホテルが"昭和"に刻みしもの
　　──元参謀将校でスタート、戦後のホテル

　1930（昭和5）年生まれの私は、不幸な日中間の出来事以前の在中国時代の1930年から今日に至るまで、昭和の激動とともに歩んできた。

　昭和20年代（1945～54年）は、日本の復興期であり、戦争による荒廃した国土、文化、精神、生活など再生の第一歩でもあった。もちろん、ホテル業界も駐留軍により接収、運営されていた時代で、宿舎代わりに利用されていたホテルも徐々に接収解除になり、それぞれ民間企業へと返還される時でもあった。これからの日本の生きる道は、自然の観光資源と古い閉ざされた歴史を基に平和な観光立国として、外貨の獲得だと叫ばれたものであった。わが国に平和が訪れ、ようやく世界各国から多くの人々が到来し、次第に本格的な国際交流の場がスタートしたのだ。当然ながらホテルは、国際化の時流の中で最先端をいく最も重要な役割を演ずることにあいなった。

　新しい国の観光政策の一環としてホテル業が一躍注目を浴びはじめたが、何しろ人材不足、特に労働力よりも、ホテルオペレーションを監督する管理職が不足していた。人だけでなく、物資も人々の生活用品もすべて不足していた時代だったが、外貨の割り当てで洋酒や食料品は輸入しており、それで外国人のお客さまには何とか対応していた。

　施設について、暖房は熱湯式であったが、冷房は未だ一部しか作動しておらず、大部分が扇風機に頼っていた時代であった。もちろん、現在のように形とカラーそして動力が各種各様のものはなく、

形もさまざまで小さな扇風機をお客さまの部屋に入れて、あの東京の蒸し風呂のような夏の夜を過ごさせたものだ。今の時代には想像もつかないものであったが、都内のホテルの絶対数が不足していたせいもあり、常にホテルは満杯の状態であった。このような時期に、**日本の旧軍人で最重要中枢機関を担当していた佐官クラスの参謀本部付きの最優秀な人材が、続々とサービス産業、ホテル業界の管理職として、総支配人になっていったものである。**

　当時のホテルのオーナーや経営者は、参謀本部出身の旧軍人たちを、その企画力、統率力、管理力、戦略、情報収集力の優秀な経験を買って採用したと聞いている。**彼らのマネジメント力、分析力等々は最もホテルで必要とされたものだった。元大使館員や駐在武官たちは、語学力や国際性を持ったマインドプロトコール、国際的な人脈等々……。**それは実に素晴らしいものだった。**当然、彼らの再就職の場となりえたのもその必然性からであろう。**

　戦後初期のホテル管理システム、人事管理が見事に完成され、現代に引き続けられるとすれば、彼らの軍隊内務令や作戦用務令、歩兵操典、用兵の術……が、大いに役立ったことは疑いもないものであり、ドイツから輸入翻訳されたこれらのものは孫子の兵法、いや現在経営論につながるものだと信じている。敗戦とはいえ、さすが参謀本部は誇れるものだと思った。これらの時期から次第に成長期に入るに従って、外国の高官、VIP等々が多く日本を訪れることになり、参謀本部出身者の多くがサービス産業に転身し、業界のトップマネジメントを司る一時期を経て、今度は内政より外交とばかり元〇〇大使、公使の在職者がホテルの社長や最高顧問となり、復興期から成長期へと、その人脈と国際感覚をもって各諸外国のVIPや高官を多くそのホテルに誘致し、またどこにIMFやサミットの

会議、コンベンションを誘致するかが、そのホテルの将来のステータスにかかわるとばかりに、その激しい戦略や戦術が争われてきた。

また天皇家が関わる数々の業務の中で、特に**国賓の宮中でのおもてなしは、われわれサービス業に携わる者にとって、一挙手一投足、内装や什器備品、料理のメニューに至るまで見逃すわけにはいかず、世界のどのホテルでも到底及ばぬ最高のものであった**と思う。

さらに、驚いたことにはその裏方の、われわれが俗にいうスチュワード部門のシステムや管理の方法や仕種を知ったときは、本当に究極の管理システムだと感服したものだ。一日何千人ものお客さまを扱う大宴会の後で、ギャベジカン（洗浄機）の中からシルバーのナイフ、フォークが必ず何本か出てきて、何万本も扱う中の何％はロスとして見るという既存のホテルの管理の感覚とは大違いだ。もっとも菊の紋章入りの什器であれば紛失は一大事。とはいえ、その気構えは見倣（みなら）うに値すると改めて感じたものでもある。

10. 一つの歴史は終った
―― 桜の花とともに散った、千鳥ヶ淵のフェヤーモントホテル

　1945（昭和20）年8月15日、終戦の詔勅（しょうちょく）と共に世の中は変わった。8月22日、国連連合軍先発隊が厚木飛行場に進駐したのを皮切りに各国の軍隊が次々と日本に上陸してきた。そしてその宿舎やクラブとして既存ホテル、ビルの接収が始まった。前出の、銀座小松ストアの小坂武雄社長はアンバサダー、三番町、千鳥ケ淵にフェヤーモントホテル3店舗を建設したのは1951（昭和26）年、戦後6年目のことである。

　私は1953（昭和28）年4月、フェヤーモントホテルに入社した。ホテル業の本格的はじまりである。ドアボーイ、ルーム、レストラン等々の下積みが始まった。地理的に皇居のお濠千鳥ケ淵や桜並木の閑静な一等地にあったせいか、顧客は大公使館の家族、セクレタリーで長期滞在客が多く国際色豊かであった。日本人客は泊まれるような経済情勢ではなかった。お陰様でそのころから顧客との接触などにより各国の文化や風習生活のパターンを見聞きし体感した。私の中には今で言うマナーのグローバル化がすでに進んでいた。後に大阪のホテルプラザに勤めるようになるのだが、特にアメリカ人の合理的な接客術を身に付けた私は、よく日本人のお客さまから接客態度が悪いと叱られたものだ。日本人のお客さまはとかく恩や情が絡むことが多い。

　小坂社長は「私は新しい商人」だと常々口にしておられ、**商人に一番大切な四つの「ネス」を忘れるなと言われるのである**。すなわち **Kindness（親切に）、Quickness（迅速に）、Cleanliness（清潔に）、Thoughtfulness（思いやり）**であるが、エピソードを交えてよく語っ

てくださった。ホスピタリティーの基本で、事ある度にその精神を叩き込まれた。

　物不足の時代から朝鮮動乱を経て急速に高度成長を成し遂げ、現代の不況下に至るアッという間の50年間。その半世紀には、織り成す数々の人間模様、ドラマがホテルでは繰り広げられてきた。これからはまさにITデジタル化時代の21世紀には、半面アナログ化・超高齢社会に向かっての最も必要とするヒューマニズム、ヒューマンタッチの人間性、味が求められる時代でもある。その数多くのベテラン人材がフェヤーモントホテルからは育ち羽ばたいていった。

　「千鳥ケ淵フェヤーモントホテル、50年の歴史に幕」、「桜の眺めよ―さようなら」の朝日新聞の見出しで「皇居のお濠千鳥ケ淵の桜が咲き始めました」といった新聞の3行広告で、毎年春の訪れを伝えてきたフェヤーモントホテルが2002年1月27日に50年の歴史に幕を下ろした。桜の名所としても名高いホテルだった。今年も桜は咲くだろう。でも広告が載ることはもうない。朝日新聞社の吉本美奈子さんは最後に惜しむ声を送ってこう締めくくった。

　「多くの顧客が『家庭的な雰囲気の親しみやすいホテル。料理もおいしい。中にはこの老体に日本で一番レトロ調の落ち着くお部屋だ』との賛辞も数多く聞かされた。だがホスピタリティー産業の最先端を戦後力強く歩んだホテルもその老朽化には勝てなかった。数多くの人材を業界に輩出した老母船体も歴史の波、年齢に惜しまれつつも、私、齢72歳（当時）の胸の中の一つの歴史と共に、桜の開花を前にして消え去ってしまった。嗚呼無常！」

第2章　一輪のバラで始まる物語（感性のお話）

1．一輪のバラが意味するもの

　私の友人の奥様が不幸にして亡くなった。一周忌を終えて、知り合いの着物がよく似合う中年のご婦人を紹介することになった。久々の男女の出会いはホテルプラザ。淀川を見渡す景色のいい、その名もフランス料理レストラン「ル・ランデヴー」。数日後、その友人と痛飲する機会があった。当然のこと、話は二人のこととなり、どうであったかと尋ねた。日ごろは寂しくしていた友人は目を輝かせてこう語ってくれた。

　楽しくいただいた食事も終わりに近づいたころ、ご婦人の心遣いで口元を直すためにお化粧室へと席を立った。その瞬間、「ル・ランデヴー」のマネジャーがすかさず、真紅のバラの花一輪を携え、「どうぞ、この花をお連れ様に差し上げてください」と言った。友人は典型的な大阪商人。「わしはそんなキザなことはようせん。お前ならするやろうけどなぁ」とつぶやきつつ、「困ったんや」と戸惑ったそうだ。さあ、話が面白くなってきた。私は身を乗り出して、さらに話を聞き続けた。やがて口元を整え、一段と艶やかになってご婦人が席についた。止むなく事情を説明し、バラの花を差し出した。「まぁ！」と一言。大変感激された。さすがはホテルプラザ。心のこもったもてなしは、二人の心の奥深く伝わった。その日の料理の味が最高であったことは言うまでもない。

右脳：6割、左脳：4割

　人には右脳と左脳がある。右脳は空間の創造で感情感性が働くところ。センチメンタルなところ。左脳は理性、ロジックを司るところ。もしも、ホテルのホスピタリティーにあてはめるのであれば、右脳こそ最も重要なるホテルのサービスオーガンではないだろうか。

　ホテルが大型化し、サービス産業、ホスピタリティーインダストリーにも大手企業が目をつけてきた。鉄道会社・航空会社・不動産業・その他もろもろの一流企業がわれわれの右脳産業にも参画してきた。プロパーのホテル企業さえも一段と競争が激化してきている中で、他企業のスタッフがホテル事業になだれ込んで来る。それらの人々は、新入社員のときから年々昇格するごとに、きちっと幹部管理者社員教育が実施されている。当然、左脳が発達している。そのようなスタッフがホテル事業に参画すると、やれマーケットリサーチだ、ホテルのマニュアルはこうあるべきだ、収支のバランスはどうあるべきか、戦略はどうか、ターゲットはどうかと、左脳が分析してかかる。右脳のホテルマンとの拮抗が始まる。**私は断言する。右脳型のホテルは超一流になれるが、左脳のホテルは超一流になれない**。ただし、超一流ホテルとはお客さまの評価においての話だ。

　超一流の評価でも必ずしも一流企業とはならない。右脳のみのホテル経営では、収支のバランスが崩れる恐れがある。また、左脳型だけが働けば、お客さまの心にはそのホテルの感性が響かない。では、一体どうしたら良いのか。どうするべきなのか。ホテル業界を眺めていると、どうもそのジレンマが解決できていないように思えるのである。この現象に頭を悩まされているように思えてならない。

ある銀行のトップがホテル事業のトップになった。当然ながら数字にはめっぽう強い。一方、自分の趣味として絵画や小唄、清元など芸域はプロ級であった。たまたまその偉大なる経営者に接する機会があったのだが、最もホテル事業の何かを理解していた一人であったと尊敬し感服している。サービス産業は人と人との接点だと看破しておられ、自らの経営の焦点をそこにおいた。右脳の発達したものと、左脳の発達したものとの会議では、殆ど左脳のものには発言させなかった。押さえたのですね。右脳6対左脳4で見事に人を使いこなすことに成功した。7対3では、お客さまが喜ぶかもしれないが、ホテル企業として成り立つことは難しい。ホテル事業の本質を見抜いていたのだ。

人間のあたたかさをさりげなく
　右脳を充分に働かせながら左脳でバックアップしていく。それが、今後のホテルが伸びていくゆえんであると信じている。ホテルはサービス産業だから、人様の気持ちをどのようにこちらから読み取って満足感を与えるかが問題である。なぜ右脳と左脳が問題になるかというと、これはホテルの原点になるのだが、英語で表現すると、「カスタマーズサティスファクション・イズ・アワ・ファーストコンサーン」(Customers Satisfaction is our First Concern)ということになる。お客さまに満足感を与えることとはわれわれにとって最も重要な仕事である。

　お客さまは、ホテルが清潔で気持ちよく泊まれて食事がおいしく、従業員が親切であるところと思っている。しかし、このホテルがベストサービスを提供できなかったとしたら、お客さまはこのホテルではなく、すぐ横のホテルにいくであろう。一番大切なことは、

お客さまのニーズに対してフレンドリーにタイミング良くマナーをもって、お客さまが予期してこうしてもらいたいと思っていることを先にする。そして、お客さまが予想していたことよりも、それ以上**一歩先んじて価値のあるものを提供する**。これが成功の基本である。**その一定化されたサービスがホテルの原点であり、言い換えるなら、ホテル業とは従業員の品格・品性を知ってもらうこと**なのである。

　人間へのヒューマンタッチというか、人間の温かみをさりげなく伝えることは、ホテル産業にとって重要なことであり、その基礎となる感性を磨くということになる。絶えず前向きの姿勢で行動・知識・技能を培い、お客さまに対し常にアテンティブ（attentive：〜気遣う）であり、スマイリング ボディランゲージに努め、ボディランゲージしながら目と目を合わせる。つまり、eye to eye contact それをコントロールする。ボディランゲージにてメッセージを伝える。ディプロマティックな言葉。社交辞令ではないが。丁寧な言葉を遣った上手な言葉の遣い方をする。声もフレンドリーなトーンをもってしゃべる。逆に言うヘルプサゼッション（help suggestion）。それともう一つ大事なことはアップセールス（up sales）。自分のホテルの特徴をアップセールスすることが大切である。もう少し売るということだ。さあこうなってくるとホテル事業は、左脳による分析通りにはいかない。難しい商売だ、心と心の触れ合いのメッセージだから。

今こそ必要なホテルマン教育体系

　人間の24時間はさまざまな思いと出来事に満ちている。例え単調なルーティンワーク、決まった仕事に携わっていても、空想や失意、喜び悲しみ等々人は胸に抱いて仕事にあたっている。一人一人

の願望や期待にサービス産業が応えようとするならば、ホテルの従業員は自主的に徹底して、パーソナルサービスを行ない得る形まで到達していかなくてはならない。そんな精神の体得こそホテルマンの大切な役割だ。

　最近、最も重要視されてきたのは従業員教育である。盗み取りの体得の時代から要するに科学的に、学問的、心理学的に、従業員を教育することこそが、今後のホテル競争時代に生き抜く道でしかない。お客さまに絶妙なタイミングで「一輪のバラの花」を捧げるセンスは、どうやって磨けばよいのか。またどうあればその心が得られ、気配りができるのか。ある人は幸せについてこのように語っている。

　人間の幸せはどん欲なものであり、これで良いという限界はどこにもない。生を受けてから死するまで、いかに幸せを追求するか。

　この言葉にあるように、**教育とは教え育てるのではなく、育てるために教えるのだ**ということである。ホテルマンとしての基本を訴えてきたが、行なった結果は当然のごとくの成果として現れ、企業の発展に寄与する喜びとなるのである。「マズローの欲求階層」行動科学並びに交流分析等々の見地から、働き得られた成果、行動した結果の現れは人間本来の喜びの原点である。ホテルマンは、特にこの喜びの条件を得られるポジションにいる。もし、それがないとするならば悲しいことだ。喜びを知らず仕事面においても成果を発揮することのできない人だと思うのである。

　人の行動は三つの柱によって成り立っている。一つは環境、一つは状況、一つは精神。悪い環境からは悪い状態が起こり、それは核心である精神から来る。三つの柱の中で精神の核心をとらえることの学問こそ必要である。ここにホテルマンの教育への考え方を整理

する時代がやって来たと痛感する次第である。　ホテル事業はますます奥深くなってきた。

LA VIE EN ROSE

2．ホテルマンの哀歓
──不安を安心に変える、言葉サービスのベテランの心遣い

　菊地寛の短編に『極楽』という佳作がある。信心の厚い老夫婦だったから死後は、二人とも極楽へいった。極楽には何の苦悩もなかった。一日中、春がすみのたなびくのどかで平和な極楽で老夫婦はしみじみと幸せを感じたのだ。妙なる音楽に耳を傾けながら仲むつまじく暮らすのだが、5年、10年経つうちにそんな毎日の単調さに二人は気付き始めた。何の働きに時間を費やすのでもない。毎日ただ座り続ける、そんな日常が苦痛になると、いつかこの極楽での生を終え、もう一つの死後の世界へ早くいきたいとまで思い始めたのだ。だが仏の教えには極楽から先のことは何もない。二人は何十年もの極楽暮らしの間に、生前の浮き世が懐かしく思えた。二人が生き生きと会話をするのは、地獄についての想像をめぐらす時だけとなった。

　以上が物語の筋である。ひょっとすると私たちは平安を望むあまり、楽しいことばかりを夢見ているのであろう。が、実際そんな毎日が何十年も続いたら、人間の前へ進む精神はすっかり衰え、虚脱状態に陥ってしまうかも知れないのだ。

　「苦もまた楽し」。そう思える境地にたどりつけたら人間を営むことは苦痛ではないはずだ。とはいえ、凡人にはなかなかたどりつけぬ境地、傷ついたり、もだえたりしながら、つらいつらいとつぶやきながら人は皆生きてゆかねばならないのだろう。

　さて、ホテルマンはお客さまに対して忠実で従順、決して抗弁したりケンカの相手になったりはしない。"徹底して我を殺す"をモットーとし、そのように行動している。無理難題を吹っかけられても

怒ることのない人生。切なさがこみあげてきはしないか。しかし、ホテルはお客さまに優越感を味わっていただく商売なのだ。笑いを売る演芸人が、「あいつアホやなあ」と思わせて満足させるのとは少し違うが、あくまでも控え目、それが鉄則なのだ。だからホテルマンは、素直な気質の持ち主でないと務まらない。

　私の若いころ、フロントでからむお客さまに頭を下げて謝り続ける私を見て、入社したばかりの大学出の俊英が翌日やめてしまった。とても自分には耐えられないというのであった。お客さまは常に正しいのである。そう思わなければホテルマンは務まらない。しかし、アメリカのホテルがそうであるように、ホテルにはポリシーがあり規則がある。それにふさわしくないお客さまには丁寧に断わりを告げる。やわらかい応対ではあるが芯は強い。

　相手を不快に思わせず断わりを言う、ここに平素の修業、勉強があるのだ。部下を叱る、そんな場合でもホテルマンはサービス言葉のベテランだから、相手を傷つけないように叱る。例えば、「お前ともあろうものが、なんだ！」と言えば強烈に過ぎ、救いがない。とりつくしまもない叱られ方だ。だが、同じことでも、こう言えばどうだろう、「なんだ！　お前ともあろうものが」と言えば。相手に対する思いやりがある。叱られた方も自分を認めてくれている、そんな評価が、言葉のあとに残り、二度とミスを繰り返すまいと発奮する。何でもないことのようだが、相手を立ち上がれなくさせる打撃的な言葉遣いをホテルマンは内部同士であってもしてはならないのだ。そんな態度が身に付いているから、表現にはことに敏感なのである。目指すレストランへいき、食事をしたいと思う。前までいくとドアに札が掛かって「閉店」とある。そのときの気落ち。さらに情けなく腹立たしいのはピシャリと拒絶する「閉店」の二文字、

ここには申し訳なさがない。あるいは訪ねてくれるかも知れないお客さまへの思いやりがない。ホテルではこんな失礼な表示はしない。多分こう示すはずだ。「勝手ながら閉店させていただきました。開店は朝（あるいは夜）の〇時からでございます」と。

　例えば、エレベーターが故障するとする。「故障中」などという札は絶対にたらさない。お客さまに不安を与えるだけだし、老朽施設と宣伝しているようなものだ。そんなときは「定期点検中」の札を掲げるはずだ。同じ動かないでもお客さまの受け取り方がまるで違う。不安が安心に変わる。ホテルで働く。それは自ら望み、選んだ職業なのだから皆、耐えることができる。

3．心の産業
―― ここでも右脳と左脳の戦い

　2001年。ユニバーサル・スタジオ・ジャパン（USJ）が開業して、大阪のホテル業界もようやく長い不況から脱出、浮上してきた感がある。それまでは業界、特に大阪のホテル業界は不況の波をもろに受け長い低迷の時代を続けてきた。いかにしたら業績が向上するのか。すっかり冷えきった顧客層にもう一度ホテルの存在をアピールするには、考えられるあらゆる知恵・努力・施策を絞ってのさまざまな商品パッケージプラン、値下げ競争、なりふりかまわない無差別的な顧客層の開拓、人員削減、相次ぐリストラ策を施してきたが、その間にはホテルプラザ（1999年閉館）の廃業や大阪国際ホテル（2003年閉館）など不採算ホテルが消えていった。私の長いホテルキャリアの中でも、業界始まって以来の最大の危機であった。ホテリエ（ホテル経営者）は何とかホテルの赤字、言い換えれば収支を最低でもプラスマイナス ゼロにしようと懸命の努力、英知を絞った。傍目（はため）にもけな気な努力であった。

　人間の左脳は理性的・ロジック・管理的・論理や分析・数値的機能を司り、右脳は情緒的・空間の創造・想像性・空想的・芸術的機能を司る。この不況下においては、まさに管理手法である左脳の出番。主としてホテル運営の未経験者連、俗に言う裏方管理部門であった。リストラという名の下にすべての左脳を利用して、マネジメントの構造見直し・改革、肥満体質の改造に大いに活力を振るった。不採算部門の撤退、縮小、他業種への転換、人件費の削減、原価の見直し、目的別公示料金の検討、支出の削減、予算の組み替え縮小など、なりふりかまわず左脳の働く機能を100％活用した。お陰で

経営体質はスリムになったのだが……。支出の数字は、好転したものの収入の上昇は依然として見られないのである。なぜだ？ なぜだ？ と自問したら、はっと気付いたのはホテルの原点、サービス産業とはお客さま第一主義 "Customers Satisfaction" であった。

お客さまはホテルの経営姿勢に理解を示すとしても、やっぱり左脳完全主義には不満ではなかったのか。IT革命による顧客層の世代交代、ニーズの変化、トレンドファッションによる稼働率の上昇、あるいは最も大切なリピート客の増加の見込み、レストランの来客の増加……。そこでまさに右脳の出番、表方のプロであると気付いた。世界のホテル産業界のマネジメントシステム、ホテル会計基準、経営分析、左脳的理論構成を確立し業界への指針を示してきたコーネル大学は21世紀、このIT時代に向けて一方の心の産業である "HOSPITALITY MANAGEMENT" の右脳の大切さに気付き、その教育方向を長年の指導的意思決定スタイルである「仕事中心＝左脳」から、概念的クリエイティブスタイルである「広い視野＝右脳」の研究に大きく転換してきた。しかしながら私は、すでに1983年に拙著『一輪のバラの花で始まった物語』の中で「ホテル経営のコツは右脳の大切さ」を説いている。ホテル経営の成功の秘訣、つまりマネジメント論は左脳40％右脳60％のバランス感覚が重要である。

所詮HOSPITALITY産業は、人間「顧客」と人間「従業員」とのふれあいなのだ。お客さまと接するスタッフの心の産業だからこそ、もっとお客さまの存在を大切に考える体質、人間形成がホテリエに求められる。

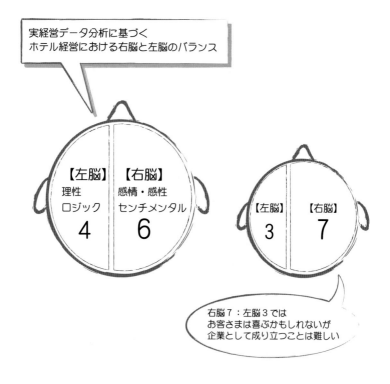

4．恥ずかしながら失敗談を
——いや、困惑した話

　今回は、私の失敗話を語ろうと思う。一生に一度の結婚式とパーティーの実施に関わった。ハレの日の演出やサービスに私たちは細心の注意を払う。進行のすべてをビデオテープに収録しており、ホテルへの出入りの業者がフィルムを回しながらすべての場面を映像に刻む。ところが一度、大失敗があった。操作の誤りでビデオに何の映像も収録されていなかったのである！　せめて少しの場面でも映っていてほしい。祈る思いでビデオテープを回すのだが、何も映し出されないままと分かった時の私たちの驚きと狼狽。結婚式のやり直しなどもとより不可能だ。大変なエラーであった。たとえ出入り業者のミスにせよ、責任はホテルにあるのだ。社長、総支配人以下、両家の方々に謝る、お詫びを申し上げる、後日にわたっても後始末をする。幸いお許しをいただいたのだが、この折ほどビデオテープの誕生する以前の幸せ、科学の発達を恨みに思ったことはない。

　ほかに困ったことと言えば、フロントで部屋の予約がオーバーフローした時だろう。お客さまは予約済みだから安心して来られる。来てみると部屋がないではお怒りになっても当たり前だ。それというのも予約はいただいているのだが必ずキャンセルが出てくる。それを見越して、ホテルはどこでもオーバーフロー予約を受け付けているのである。折悪しく予約通り一人も欠けずにお越しになられたらどうしようもない。その時のフロントの困惑をお察しいただけようか。お客さまには怒られ、自らは判断の誤りが苦々しい。つらい処理である。ただ、そういう折もホテルは出費をみてもお客さまには申し訳ないことながら、別なご満足をいただく手だては責任を

持ってとらせていただく。どうかご安心をいただきたいのである。また、失敗談ではないが、ホテルでの仕事で困惑したことにこんなことがあった。1組の男女が泊まっていた。ところが女性は男性の浮気相手だったのだ。どうして分かったのか、男性の奥さんからホテルへ電話がかかってくる。ルームナンバーを教えてほしい、あるいは部屋へ電話をつないでほしい、その声はもはや穏やかでなく猛烈にヒステリックだ。さあ困る、ホテルの困惑はこういう時に極まる。どうするか、**ことのいかんは問わない。ホテルは宿泊客のプライバシーを守る、これは鉄則だ**。だから電話の取り次ぎもルームナンバーのお教えも丁重にお断わりするしかないのである。男性が帰宅されてどうなるのか、非情ながらホテルは関知しない。どうか離婚にならなければ、そう願うだけだ。

　また、こんなこともあった。若い男性がかなり年上の女性と結婚式を挙げる。ついては挙式も披露宴もお申し込みいただいた。そして当日、新郎側からの出席者が皆無なのだ。新婦は年長の女性、それもよく見れば水商売のムードをたたえた女性だ。申し込みから挙式までの間にどういう展開があったのか私どもは知らない。とにかくさびしい結婚式と片一方不在の披露宴は終わった。新婚旅行に発つ際、新郎はフロントにこう言われたのである。「私どもがここで結婚したということは誰にも言わないでほしい」、それを何回も何回も念を押して発っていかれた。案の定、問い合わせの電話がかってきた。新郎の叔父さんと名乗る人は「何日に式を挙げたのか」と聞かれるのである。またもやフロントは困惑し、私は指示を要求された。私が代わって出て、こう申し上げた。「どういうご事情か存じませんが、当ホテルはただいまのお尋ねにはお答えいたしかねます。まことに申し訳ありませんが、私どもの事情をお汲みとりくだ

さいませ」。そうお答えし、電話を切らせていただいた。むろん後味は悪い。恐らく新郎側は、この結婚に反対だったのだろう。当の青年はそれを押し切り、密かに結婚式を挙げたのであろう。そんな経過の巻き添えをくう。何とも割の合わぬつらい立場である。

　そんな場合でもホテルは宿泊客のプライバシーを守るのである。さまざまな人間関係があり、入り組んだ事情が事業にも人生にもあるだろう。だが、ホテルだけを巻き添えにするのはお許し願いたい。本当にホテルは無力なのだ。お客さまからこうしてほしいと要求されると、その通りにホテルは動く。私たちの知らないところでの難儀を押し付けられたら、ホテルは立往生するだけなのである。

5．カラーワールド
　　——おもてなし産業の色彩商品はどう進化するのか

　1980年後半ごろ。大阪地区の主なるホテルの役員・総支配人からなる懇親会があり、相互連携・情報交換のため2カ月に一度ホテル持ち回りで会合が開かれていた。時期に合ったいろんなテーマを勉強会もかねて活発に意見交換する場でもあるのだが、私はOBメンバーの1人として出席した。若者の茶髪やカラフルな衣装・装飾が目立つ現代。ユニクロもカラーバリエーションで人気がある。そこでホテルマンも色について勉強するのも良いことだと、美容カラーコーディネーター・ファッションメーカーの商品企画色彩提案者であり、——その道の専門家である門園富美子社長を招いて話を聞くことになった。

　かつて東亜国内航空は、JASの前身でYS11を国内短距離旅客輸送に使用していた。内装の座席の背もたれはオレンジ色でCA（キャビン・アテンダント）のユニフォームもオレンジ色であった。搭乗して気づいたことだが小型機は安全だが揺れやすい。従って短距離とはいえ乗客の不安が募る。今ではカラーの研究が進み機内で使用するカラーも変わってきた。ホットカラーは活力を生み出すが精神安定には決して望ましくはない、とその時以来感じていた。

　ホテルの客室の内装もゆっくりと休める、安眠に必要な色選びをしなくてはならないとも思った。そう言えばホテルには多くのカラーワールドがある。レストランのインテリアも食器も、果てはライトニングも大切だ。ユニフォームもそのホテルの性格を位置付ける。色について考えなければならないことがホテルにはきりがないほどいっぱいある。誰もが持っている、また知っているカラーイメー

ジだが、門園女史のテキストの中から確認しよう。さらに色の組み合わせによる色彩があるのだが、以上は当たらずといえども遠からずのイメージだ。再確認して考えてみるのも時代を反映して良いだろう。

　元来サービス業であるホテルはお客さまが王様であり、そのスタッフは仕える身、決してお客さまより華美であってはならないと教えられてきた伝統を持ち続けている。カラフルな衣装や装飾品はお客さまがすることであって、脇役であるホテルパーソンはむしろ禁じられていた。すべてにおいてそれらしきユニフォームでお客さまに接していた。ある時、ニューヨークの一流ホテルのレストランのサービスパーソンは、赤のネクタイ、派手な紺色・茶色の背広など自己主張型の服装で驚いたことがある。現代の茶髪、ジーンズ、Tシャツなどカラフルな服装は世界的流行であり時代の変化を意味するのか。白の柔道着がブルーに、白のコック服がブルーに、相撲力士のまわしが黒・紺・茶といったカラフルな色になってくる。門園女史の話を聞きながら伝統やしきたり、**サービス産業に従事する従業員のカラーによる自己表現、自己顕示、自己主張は、きっと「やる気」を起こすに違いない**と女史は説く。**おもてなし産業であるホテルは、ホテルパーソンを含めての色彩商品はどう進化する**のだろうか。

白＝純潔・浄化・善良・真実・孤独・シンプル【完全癖タイプ】

黒＝高級・孤独・不吉・悪魔・抑圧・威厳【男性的タイプ】

赤＝太陽・革命・情熱・興奮・歓喜・攻撃的【自己主張タイプ】

黄＝求愛・解放感・警告・明朗・活発・好奇心【幼児的タイプ】

青＝理性・清潔・協調性・冷静・安全・鎮静【衝動的タイプ】

緑＝安全・親愛・平和・自然・安息・自然【抑制的タイプ】

紫＝高貴・神聖・優雅・主役・気品・孤独【食欲減退的タイプ】
灰（グレー）＝迷い・不安・失望・あきらめ・柔軟・保守的【無気
　　　　力的タイプ】

　　　　　　　　　　　　　　客室の色は安眠 安心感

　　　　ユニフォームは 清潔感 が第一
　　　　　　　　少々のお色気

　　　　　　　　　　　レストラン・宴会場は
　　　　　　　　　　　　躍動感 の色調が望ましい

第3章　安眠はホテルの永遠の商品

1．"安眠"はホテルの永遠の商品
　　――ホテルは安眠のための場所であり続けなければならない

　国際化時代とはいえ、ホテルの重要な機能として宿泊機能があることに変わりはない。一夜の宿としての機能はホテルの基本である。国際交流が盛んな今日においてもさまざまな国のお客さまが快適に泊まれることが必要である。その中で一番気になることは、私が考えるにはベッドである。せっかく泊まっても寝心地が悪く、朝まで熟睡できないならば何にもならない。何のためにそのホテルを選んで宿泊したのか。高い客室料金を払わねばならなかったか分からない。**安眠のためには、ベッドと枕、この二つが大事な要素だと思う。人は、長くもない人生の三分の一を眠りに費やす。眠る場所を提供するという意味で、ホテルの施設としての機能を考えればなおのこと**だ。

　お客さまに安眠を、と願い続けるホテルマンは、その国の風習に従い、抱き枕を置いたり、ミステリー小説などの本をナイトスタンドの脇に置いたり、チョコレートを添えて「どうぞ、ゆっくりお休みください」とカードを添えておく。このナイトチョコレート、本来は安眠を願ってトランキライザー（向精神安定剤）が入ったものを用いていたが、このことを知る人は少ない。最近はペパーミント味が多い。こういった工夫もなされてはいるが、寝具としてはどうだろう。ホテルでは洋式のベッドが日本人の布団と違い、主流を占めている。従って慎重に考えたいものだ。

人間の身体には重たい部分が三つある。頭と胸と骨盤だ。昼間、立っているときは、これらの部分は重力の方向に重なり合っているけれど、眠るときに横になると、各部分はそれぞれ独立して沈み、昼間と違った姿かたちになる。この眠る姿勢において、昼間の感じ方と違った形でベッドが硬いとか、柔らかいとか言われるゆえんがある。柔らかすぎるベッドは各部分の沈みを吸収できず、特に重い部分である腰部を中心としたハンモック状に身体が沈み込んでしまい、寝返りがスムーズに行なえず不眠を引き起こしてしまう。寝返りといっても馬鹿にはできない。8時間睡眠の人は一晩に20回から30回くらい寝返りをうち、時間にすると1時間から1時間20分も動いているという。むろん眠りが浅いほど動きが激しい。ベッドは柔らかすぎてもいけないし、硬すぎても同様寝つけない。ベッドは見えない部分で3層に分かれていて、第1層は身体を支えるスプリング（鉄製）で、一番沈みやすい真ん中の部分にスプリングが集中している。これによって、寝返りや衝撃を吸収する。第2層はフェルト。スプリングの表面を平面にする。第3層がコットンで身体に接する部分だから柔らかく、感触度、寝心地を作る層である。コットンで体圧の分布を平均的に受け止め、正しい姿勢を作るためかなり硬くできている。これらの3層が適度に身体になじむベッド。これが選択の基準である。

　人は寝ている間におよそ240cc、コップ1杯分の発汗をする。だから身体で接する上部の部分は、通気性、吸収性の良い天然素材を使用するのが望ましい。ベッドの表面にへこみは無用。日本ベッド製造株式会社の二代目 宇佐見暢男 故・社長から聞いた話であるが、これらの理想的なベッドを作るためにドイツで機械を購入し、大きなローラーをベッドの上に敷き、約20万回程テストをした（この

数字は人が10年間に寝返りをする回数)。そして、そのベッドを大阪・ミナミのHホテルに導入したという。さっそく、泊まりにいってみた。その夜の安眠は言うまでもない。こんな素晴らしいベッドは、今、これしかないのではないかと思うほどである。

　なぜ、寝心地が良いかと言うと、いわゆるベッド自体にマットを固定するボタンがないのだ。これは疲れた身体を癒やすのには最高である。硬いものがあたらない。相当の費用が掛かるかも知れないが、旅の宿のホテルとして、身体を休めるといった点では比べるものがない。寝心地の最高度は、赤ん坊が母親の腕の中で抱かれて眠るということで位置づけられよう。母親の肌の温もり、皮膚感のあるものが一番である。表面のソフトタッチ。現在では、ウレタンが素材として採用されている。大阪・ミナミのHホテルには、その肌の温もりがあり、ベッドにサギング（SAGGING＝へこみ）はない。ベッドサイズ面では、1,810mm × 2,000mm、人間一人が充分に寛げるサイズであることは実証済みである。ベッドサイズは年々大きくなっているが、通常はシングルベッドで横×縦が1,120mm × 1,950mm、セミダブルにおいては1,210mm × 1,950mm、ダブルベッドにおいては1,400mm × 1,950mmとなっている。最近にいたっては、シングルルームでもセミダブル仕様が多くなってきている。しかし、このベッドの場合、高さが問題となろう。今は低めが流行だが、私が考えるには高い方が、高級豪華感が出るのではないか。昔のホテルを考えると、高さは40cm内外である。この日本ベッドの場合では、55cmある。ベッドが低いのはやや下品な感じを与えると思うのだが、いかがなものだろう。

枕について考える

　このことは、ベッドに限ることではない。枕でも、一つにするか二つにするかとそれぞれのホテルにおいて異論はあるが、大抵、硬い枕と柔らかい枕と二つ用意しているシティホテルが多い。これは、さまざまな人々の好みに応えようという配慮だ。

　「枕が変われば眠れない」と言われるように、人々の安眠を確保するための重要なファクターである。フェザー、ソバ殻、パンヤの実をいれたものが最適だ。これらの組み合わせが理想的である。2個使いの場合には、1kgが2個。1個使いの場合にはソバ1kg、パンヤ0.8kgの組み合わせが平均的だ。枕に頭を沈めるときに、頭を包み込むような枕のサイズと柔らかさが良い。加えて、暖かさと通気性の良さが要求される。これらの要素が絡み合ってこそ、旅人の疲れを癒やし、深い眠りにつけさせる。ホテルを国際交流空間として、位置づける感覚を持てば持つほど、それらのさまざまな人間に対応できるホテルの空間を考えなければならない時にきているような気がする。ベッドも枕も国際化時代だ。そして、付帯施設のハードの充実も必要であるが、忘れてはならないのは世界の人々に安眠を届けることが、ホテルとして最高のサービスであるということではなかろうか。

　どんな地域においても、安全に快適に宿泊できることこそが、ホテルが国際空間として重大な意味を持つことだと私は考える。

2．かつてどのホテルにもあった「抱き枕」はどこへ？

「抱き枕」と言われる、妙に艶やかで、優しげな枕がホテルに置いてあったのは、それほど昔の話ではない。しかしこのごろではそれを見ることはおろか、ホテルマンの中にはそんな言葉があることさえ知らないスタッフが存在する、というのだから隔世の感が否めない。

その昔、ホテルがまだ外国人顧客を主流としていたころ、彼らのためにという名目で「抱き枕」は各部屋に備えられていた。つまり、もともと欧米人のために準備された枕なのである。もちろん通常の枕がベッドの上でわが身の存在を奥床しく、しかし堂々と誇示していたことは現在と何ら変わりあるわけではない。そもそも抱き枕とは何か？　ズバリ、その名の示す通り、それを抱いてぐっすり眠るためにある大きくて長い筒状の枕のことである。欧米人のためにと断わったのは、この発想がホテルの発祥と同じく西洋からのものだからだ。

何でも心理学では、枕に抱きつくのは、かつて人類の祖先が木の枝に抱きつくことの代償行為だという。太古の昔、われわれ人類がサバンナへ進出し、二本足で直立歩行するようになる前の、いわゆる森を住処(すみか)としていたころに樹の上に居てその枝に抱きついて夜を過ごした名残だということだ。だったら東洋人も西洋人もないのではないか、すべからく「人という人」は夜のとばりに包まれるころ、原始の想い出に揺蕩(たゆた)いながら、サルのころに思いを馳せて枕にしがみついて眠りに就くのではないか、西洋人だけがサルのころの記憶を捨て切れずにいるなどというのはけしからん、という向きもある

かと思うが、そもそも、われわれ日本人が昔から箱枕なる堅くて小さな枕を愛用していたことを思い出してほしい。あれでは自由で充足した眠りとは縁が薄いだろう。したがってより本能的な楽しみが現れるほどの、ゆとりがなかったのではあるまいか。

　いずれにしても**ホテルの最大の売りは安眠提供である。そういう意味では深い眠りの淵へと導く抱き枕は無防備に自分を解放させる温かさを一夜の旅人に与えていた**のかもしれない。それがいつの間にか抱き枕を見なくなった。いつ、いかがなるわけでなくなったのかさえも定かではない。そういう私自身も某週刊誌のグラビア誌に載っていた目の保養ページでうら若き乙女がくだんの抱き枕を抱きしめているのを見て、ふと思い出した訳である。"これはもしや抱き枕の復活か!?"などと思いながら、わが身のまだ若かりしころのいにしえのホテルに思いが飛んでいた。たかが抱き枕。その有無など大した問題じゃないかも知れない。だが、この甘美な名称を抹消してしまうのは妙に惜しいような気もする。

3．もう一つの条件──安眠頭寒足熱

　現代科学の目覚ましい進歩は清浄野菜、ハウス栽培から、土壌を使わない野菜や果物の生産栽培にも成功した。かつての欠食の時代から飽食の時代へ。時代とともに守り続ける伝統と進化、ウエスティンホテル大阪も『グランナチュール』と名付けて、"マクロビオティック料理""自然食スローフード"を新しいコンセプトとしてホテル・レストランで始めた。

　だが私は「ホテルの永遠の課題は安眠だ」と叫び続けるエグゼクティブホテルオフィシャル。慣れない土地や見知らぬ旅先では、そうはいってもサービスの良さだけではなかなか寝つけないものだ。人にはそれぞれ習慣があって特に睡眠にはこだわりがあり、「枕だけは愛用の物でなければ安らげない」というお客さまは多い。適度に柔らかく吸湿発散、通気、放熱性があり、適度な高さが保たれる──自分に合った枕だけはと必ず持参するお客さま。頭寒足熱は安眠の基本。日本では伝来のソバ殻入りの枕が今でも重要視されている。その通気性と保温は頭寒の効果があるからだ。

　ホテルは必ず固めの枕、羽の入った柔らかい枕と二つ用意してある。ベッドも柔らか過ぎるとクレームがくる。昔は、寝返りで揺らぐ体圧を分散させるために、ベニヤ板をマットレスの下に敷いて固く感じさせたものだ。そして心的に大安心の中で安眠に就くため、わずかにトランキライザーの入ったチョコレートとミステリー単行本を枕元に置く配慮もした。これらは従来のホテルの考え、心のこもった対処法であった。ハイブリッド・ホテル、最高のIT化、インフラ、自然破壊、地球環境の変化、温暖化現象、ビジネスホテル

からシティリゾートホテルへ、ヴァカンス、休養、安眠、リラクゼーションと数々の時代の流行はホテルの経営の重要なお客さまの満足、おもてなしにも変化を与えている。遺伝子組み替えのない自然食。オーガニックとレストランの食材から始まって、遂にホテルの基本である宿泊、安眠にまで大きな変化、移動をもたらした。

　ホテルニューオータニの言葉をそのまま借りれば、「ホテルは新しく生まれ変わります。体に優しいお飲み物と食事も心地よい睡眠へと導く重要な要素。ベッドの固さ、お部屋の香り、斬新で熟練された魅力ある空間、地球環境にも優しい空間へ」と変化し始めている。また、リーガロイヤルホテルでは『ザ・ナチュラル コンフォート』と謳（うた）って、「自然に抱かれているかのような寛ぎ、森、海、空、花、太陽、光、芸術、日本の自然」と、リニューアルが完成しつつある。

　従来ホテルは安眠、寛ぎ、癒やしには「音、静寂、匂い、各々の人種による体臭、清潔感ある寝具類、客室から眺める開放感、外気の導入、天井の高さ」にこだわってきた。五感で楽しむ——視覚、聴覚、味覚、嗅覚、触覚。自然に抱かれる寛ぎ、人間の本能、遺伝子は先祖の猿人のように樹上生活、最も寛げる瞬間である。今年、終戦後70年。現代の驚くべき文明、文化の発達は人間の五感にも、精密機器は人工的に安らぎを与える工夫、演出をインテリアに表現し、少しでもお客さまに安眠をとホテル業界は動き出した。

4．Sleep Solution──心地よい眠りのための装置について

　2006年。日本ベッド製造株式会社は創立80周年に当たり、さらに飛躍の年にすべく"Sleep Solution───（快眠への解答）"をテーマに掲げ、2006〜07年度、特にこだわりを持って開発した新作マットレスを発表した。「安眠」はホテルの永遠の商品であり、中でもベッドには最大のこだわりを持っている。故・二代目宇佐見社長は技術出身でもあったので、ベッドの寝心地はことのほか研究されていた。戦後間もない外貨使用制限の中でいち早く職人連をひき連れて渡米し、一流ホテルにチェックインするやいなやマットレスの中を切り開いてスプリング、コイルなどの配列や数、使用している素材、通気性の配慮などあらゆる専門的な角度から知識・情報・ノウハウを吸収した。そして職人連中が、お手のものばかりとひと晩で縫い上げて元の状態に戻した。かように苦心惨憺、当時の日本はどの企業でも材料や素材が不足する中で物づくりに商品の知識開発、品質の向上へと努力を重ねていたのだ。その結果として日本ベッドは更に進化し続け、三代目 宇佐見壽治社長は「安眠－快眠」に対する先代の志をものの見事に受け継ぎ、新作のマットレスを開発・発表した。

　「心地よい眠りのための装置」の最も重要なものはマットレスで、個々に違う体型や体重、寝返りの打ち方など人によってさまざまである。シルキーポケットタイプ、ビーズポケットタイプで体重を分散させ寝心地をよくし快眠に誘う。「硬くて張りのある寝心地」「ふんわり柔らかい寝心地」「しなやかに身体になじむ寝心地」、スプリングの硬度を1.2〜1.7の6種類に分けて顧客のニーズに多目的に

対応するなど個性化・細分化した。まさに究極ではないかと思わせるほどの出来栄えである。宇佐見社長率いるCronos － beds軍団が皇室、迎賓館、業務用など業界で90％という驚異的なシェアを持って席巻しているのは至極当然の帰結である。新作発表会では"快眠セラピスト"三橋美穂女史の解説を聞くことになる。女史はNHK教育テレビの『まる得マガジン』の中で「快適睡眠術」、特に"五感に刺激を"の一章を紹介していただいた。

視覚―――朝の光を浴びる
聴覚―――音を聞く
臭覚―――植物のにおいをかぐ
味覚―――脳のエネルギー補給
触覚―――シャワーを浴びる

　確かに五感を起床と共に正常化、刺激、活性化させれば間違いなくその日は体調が整って快眠・安眠に繋がる。ホテル流に言えば、例えば、夜いかにお休みいただけるかを実利的に工夫するか―――窓からのわずかにもれる光にこだわるお客さまのためにカーテンは遮光性のある裏地を特注する。そして室内の精神安定的なカラーのコーディネート、さらに室内はもちろん隣室や廊下からの遮音にまで配慮する。真っ暗闇に不安を感じる方にはフットライトや調光設備を備え、また前日の宿泊客の消臭にはスプレーをする。室内冷蔵庫には空腹で眠られないお客さまのためにそれなりの物を用意する。加えて探偵小説単行本、精神安定剤の入ったチョコレート、枕やベッドの硬軟に配慮する。時には硬いベニヤ板をマットレスの下に敷き、人類の祖先である猿人が樹木を抱えて休眠した名残とも言われている抱き枕（ボディピロー）をも備え付ける。最近では機器類も発達してエアコンの振動音は静粛そのもの、加湿器も備えて音

楽家の宿泊には好評だ。

　温暖化のせいか、近年の真夏はことのほか寝苦しい夜が続く。メディアは不眠症で悩む多くの方に種々な角度から「安眠－快眠」の方法を説くが、そこで一度ホテルにお泊まりになってじっくり日本ベッドの究極のマットレスを試していただきたい。きっとこの夏は、快適な眠りを体感できるに違いない。くどくどとこだわりを綴ったのだが、それほど**ホテルにとって安眠は永遠の課題**なのだ。

5．バスルームの"快楽"法則

　前項で客室の最も大切な機能の一つは、ベッドであると述べた。**むろん"安眠"はホテルの永遠の商品だからだが、さらに忘れてはいけないのは、バスルーム (Guest Bathroom) である。何しろ生まれたままの姿で一番リラックスする時を過ごすことができる唯一の場所である。**
　バスルーム必勝の10則として、私なりにバスルームの重点項目を考えた。
●クリーンリネス (HIGH STATE OF CLEANLINESS)
ホテルがすべてにわたってクリーンでなければならないことは言うまでもないが、特にバスルームは清潔であるかどうか、人間の皮膚感覚と裸眼で確認できるところである。バスルームを「売る商品」として完全に清掃されているかがホテルの命となる。毛髪はもちろんのこと一滴の水滴も、垢(あか)も残してはならない。これ程ナイーブな場所はない。

●構造の状態 (STRUCTURE)
床、壁、ドア、天井等の状態が良く手入れされているかどうか。

●設備の状態 (FIXTURES)
化粧品、クローム、ベーシン、トイレット、バスタブ、シャワー、カーテン、手すり、シャワーヘッド、タオル、タオル掛け、棚、石けん、皿等々が良い状態に手入れされているか。

●光と鏡
光量が充分か、清潔か、良く磨かれて埃がないか。

●バスタブとメジ
バスルームの壁やタブの中が、壁との間のメジが清潔で磨かれているか。

●リネン類
バスタオル、ハンドタオル、ウォッシュクロス、バスマットの正しい数とサイズ、生地の重みはどうか。

●排気、排水、水量、水圧
目詰まりがしていないか。静かか、臭いがないかどうか。

●事故防止策
バスタブのすべり止めがちゃんとできているか、把手がゆるんでないか、正しい位置か、安全か。

●他との競争力
他ホテルとの設備上の競争力はあるのか。他より特長があるのかどうか。充分なのか。

●ホテルのスタンダードマニュアルに合っているか
石けん、トイレットペーパー、クリネックス、コップ、アイスバケット 等が定められた通りに配置されているかどうか、忘れてはいないか等々。

バスルームのディテール

　最近のホテルはバスルームにカラーが多種に使われるように、白、ベージュ、赤、茶、黄、緑、青などとカラーコーディネーションに重きを置いてデザインを主流に考えていることに加えて、汚れが目立たないということが潜んでいる。しかし本来の目的からすると白が一番である。ホワイトは清潔さを表現する色で毛髪の類や人の垢線というバスの壁面につく垢も一目で分かる。汚れが目立つ色だからホワイトを使わなければならない。その磨かれた色はそのホテルのメンテナンスを一番良く表すからだ。また、水滴などは一番目立たない。

　バスタブの深さにも色々あるが、一概にどのサイズが正しいとは言いがたい。外国人はバスルームを、体を洗う場所として捉え、日本人は加えて体の疲れを癒やすところと捉えるから深い方を好む。水量の多いのは経費に響く。頭の痛い話である。ツインルームでの一番気になることは、バスルームの排水である。一人が入って次の人にバスを用意するとき、排水に時間が掛かるとどうもバツが悪い。聞くところによると、ラブホテルの排水管は直径が一流ホテルより大きいという。これは、すぐに排水して次のお客さまに備えるという営業上の理由だ。バスタブと壁との間にパテでグルーティングしているときがあるが、現在では洗剤が良いのができているので必ずしも臭い防止の必要がなくなってきた。シャワーカーテンは完全に乾燥させるわけではないのでカビなどがわきやすい。そして臭いも発生する。ミシン目に汚れが溜まるということだ。シャワーカーテンの代わりに戸がついていることもあるが、これはレールに汚れがつくということで、どちらが良いかというわけにもいかない。ハウスキーパーの頭の痛いところだ。

バスタブにお湯をためるために止め金があるが、ゴムでできているものと、上についてハンドルで止めるものとがあるが、どうもゴムの方が適切であると思う。日本の自動車の技術は、故障しないことで有名だが、まだバスタブのメーカーの技術はそこまでいっていない。シャワーとバスタブとの切り替えへのノブは、水滴が蛇口から一滴一滴落ちるのを完全には止められない。旅館の経営では大浴場の水のポタリ、ポタリが大問題になるのだが、ホテルの人はどうも無関心のようだ。

ミラーは誰のためのものか？

　ミラーのメッキのハゲは不愉快だ。だからといってそうそう取り換えはできない。時々ノーティスのシールがきれいにデザインされて貼ってあることは、その醜いメッキのハゲを隠すには大変役に立つ。曇り止めの熱線を入れているのは、親切でゴージャスな感じを与える。気をつけなければならないのは、デザイナーがハウスキーパーの苦労を考えずに電球を鏡の両側につけてカッコイイと思っていることである。熱で天井が黒ずんでくる。拡大鏡は外国のホテルでよく見かけるのだが、一番喜んでいるのはど近眼の人のひげそりに役立つのと、女性が意外とかくれて、顔そりをするのに役立っていることも知る人は少ない。

　トイレットは、昔は（昭和20年代、1945年〜）木製でホワイトのペンキを厚く塗っていた。時々剥げていて不浄感があり、サニタリークリーンドとか、ディスインフェクティドとかの紙を巻いていた。最近は、プラスティック製で見た目にはキレイで清潔状態も良くなってきた。便座の型で馬蹄型かO型かは、意外と男性にとっては議論のわくところであるが、馬蹄型の場合は割れ目の陶器部分

に一物が触れるような気がして気持ちが悪い。陶器に触れるよりはまだプラスティックのホワイトの方がましな気がする。

トイレットの水槽だが、メンテナンスに都合が良いのでタンクが外部にあるのが多いが、水がたまるのが遅いのと音が大きい。特にフラッシングの音は隣の部屋でも気になることが多い。音についてはバスルーム全体に言えることだが、もっと消音にならないものか、メーカーに一層の研究を望みたい。

ベーシンの周囲に棚がないのも不思議なことだ。最近の若者や女性、それはオシャレで化粧道具が多いというのにホテルのアメニティの置き場所だけで一杯だ。自己のアイデンティティを示す化粧品を置くスペースすらない。ベーシンのクロームメッキは、その90％はフェイドアウト（Fade out）している。外国人の最も嫌うことの一つである。理由は定かではないが、私の経験では光がないということは磨いていないことにつながるのではないか。外国人、特に米国人はブラス（真ちゅう）製品が好きで、あれはしょっちゅう磨いていないと光らない。

シャワーは固定式と可動式の２種類ある。昔のホテルは全部固定式であったのだが、器用な日本人が可動式に主流を変えてしまった。可動式は清掃のルームメイドさんにも便利で好評だ。バスルームのレイアウトは一般に川の字型とコの字型がある。これはベーシンの位置によって変わるのであるが、本来トイレは別にある方が望ましいし、最近では別にしているホテルも増えてきた。スペース上の問題があるのでしかたがないことだが、日本人にとってトイレは不浄という観念があるので、身体を清めるバスタブと同じところにあるのを嫌う。色々な埃や汚れがベーシンの下に残り、メイドさんの手抜きに気がつく。ベーシンがバスルームの外にあって女性客への心

配りと考えているホテルがあるが、感心しない。水廻りは一緒の方が良い。床が痛むからだ。

　バスルームのドアを交えるアームやカーテンロッドはあまり頑丈でない方が良い。ほかのかなり深刻な目的に使うことを考えるお客さまがたまにおられるからである。ホテルマンならお分かりのことだと思うが…。

　私の知る限りでは、これらの問題を完璧にしてあるホテルはどういうわけか見当たらない。どれか一つはいつも欠けている。現況で、一番秀れているバスルームを商品としているホテルはハワイのハレクラニホテルであろう。心ある人は是非一度見学されたらいかがなものか。バスルームの心くばりには頭が下がる。

6．オールスイートホテルの"誘惑"
―― お客さまのシルエットが、人のぬくもりを伝える知恵

　1980年代、東南アジア地域のホテルを見て回る機会が多かった。香港、バンコク、マレーシア、シンガポールの一流ホテルを訪問し、トップレベルのマネジメントとの対話も多く、それなりに得るところも大きかった。そこで感じられるのは、この地域のホテル群が、華僑資本とオイルダラーに支えられる石油王などの豊富な資金力と低い水準の賃金による労働力に支えられて、ハードもソフトもちょっと真似られないほどだ、というため息まじりの感慨だ。ソフトに至っては1室当たり2名の従業員という潤沢さである。このホテルをマネジメントするのが、ドイツ、フランス、スイス、イギリスなど欧州系のホテルマンたちである。

　彼らはアメリカ的な合理主義との接点に立ちつつ、豪華なハードに華麗なソフトを盛り込んでいる。その頂点がバンコクのザ・オリエンタルにある、ということに異論は少ないだろう。

　ところで、これら東南アジアの一流ホテル建築様式の大半がアトリウム（吹き抜け）の方式を採用して、リゾート感覚を重視したものだ。アトリウム様式は1970年代にアメリカの建築家、ジョン・ポーツマンがテキサス州のハイアットリージェンシーで試みたのが始まり。その後、全米を席巻し、日本でも小田急センチュリーハイアットや東京全日空ホテル、ニューオータニ大阪などで取り入れられてきたのは周知のとおりである。

　そのようなアトリウム方式がホテル建築の核的なコンセプトであり続けられるのだろうか。米国のホテル事情視察の機会を得て全米を回ってきたころの事だが、その旅行の間中、私はそのことを考え

続けてきたのである。そして、あるホテルに泊まったときに、アトリウムを一気に葬り去るかもしれないホテルのコンセプトを発見したと思えたのである。

エンバシースイートに泊まる

そのホテルとは、インディアナ州の州都、インディアナポリス北郊にあるエンバシースイートという中規模ホテルだった。このホテルは世界に冠たるチェーンホテル、現インターコンチネンタルホテルグループ、（1955年頃、1907店、35万7614室）が開発し、着々と成功を収めつつある"オールスイートホテル"という業態に属するものだ。ホリデイ・インは都市型コンベンションホテルとしてよりも、誰もが泊まりやすい大衆路線の、"イン"として発展した企業だが、宿泊マーケットの多様化に対応して、この10年間は、量から質へと戦略転換の最中で、ホテルのブランドを四つのカテゴリーに分けて展開している。

 その四つとは
 ①クラウンプラザ（エグゼクティブに絞りこむ）、
 ②ホリデイ・イン（ミドルマネジメントクラス）、
 ③ハンプトンイン、ガーデンコート（非常に廉価なビジネスホテル）、
 ④エンバシースイート（オールスイート）である。
それぞれのブランドは異なった利用動機を捉えている。このエンバシースイートは4業態の中でも5年で200店を越えようとしており、成長株ナンバーワンなのである。泊まってみて、なぜ成長株なのかがよく分かった。

ところで、オールスイートホテルというと超デラックスなホテルのイメージだが、実際にはそうではない。全室をスイートタイプにしたホテルということで、価格的に高級志向という概念を含んではいないのである。スイートは本来"続き部屋"の意味であり、このホテルでは全室がルーム＆パーラーの続き部屋仕様になっているのが特徴なのだ。むしろ料金的には、普通よりはちょっと高め（モデレートプライス）だけれど、都市ホテルのベストプライスよりは遥かに安く泊まれるという設定になっている。エンバシースイートの謳（うた）い文句は「普通のホテル1室の料金で二つの部屋を」（Two rooms for the price of one）というもので、いわゆる高級客室としてのスイートを使いやすい価格で提供していることが人気の源泉なのである。

　さて、オールスイートホテルのキーワードは、家庭にいるような寛ぎである。最近のホテルマンは誰もが「ホテルとはホーム・アウェイ・フロム・ホームだ」と口走るが、この業態こそ、家を離れた家というにふさわしいと思える。考えてみると、ポーツマンの発明したアトリウムロビーに、非日常のひらめきがあったのは確かだ。館内に一歩入ると広がる広大な空間が都市の新しいレジャー空間の発見だったとも言える。マリオットが"メガホテル"と銘打ったマリオットマルキー（ニューヨークとアトランタ）は、その極致の一つだ。ポーツマン自身も自ら"究極"と呼んだポーツマンホテルをサンフランシスコにオープンさせている（当時：香港のペニンシュラが運営）。相変わらずの流行なのだが、一方では食傷気味であり、今度の米国旅行では有力建築家から、ポーツマンの時代は去ったと言われたこともある。"非日常"も見慣れてしまえば驚きが薄れてしまう道理なのである。その点、オールスイートホテルには鬼面人を驚かす

類の装置はないが、ルーム＆パーラーの居住性の良さ、そして付随するサービスの質感の高さに、無機的なアトリウムホテルにない温もりが感じられたのである。具体的にエンバシースイートの宿泊料金を記すと、一泊79ドル、プラス税金10%。しかもノーチップ制である。ドアマンもベルボーイもリムジンサービスもチップもなし。レストランのみ15%のチップをとるが、ほかのサービスにチップ不要というのは、いささか驚かされた。しかも、この料金に夕方のカクテルレセプションがつき、朝食まで込みである。この朝食がまた特筆ものである。英語で言うCook to orderで、注文後、調理のスタイルだ。オープンキッチンに2人の主婦(パート、コックではない)がいて、グリル(1.5m×1m)に立ち、お客さまがオーダーする度に目の前で卵を焼いてくれる。

　ベーコン、ハム類は焼き上げたのを保温状態になっている引き出しに入れて、卵料理が出来ると盛りつけてくれる。ミルクやジュース、コーヒー、トーストはセルフサービスだが、この卵料理の手間のかけ方は本当にうれしいものだ。後は食器の下げを学生アルバイト風がやるだけ。280室分の朝食をわずか4人でやってのけてしまう合理性は、まさにアメリカンマネジメントスピリッツを貫いたものだ。

部屋の窓に浮かぶシルエットの色気

　これだけでも、エンバシースイートがいかに、お得用なホテルか、お分かりいただけると思うが、実は、もう一つ隠された魅力があるのだ。あまり他の人が指摘しないことだが、その魅力こそ今のホテルのあり方を批判する重要な材料になると、私は信じている。

　このホテルに夕方戻ってきて、シースルーのエレベーターに乗っ

た。ゆっくり昇るそのエレベーターの中から各階のコリドーが目に映っていく。ふと気づくと、ある部屋の窓に人影が映っているではないか。ぼんやりと。おや、そこでは仕事を終えたビジネスマンとおぼしき人がワイシャツ姿で酒か何かを飲んでいるらしい。エレベーターが次の階に上ると今度は、親子が戯れあっているらしい姿がのぞけた。ふつうホテルのルーム内の景色は窓の外からしか見えないはずである。だが、このホテルでは廊下の方にも窓があって、そこから中にいる人の気配がもれてくるのである。ルーム照明が白熱灯（アメリカは電気代が安いので蛍光灯にしなくて済む）なので、中の人のシルエットが浮かび上がってくる。幸福な家庭のこの懐かしい雰囲気というのは他ではちょっとお目にかかれない光景だ。ビジネスマンのシルエットだって、レースのカーテンごしに浮かび上がってくると、男の私でさえ色気を感じるほどだ。この廊下側の窓は格子戸状になっているが、プライバシーを守りたいときには裏がゴム貼りのカーテンを閉めれば良い。ホテルはプライバシーの確保を強調するあまり、無機質的なものになりすぎてしまったのではないだろうか。

エンバシースイートのルームからもれ出てくる灯には、新しいホテルのパフォーマンスが感じられる。 ホテルが人間の産業だとは言い古されたセリフだが、このホテルにこそ、非人間的なアトリウムに象徴される無機質的なコンセプトを過去のものとする知恵があると思うのだ。つまり、**人の温もりを大事にする知恵が。**

廊下側のすりガラス窓がポイント！
プライバシーを守りつつ、人の温もり、
アットホームな雰囲気で
幸せを感じさせる・・・ホテルの新手法
プライバシーからホノカナチラリズム

■エンバシースイートの標準的間取り

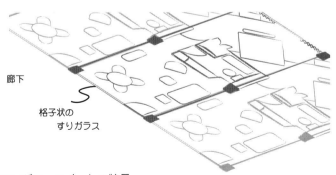

廊下

格子状の
すりガラス

■エンバシースイートの特長
全室スイート（入ってすぐの居間、寝室、大理石貼りのバスルーム、高級アメニティ）
製氷機付き冷蔵庫、電子レンジ、コーヒーメーカー、トースター装備　等

7．ビジネスホテルに泊まる

　家族の入院に伴い、病院近くのビジネスホテルに連泊したことがある。長年の経験から省力化しているビジネスホテルには安全管理面、防災設備について専任人員が不十分だとの不安を抱いていた。細かく言えば非常階段出口のドアのロックキーが錆び付いていたりして、いざという時になかなか開かなかったりする恐れがあるケースも多く、ここも同じではないかと疑っていたのだ。しかし息の詰まるような15㎡くらいのシングルルームであったが、私が予想していたよりもはるかに整備されており清潔であった。偏見は直さなければいけない。

　さて、毎日の病院通い中は心労も人一倍で、ウトウトとよく眠れない夜が続いた。そんな中、手術当日の深夜3時頃に廊下のスピーカーがけたたましく鳴り、「3階で火災発生、直ちに避難してください」の放送が繰り返し流された。最初は消し忘れたテレビの音かと思ったが、「火災です、火災です」のアナウンスに、それ見たことかやっぱりと慌てて飛び起き、洋服を着てコートと靴を持って廊下に飛び出ると、多くの宿泊客がエレベーターの前にいた。エレベーターは危ないので非常階段へと走った私は、「不安の非常階段よ、うまく開いてくれ」と念じたものの、幸い非常ドアはよく整備されておりすぐに開いた。みんなホッとしたと同時に息切れしていた。若い宿泊客が多かったせいか、よく見るとチェックインの時と同じように服もアタッシュケースも全部整っており万全逃避のスタイル。慌てて部屋に戻った私は眼鏡、入れ歯、携帯電話、薬、ペットボトルを整えあたふたとまた非常階段へ。しかし30〜40分後

に誤報だと分かってほっと一息。部屋に戻りフロントに電話をしたところ、原因は部屋の温度感知器がお風呂の湯気を感知しアナウンスされたとのこと。無事でよかった。

　さて、世界で一番厳しい消防法の日本。この点から検証してみると、ビジネスホテルは部屋が狭くてエアコンも比較的古く簡便なものが多い。つまり安かろう、悪かろうであり身分相応でもある。そして部屋の温度調整がなかなかできない。窓が開かないからお客さまは乾燥し過ぎる部屋を何とかしようとバスルームの湯気を出し、さらにバスルームのドアを開けっ放しで寝てしまう。すると温度感知器が誤作動して今回のような事態に陥る。つまりその注意書きと乾燥防止の手立てが不十分なのだ。

　ビジネスホテルでも一流ホテル（この場合、日本ホテル協会や全日本シティホテル連盟所属クラス）のように宿泊するお客さまの安全について親切かつ心のこもった訓練を日頃から行ない、防災・スプリンクラー・煙感知器などの機能はどうなっているかの懇切丁寧な説明書があればと思う。お客さまがお部屋に到着されたら、客室ドア内の避難経路図非常口の確認・非常用懐中電灯の確認・身体の不自由なお客さまはフロントに登録する・タバコは完全に消してくずかごに入れないこと・ベッドの上や歩行中の喫煙禁止・些細な異常はすぐアシスタントマネジャーに連絡・火災警報ベルが鳴ったら避難指示に従って冷静に行動する・緊急時にエレベーターは絶対に使用しない・火災時は濡れタオルで口鼻を覆い姿勢を低くして煙の反対方向に避難する――他にも地震時、日常の防災体制、警備体制、セキュリティ訓練実施の説明文も必要であろう。お客さまが安心できるインフォメーションが完全に整備されている（ホテルニューオータニ、キャピトルホテル東急は該当）ならば。**お客さまへの安**

心感を与えるちょっとした心配り——ホスピタリティーマインドのたゆまぬ努力とは何か、サービス業とは難しいものだと改めて感じる。

8．Royal pink palace THE ROYAL HAWAIIAN
　　LUXUARY COLLECTION RESORT WAIKIKI

　2009年。某誌の表紙のタイトル——ハワイオアフ＆マウイ進化し続ける楽園Hawaiian Hospitality——がふと私の目に留まった。早速記事を読んでみると「今年はHawaiiがアメリカ合衆国の50番目の州となって50周年の節目の年。50という数字にちなんで魅力的な観光名所ハワイ50選が定められるなど、観光地としてのハワイは今また新たな道を歩み始めようとしている。なぜ多くの人に愛されてきたのか。そのキーワードとなるのは進化。それによって魅力を増した楽園……」とある。さらに「ワイキキにある「pink palace・Royal Hawaiian Hotel」はリニューアルによってホテルはグレードアップ「The Royal Hawaiian a Luxury Collection Resort Waikiki」に変わった。」と書いてあった。エエッ！ あのピンク色の美しい世界一の代表的なリゾートホテルが一体どのように改装したのか、まさか古きを壊し、日本でよく見掛ける高層ビル化、近代化、効率化したのではあるまい。少々不安になってさらに読み進めると「スパニッシュ・ムーア風建築様式のホテルの別名は——ピンクパレス。$6000万ドル（当時、1ドル360円＝約216億円）の巨費を投じたものの最新鋭のリニューアルデザインになったわけではない。目指したのは、さすがは、インテリアデザイン会社フィルボッツアソシエイツ社、優雅を極めた昔日の姿に立ち返ることだった。単に豪華さを追求するのではなく、美しき時代を復元させるリニューアル。その格別なる進化はハワイの魅力の一端を表している」とある。ほっと、ひと安心。

　1961年8月。31歳の私は、生まれて初めて渡米、ホテル業界の

視察旅行に出掛けることになった。戦後の米国訪問の第一歩はオアフ島ホノルルであった。ご承知のように、戦後の日本は経済復興へ再建の努力の真っ最中。物資も決して豊かではない。質も悪い時代。戦勝国大国、先進国でもあるアメリカは物資も豊富、質も高級、大金持ちの国（$1=360円）、そんな国に早々と視察にいかれるなんて最高に恵まれていた。そして最初に私の映像に飛び込んできたのはあの真夏の炎天下、ワイキキビーチに面しての「Pink Palace ROYAL HAWAIIAN HOTEL」椰子の木陰に真っ赤なハイビスカス、それは戦争で荒廃した時代を生き抜いてきた私にとって、その視線を通して、脳裡に強烈に焼きついたのは、この世のパラダイス、まさにそうだ、楽園が現世界にあったのだと。

当時のハワイはのんびりと未だ汽車が走っていた名残が、空港沿いにあった。ホテル前の KALAKAUA AVENUE は今のように一方通行ではなく両方通行であった。どのようなアングルからでもあの美しいハワイのシンボル、常にポスターに代表されるダイアモンドヘッドが見えたものだ。今は高層ホテルが邪魔して合間に少々見えるくらいだ。正服装は皆アロハシャツ、上着にネクタイをしている人は一人もいない。ホノルル市全体がリゾートの楽園そのものであった。

THE ROYAL HAWAIIAN HOTEL に入るといや驚いた。単に金持ちの人が泊まるホテルの印象ではない。それは限定された Multi Millionaires 超億万長者のみが泊まれるホテルの雰囲気、格調だ。今流セレブと言えばかつての俳優、ゲイリー・クーパー、ケイリー・グラント、エリザベス・テイラー、ジョン・クロフォード、デイビス、ボブ・ホープ、等々が良く似合う。決してマイケル・ジャクソン、マドンナ、エルビス・プレスリーなどなどではない。

その優雅さと洗練されたマナーの持ち主こそ良く似合う。私の想いはホッと次の言葉で胸をなでおろす。「**優雅を極めた昔日の姿に立ち返ることだった。単に豪華さを追求するのではなく、美しき時代を復元させるリニューアル**」とその記事を書いた雑誌のライターと共に乾杯。

第4章　正しい「料理」とは

1．クライマックスを考えるのが正しい料理の基本

　桜で有名な千鳥ヶ淵。そのほとりに佇んでいたフェヤーモントホテルの総調理長 故・筒井福夫氏は、帝国ホテル出身でシャリアピアンステーキメニューの創始者である。そしてまた、村上信夫総料理長の先輩でもある。たまたま飲料部門のサービス長であった私は、5カ年ほど仕事をご一緒する機会に恵まれた。私のホテル人生に大きな影響を与えていただいた方の一人である。

　「**料理はドラマである。前奏が始まり、物語が展開し、最高潮を迎え、幕切れに至る。その一連の過程が料理であり、食べるという行為なのである。つまり、ドラマそのものなのである**」と、まず最初に教えられた。オードブルに始まり、スープ、魚、肉、サラダ、デザート、コーヒーというコースの中で、第一の大波は魚料理、クライマックスとしての肉料理、この二つにコックは腕を振るう。間奏曲としてワインが彩りを添える。ほとんどのコックは最初からおいしいものを食べさせようとする。心意気は分かるのだが本来、最初からおいし過ぎてはいけないのである。ドラマが始まるや"どっと"という盛り上がりではあとの展開が難しい。オードブルは食欲をわかすためのもの、アペタイザーと言われるゆえんである。スープはおいし過ぎる味ではいけない。最高潮に向けて徐々に盛り上がりをはかっていくのだ。おいし過ぎる味、つくり過ぎたソースやデコレーションは飽きを誘いやすい。**飽きられないために一点の不完**

全さを残しておく、それが料理の真髄であると、筒井福夫総調理長は常々そう言っておられた。

　「私のスープはまずい、塩味とコショウ味はお客さまが自分に合った味付けをする。そのためにテーブルには塩、コショウが用意されている。薄味に仕上げておいてお客さまが好みで味付けをする」そう言えばよくこう言われたものだが。同じスープを比べてみると筒井福夫総調理長の方がはるかにおいしいと気付いてくるのはそれから数年経ってからのことだ。正しく練りつくられたその味は単独では気付きにくいのだが、本物との違いは分かるものなのだ。失礼ながら一般の人には分からない。おいし過ぎ、つくり過ぎる料理はむしろやさしいのであって、一歩手前の判断が肝心なのだ。その止め具合を察知して、山場のメインディッシュに最高の味わいをもってくる、その具合を察知できるシェフこそ本物の名調理師と言える。また、その名調理師の味覚分析のできる人を美食家、本物の食通と言える。

　インスタントラーメンはおいしい。だが毎日は食べられない。飽きるからだ。おいし過ぎるのだ。ご飯の味は毎日食べても飽きない。フランス料理は毎日食べても飽きない味こそ本物の真髄である。おいしくしようとしてさまざまなソースをつくり、ワインを訳もなく使っておいしくするのは、一時的な味でありすぐ飽きる。いかにくどい、しつこい味付け料理の多いことか。クライマックスを考えないシェフの多い今日この頃である。

2. "正しい"ホテルの朝食とは

　地球上の民族は大きく二つに分かれている。西洋文化と東洋文化、白色人種と有色人種、キリストの教えと仏の教え、前者は狩猟民族、後者は農耕民族と生活する上での糧を得る方法も違う。歴史が、文化が、文明が何をわれわれ人類に示しているのか、何を習慣づけているのか、ここで論ずる気もなければ知識も、持ち合わせない。しかし、時代が平和になってきて、今や成熟の時代だ。特に「食文化」ほど発展してきたものはない。どの国のものでも食べることができ、味わうことができる。四季における「旬」の感覚もなくなってきた。誰もが人間の本能である「食」について論じ合い、興味を持ち、知識も豊富になってきた。

　ウエーターになって、西欧文明国の食文化、食生活、習慣を見てそして自らも食べて、味やマナーや考え方を学んできたのだが、今回はホテルの定番のメニューである「朝食」について話をすすめよう。

「ジュースにアイスキューブは要らない」
　なぜか**西欧人のブレックファースト（BREAKFAST）はワンパターン**である。ご承知のとおり、ジュース、フレッシュフルーツ類に始まって卵料理、ベーコン、ハム、またはソーセージつきにトースト、コーヒーで終わる。世界中のトップの大統領の朝食も、材料の質の違いこそあれボトムの下層部に至るまで同じである。同じ人間なのだからいいじゃないかということもあるが…。そこへいくと、**農耕民族である日本人の朝食はバラエティー豊か**である。周囲を海

で囲まれている島国であるがゆえに、外敵の恐怖におののくこともなく、自分たちの食の楽しみを作ってきたのかもしれない。パターン化していると言えば、ご飯にみそ汁であろう。一汁一菜であるが、その汁の具は多種である。贅沢な朝食と一般の朝食には形態的な差はさほどない。個人の好みと体力に合わせさまざまな工夫が凝らされている。今でも不思議に思うのは、あの大きな体格をした西欧人が定型化されたブレックファーストでよく身体がもっているな、ということだ。ジュース類はきまってオレンジ、トマト、パイナップル、グレープフルーツジュースであり、時々グレープジュースを出してくるところがあるが、あれは言葉の間違いだろう。グラスは一応、6オンスタンブラーが基本、大は8オンスないしは10オンスタンブラーで出す。中にはゴブレットに入れて、ご丁寧にもキューブアイスを入れているホテルがあるのは驚きである。アイスは入れないことが本当であり、目覚めの胃袋にはこたえるものだ。

　フルーツはスライスオレンジ、パパイヤ、スライスパイナップル、ハーフグレープフルーツ、ハニーデューメロン、マスクメロンであるが、リゾートホテルなどで土地柄マンゴーなどを出すところもある。その他の特別な注文はお客さまからはこない。かわって、スチュードプラム、コンポートフルーツとしてピーチ、ベアーなどがある。シリアル類、コーンフレークス、パフドライス、オートミール、シュレディッドホイート、クリームホイート、コーンミールなどはホットミルク、砂糖を加えて食する人が多い。これらのシリアルを食べている人は、ほとんど卵料理は摂らない。健康食ブームもあってか、もはやホテルの朝食に定番化しつつある。

　卵料理はフライドエッグ、サニーサイドアップ、ターンオーバーイージィ、またはハード。フライドエッグ、スクランブルエッグは、

水切りのために小さなトーストを敷いてある。ポーチドエッグは俗に言う半熟卵、外が固くて黄身がソフト。これも小さなトーストを下に敷いて水切りをしている。ボイルドエッグ、これが驚いたことにベリーソフト2分30秒と正確に定められている。普通、卵は2個使うが4個の注文もある。これらの卵料理には必ず、ベーコン、ロースハム、ソーセージのいずれかが2片ついてくる。ベーコンで特に注意しなければならないのは、良く焼いて熱を通してカリカリ（CRISPY）にして出すことだ。

「Fishyな肉よ、さらば」

ついでだが、鶏や豚は雑食動物だから何でも食べるため、虫がわいたりする恐れがあるのでよく熱処理しなければならなかった。最近は人工飼料なのでその必要はないのだが、西欧人の習性は変わっていない。ちなみに牛は草食動物だから、焼き方にはレア、ミディアム、ウェルダンとそれぞれに好みがある。もう一つ、人工飼料が現代のように進んでいなかった時代は、ホテルから大量に放出される残飯はドラム缶に入れ、養豚業者に運ばれて豚の飼料として与えられていた。これらに魚介類が多く混合されていたので、その残飯で飼育された豚から作るハムやベーコンは当時、お客さまからフィッシィ、フィッシィ（FISHY）と苦情が出たものだ。一時期、日本製のハム、ベーコン類は不合格と折り紙をつけられたものだが、われわれ日本人にはその臭いを嗅ぎわけることはできなかった。

現在のハム、ベーコンは本当においしくなったが、日本の養豚業者も、ホテルのお客さまによって教えられたと言っても過言ではない。オムレツは卵2個、稀に4個でプレーンオムレツ、ハム・チーズオムレツ、オニオンオムレツ、スパニッシュオムレツがある。日

本人の調理人はオムレツを焼かせたら世界一である。また、フライドエッグやオムレツを日本人が、白身を切って黄身部分だけを残して一口で食べる時に音をたてるのは、最も外国人の嫌うもので、スロウピング（SLOPING）という。お腹が減って朝からきっちり食べたい人には、モーニングステーキ（80～100g）や、スモークヘリング、グリルヘリングが用意される。トーストは皿にはおかない。ナプキンの上にのせる。水っぽくなるからだ。

トースト以外にホットケーキやワッフル、フレンチトースト、シナモントーストは、ハチミツやメープルシロップで食事をする。パンはトーストのほかには、スイートロール、イングリッシュマフィン、ダニッシュロール、クロワッサン、ブラウンブレッドなどがあり、普通のロールパンやクロワッサンは朝食以外には食べない。

「正しい朝食に"飽き"はない」

前述の朝食は通常アメリカンブレックファーストと呼ばれ、パンとコーヒーのみの朝食はコンチネンタルブレックファーストと呼ばれている。欧州人のツアーの朝食は、ほとんどコンチネンタルブレックファースト付きであったが、数年前ヨーロッパを旅行して、ヨーロッパ、特にフランスやドイツのパンは絶妙な味がしてとても卵料理など食べる気がしないほどおいしかった。本当のコンチネンタルブレックファーストの意味が分かったものだ。

最後にコーヒーであるが、欧州人はブラックコーヒーで濃いのを好み、アメリカ人は薄いのを好む。英国系はティーである。英国人は日本人同様、お茶に対しては大変うるさい。熱い紅茶を香りで飲むのはもちろんであるが、入れるミルクが温かくなくては絶対に怒る。日本の一流ホテルでも温かいミルクをティーにそえて出すのは

最近になってからで、レモンはほとんど使わない。以上がオーソドックスな朝食のパターンである。

　時代が変わり、多様化の時代から細分化へ、さらに固有化へと嗜好が変化して、ホテルも多くの国際人に利用されてきたが、健康食としてヨーグルト、サラダ類、ノンシュガー、マーガリンへと、その対応は多岐にわたってきた。多くのホテルが朝食ブッフェスタイルを試み定型化の朝食メニューが多様化へと進んでいるが、昨年世界の一流ホテルに泊まり歩いた限りでは、朝食はほとんど変化が見られなかった。好みに合わせてというのも良いが、味覚のナイーブさを考えた「朝食」の提供が、もう一度見直されることが大切であろう。

　ニューヨークの5スターホテルでの朝食は、日本人の色彩感覚を採り入れてグリーンオニオンを乗せてあった。国際交流が深まれば深まるほど、東西の食習慣は混淆するかもしれない。ただし、オムレツにケチャップを使っているがこれは田舎者にみられるもの。某大使が朝食をとられた際、ウスターソース、別名リーペリン（LEA PERRINS）を注文されたときは、さすがに国を代表している人は違うと我が意を得たりであった。食生活は基本に忠実でありたいものだ。

3．メインダイニングルームの栄光を再び（その1）

　ホテルのメインダイニングルームがあまりパッとしない、と囁かれ始めて久しい。仮に売り上げ高そのものの維持はできていても、それをメニュー構成の手直しや若干の価格調整などでこなしており、客数自体の低落傾向は否定しがたくあるように思う。かつてホテルのメインダイニングルームは、日本の西洋料理界が仰ぎ見る星だった。もちろん今でもそういうきらびやかな部分は残ってはいるのだが、かつてほどの勢いはなく多くのホテルマンが頭を悩ませているのも事実だ。

「まず味について考えてみる」

　1964（昭和39）年に開催された東京オリンピックでは、世界各国の選手団を迎えるため、ホテル業界からコックがよりすぐられ、各国のお国柄と好みに合わせた世界の料理を提供した。これがきっかけとなって、日本のホテル業界のF&Bがそれまでのフランス料理一辺倒から世界の味覚追求の姿勢に変化していった、と私は思う。今日、ホテルではさまざまな国の料理を楽しめるようになっているが、その出発はオリンピックだったのではないか。その間、各種の食品工業が発達し、インスタントラーメンをはじめ、「食」の多様化がどんどん進んでいった。テレビで頻繁に料理番組が流され、専門的な料理を出す店をいくつ知っているか、がオシャレの基準になってきた。平和な時代の反映だろう。一方、ホテルの調理技術そのものもどんどん深まり、一部ではフランス本国の技術をしのぐようなシェフも出現してきた。だが、食の多様化、大繁盛のなか、各

ホテルの職人魂の結晶と呼ぶべき、メインダイニングルームの人気はじりじり後退している。

どうしてなのだろう。味が最高であることは確かだ。しかも清潔感やサービスの品格、雰囲気には、一般のレストランに負けないだけのものがある。最高の味は永遠に不滅である、と誰もが思う。なのになぜ、と多くの疑問と悩みを持っているホテルマンの数は少なくない。

こういう時代に、私はメインダイニングルームの問題を考える時、もう一度「味」とはいったい何であるかを研究してみることが必要だと思った。最高の「味」とはいっても、味についての評価基準がいつの間にかずれていたのでは、話にならないのである。以下、味覚についての生理学講義になるがこれは筆者が長く私淑している医学博士、高階経和先生のご意見に負う所が大きい。先生は神戸医科大学を卒業後、米国チューレン大学に留学、現在、高階クリニック院長として医学界に大きく貢献されておられる。

「味覚の生理学」

最近では、「感覚的」に味わう傾向が強いように思う。新フランス料理やマクドナルドに代表されるファストフードは、もちろん味の質は同一に論じられないにしても、味わい方のスタイルが「感覚的」になっているのではないだろうか。本当においしい、という普遍的で永続的な感覚が、不透明になっていく一方のような気がする。

いったい味とはどういうものなのか。調べ始めると意外や意外、味覚について生理学的にアプローチしている病院や大学が少ないのである。とはいっても、調べてみないと話が進まない。味とはご承知の通り、舌で感じるものである。舌には味を感じる部位が四つあ

り、先端が甘味、舌根は苦味を感じ、偏縁部では塩辛味が分かる。ミクロの伝達機能がある。従ってどの部分で味わっても、きちんと味わい分けることが可能だ。

　微妙な味は複雑に舌の部位が働き、前三分の一が顔神経や三叉神経、舌神経など八つの神経が働いてバランスを感じとり、それが大脳の感覚神経に伝えられて、初めて味を認識する。味には味覚だけでなく、固い、軟い、温かい、冷たい、歯ざわりなどの要素が含まれる。面白いのは咽頭にも味をキャッチするレセプター(受信装置)があり、それぞれの味の種類によって、口内全体で把握される匂いなども味の重要なファクターとなる。本当の味とは、味覚、臭覚、視覚、聴覚、触覚の五覚によって構成される。しかも、空腹感やその人の置かれている心理状態なども関係してくる。万人に絶賛されるべき味の技術とは、奥深いものなのである。

　個人差も大きく左右する。完全な蒸留水は飲むと吐き気をもよおす。六甲の水がうまいとか○○の水はうまい、というのはミネラル類が入って、それが嗜好によってうまいと感じるのである。人によっては、アルコールが入っていれば、なおさら結構という人もいるが…。これは個人のテイストの問題だ。

　だから、バランスが問題になる。昔、ホテルマン修行中だった頃、大先輩のコックから「味はバランスだ」と何度も言われた。生モノが多い日本料理には日本酒、中国料理にはウーロン茶、酸性の肉料理にはワインが合うと言われる。バランスがとれていると健康に良い。バランスが崩れると、生理学的には消化が悪くなる。疲れると甘いものが欲しくなったり、若い時には脂っこい料理がおいしかったりするが、歳をとるとサッパリしたものがよくなる。人間の機能とは不思議なもので、それだけに「味のバランスをとる」というこ

とは、言うはやすく、行なうは難い、ということになる。そうした機能の複雑さは、その人が朝型か夜型かでも違ってくる。人間には人それぞれのリズムがあって、夜型人間には朝型ほどスムーズな食欲は起きてこない。しかも、料理を出すと、どれから食べ始めるかその順序が本能的に決まっているものだ。非常に直観的な行動と言える。だから、最高のサービスの提供を本義とするホテルでは、人々の生活行動パターンを把握することが大切になってくる。

　おいしいものをおいしく食べていただこうと思えば、それぞれの嗜好や健康状態、年齢などを見きわめて、メニューから選んでもらわなければならないのである。

「サービスする人の品性も問題」

　大先輩のコック長が私に最後に残してくれた言葉はこういうものだった。「料理人がつくる最高の味は経験や技術によるのではなく、その人の品性そのもので決まる」おいしい料理を出すには、味わいのある人生を送っている人がつくらなければいけないのである。お客さま一人一人の個性に合わせたバランスを実現するには、品性の豊かな人でなければならない。味わいのある人生とは何か。英語にすればクオリティー・オブ・ライフだ。この場のクオリティーは単なる「品質」と安易に解釈してはいけないのであって、これは本来、その人が固有に持っているテイスト（嗜好）が何とも言えない味わいを出すことがクオリティーという言葉の意味なのである。

　味わいのある人生とは、クオリティー・オブ・ライフの充実度が高い人生を指す。それは、健康や職業、人間関係、知性、活動性、独創性、愛情面などのいろいろな側面で、その人がどれだけ納得のいく人生を送っているか、ということでもある。クオリティー・オ

ブ・ライフ・イズ・ア・サム・オブ・サティスファクション・イン・ザ・ライフ。欧米で言われることだ。訳せば「人生の充実度とは生きている満足度の集積である」とでもなろう。

　メインダイニングルームの不振という問題設定から始まって、話がずいぶんかけ離れてきたようにも思う。でも、ホテルのメインダイニングルームが「味の殿堂」として通用し、他を寄せつけないプレステージを維持していた昔と今は違う。味覚の生理学をきっかけに、味とは複雑なバランスが成り立っているものであり、個体差も大きいことを今回は論じてきた。**ホテルのメインダイニングルーム不調の一つの原因が、そうした味づくりに関しての概念規定そのものの古さにある**のではないか、と私は思うのだ。これを踏まえて、もう少し具体的に問題点の摘出を行なっていくべきである。

■味覚地図（舌）

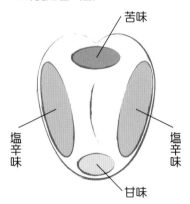

4．メインダイニングルームの栄光を再び（その2）

　世の中に数々の料理があるけれど、その代表選手は何だろう。特に、ホテルで"最高の"技術を注入しなければならないのは、どの分野の料理だろう。この問いに対する答は簡単で、フランス料理ということになる。宮中の晩餐会でも、正式なものはフランス料理である。

　そのフランス料理を主体としたメインダイニングルームの衰退について論じようというのが、前頁と今頁の趣旨である。前頁、私なりに味覚の生理学を引用して、メインダイニングルーム不振の理由を探ってみた。つまり、味とは人間の五感―味覚・嗅覚・聴覚・視覚・触覚―のバランスによって成り立っている。そして、味は舌から伝達されて脳で判別されるのである。メインダイニングルーム復活のきっかけは、その味づくりの原点にあるものを理解することにある、と私は言いたかったのである。ここではこうした味覚の生理学を踏まえて、もう一歩、踏みこんでみたい。

「子猫が本物の魚に見向きしないわけ」
　話が個人的になるが、猫が好きである。以前、友人から生まれて間もない子猫をもらい受けたことがある。まだ歯が生えそろわないうちはミルクをやっていたが、だんだん歯がそろってくる。さて、食べ物を与えなければいけない。私は缶詰のマグロフレークを与えることにした。この猫にとっては、私が「親」だ。親と思っている私から与えられ、生まれて初めて口にした食物の味は、猫なりの五感を通じて脳に焼きついたに違いない。これが自分の食べ物なのだ、

と。以来、わが愛猫の好物はマグロフレークとなった。いつでも喜んで食べるようになった。味に馴れてきたのだろう。たまに小魚やアジ、イワシを買って与えてみるのだが、なんて生臭い変なものだろうといった表情を浮かべて、その後いっさい見向きもしなかった。猫に鰹節ならぬ、猫にマグロフレークなのである。

　私は中国生まれなのだが、今でも子供のころに食べた饅頭(まんじゅう)や包子(パオズ)や油条（中国式の細長い揚げパン）が一番うまいものだと思っている。それほどに味覚の「刷りこみ」は、生涯ぬぐいがたいものとして影響しつづけるのだ。半面、とても恐いことである。インスタントラーメンやハンバーガーで育てられた世代にとって、料理の真髄はなかなか理解されにくくなるだろう。一番分かりやすいのが、料理でも視覚と嗅覚に訴えたものになる。フランス料理の味の決め手が複雑微妙なソースの味であることは確かだが、そのこと自体が理解されにくくなっているのだ。

　テレビの料理番組に出てくる多くの料理が視覚を大事にしたものだ。番組のレポーターが批評するその言葉の語彙の少なさに、このあたりの事情が反映している。微妙な味のちがいを表現できないでいるのだ。岩の苔を食べて下顎(あご)の発達したアユと、虫を食べて育ちつつあるアユの微妙な味の違いを見分けられる食通は少ない。やはり、大局的に見てメインダイニングルームの不振が叫ばれる根底には、本当の意味での味の理解者が少なくなっていることがあるように思う。

「良いものを正しく提供する」

　ある日、都内のホテルで総支配人連中が一堂に会して食事する機会があった。席上、話題がフランス料理になった。本当にフランス

料理はおいしいのか？ 宮中での国賓に出す招待料理がフランス料理でなくなったら、われわれホテル側は何をメインダイニングルームに据えるのか？ 料理は無国籍化するのか？ ホテルのメインダイニングルームは値段が高いから、はやらないのか？ さまざまな論議が闘わされたなかで、私が最も感銘をうけた指摘は、こういうものであった。

「絶対に値段は下げない。良いものを正しく提供する」
　さすがに業績をあげているホテルの総支配人だけあって、その言葉に説得力がみなぎる。PRの活用でメインダイニングルームの良さが知られる必要もあるが、何にもまして、高級感のある高価格のスペシャリティレストランとして全うすることが大事なのだ、と私も思う。そして、成功させるには、料理をつくるシェフとそれを売るマネジャーに加え、料理にマッチしたワインを巧みに推奨できるソムリエといった「人」の要素もあるはずだ。なるほどそうなのか、と納得した。だが、その総支配人はこうも付け加えた。大事なのは適正のサイズ（客席数）を守ることで、今、繁盛しているからといって拡大したのでは、それをカバーできるかどうか自信がないと。要するに、「良いものを正しく」提供することの意味を理解してくれる顧客の数には限りがあるのだ。まして、本当の味が分かる世代が失われつつある今の時代では、そうなのである。あの中国でも、新世代には饅頭ではなく、日本から渡ってきたアンパンの方に人気が移りつつあるという。それだけに、ホテルにこそ「良いものを正しく」という部分を残さなければいけない、と私は自戒をこめて思うのである。

「正しさイコールおいしさではない！」

　さて、しつこいようだが「良いものを正しく」出すことは、「おいしい」ことなのか。さらに 2013 年初冬にホテル業界などで次々と発覚した、食材偽装という悪しき慣習を徹底排除することが、メインダイニングルーム復活の一つの鍵でもあると、私は思った。

　「正しい」こととは、おいしいこともあれば、おいしくないこともある、ということなのである。逆説的な言い方なのだが、これは私自身があるフランス料理の名シェフから教わったことでもある。その名シェフはかつて私にコース料理を出してくれたとき、かたわらにつきっきりでいてくれた。初めにスープが出た。シェフが言う。「私のスープは決しておいしくないですよ。でもね、これは最高のスープなのです」なるほどスプーンを口に運ぶが、ちっともおいしくない。つづいて魚料理が出てきた。「これもおいしくないはずです。でも最高ですよ」とシェフが同じようなことを言う。ウーン、分からないと私は小首をかしげた。そして出てきたのが、メインであるアントレ。仔羊のステーキだ。ステーキソースに何とも言えない味わいがある。ここに至って私はおぉ〜と唸らされた。料理には山場がある。クライマックスとしてのアントレ、名脇役としてのワイン。あのスープも魚料理もクライマックスのために必要なものであったのだ。「正しく」とはこういうことを指しているのだ。

　大方のコックは出す**料理のすべてをおいしくしようと、一つ一つに全力を傾注する。気持ちは分かるが、最初からおいしいものを出しすぎてはいけない**のである。気負いすぎは禁物だ。「おいしさ」にこだわりすぎると、作りすぎの味、作りすぎのデコレーションになってしまう。今のホテルのフランス料理にはそのあたりの理解が薄いように思われる。飽きられているのである。飽きられないため

には、一点の不完全さを残しておくことが大切なのである。この不完全さを洗練された形で残しておくセンスが、料理の真髄ではないか。

　最後に、これから求められるホテルのメインダイニングルームのシェフ像を提起しておこう。
①優れた技術と高い人格の総料理長のもとで修業すること
②健康であること。病弱なコックから精彩ある料理は期待できない
③スタイルが良いこと。料理についてお客さまに説明するのは、以前にもましてシェフの大事な仕事になってくる。好感をもって迎えられるためには、スリムな体型でトックブランシュの似合う人であることが、望ましい
④綺麗好きが体現されていること。清潔は料理の基本だ
⑤協調性も大事な資質。料理はチームワークの産物だ

　多くのホテルのシェフやまたマネジメントが、メインダイニングルームについては過去の栄光を捨て切れず現状にこだわっている。その対応の鈍さが顧客離れを起こしている事実を、私たちは見つめ直さなければいけない。そして、「良いものを正しく」という言葉が持つ底深い意味を考え直すことが、過去の栄光のコピーではない形でのメインダイニングルームの隆盛をもう一度取り戻すきっかけとなるはずだ。シンプル・イズ・ザ・ベスト。良い材料を正しく料理した味は、必ず舌から大脳に伝えられ、新しいホテル・メインダイニングルームの「味」として定着するはずなのだ。とにもかくにも、**味覚の原点に戻り、そこから新たなグルメ文化の発信基地になるべきだというのが、私にとってのホテルにおけるメインダイニングルームの再定義**なのである。

5．京料理の「水」の大切さから考える

　東山連峰が淡く霞む頃になると、恒例の「都をどり」が華やかに京の都に繰り広げられる。伝統の名に相応しく、日頃の切磋琢磨された技芸は一段とあでやかで、洗練されて、古都の春を温かく迎えいれる。夜の祇園の艶やかさは垣間みると目もまばゆいかぎりに感じられる。忘れがちな日本の良さが身にしみいるようだ。1年に一度の春を告げる行事の帰りには、招かれて「京料理」の「N」という老舗で、創業以来百余年も毎日作り続けてきた「一子相伝の味」を賞味する。

雑煮とシャリアピンステーキ
　当家の名物料理の一つに「雑煮」がある。これは女将の説明によると、白みそと餅、それに少々の辛子。この白みその汁の味が天下一品、もちろん白みそが上質であるのは間違いないが、その汁の味が格別。あっさりした舌ざわりとピリッとした辛子のコミュニケーションがなんとも言えない。何をもとに「ダシ」を作っているのかと尋ねたら、いとも簡単に「水」だけです、という返事が返ってきた。昆布もカツオダシも一切使わず「水」だけだという。白みそに水を加えて良く溶かせて煮る。そう言えば、酒を造るのにも良い酒は良い水のでるところに多い。最近では、銘水百選と言われるように「水」に関心がもたれてきた。ここで、まさに「水」と答えが返ってきたことは、うなずけることであろう。白みそに水を加え、よく溶かして煮る。よく焼いた餅をそれに入れ、あらかじめ溶かした辛子を上にかけるだけ。素人でもできそうな作り方だが、毎日毎日同

じ味を出し、お客さまに提供するはずの味覚の判断力が「プロ」の腕前だという。その「プロ」の腕前とは、材料の素材の味を生かすということらしい。

　それにしても私が思い出すのは、名人芸であった今は亡き筒井福夫氏のことである。帝国ホテル「ニューグリル」の料理長時代にシャリアピンステーキを天下に拡げた、その道の第一人者でもある。ある著名なオペラ歌手が筒井氏に、何かうまい料理はないかということで、筒井氏が考え出して作った料理が今に言われるシャリアピンステーキだという。名前はその歌手の名前からとったと言われる。それほど絶賛された料理の本当の秘訣は、何かといまわのきわに問うと、一言「水」だと答えてくれたその言葉を一生忘れない。

　「RAMP STEAK A LA CHALIAPIN」（ランプステーキアラシャリアピン）は、ご承知だと思うが、脂の一番少ないランプ肉を薄くたたき伸ばして軽く焼き、皿の上に乗せる頃、血が滲むのが理想的であり、そのフライパンで玉ネギのミジン切りしたものを炒めて肉の上に薄く伸ばしてお客さまにお出しするのである。肉の風味と玉ネギの甘みが舌の上でサッパリとした味を出して腹にはもたれない。肉という素材を生かしているのである。多くの調理人は、肉の味の良い脂のついたサーロインを使い、なおかつ玉ネギを過分にコンソメの素で味付けして肉の上に乗せる。確かにおいしい肉と味付けした玉ネギとの取り合わせはおいしい。が、素材の味は一体どうなのであろうか。肉は肉汁にエキスが出るし、玉ネギはコンソメで新たに味付けすると本来の玉ネギの味は消え、コンソメの味になってしまう。名人はランプステーキを焼いたフライパンに、玉ネギをさっと入れ「水」を加える。そうしたらどうであろうか。フライパンの底についている、肉の一番おいしい味が玉ねぎに充分に含まれ

るではないか。その肉の一番良い味をタップリ含んだ玉ネギのミジン切りが肉の上に薄くまぶされる。その味は天下一品。嘘だと思うなら一度試してごらんなさい。その味の違いは分かるはずである。

シャリアピンステーキが毎日飽きた肉料理のなかで、サッパリとした上品な味だとお客さまに絶賛を博したことは疑いもないことなのである。老舗店「N」といい、名人調理師といい正しく料理を作ることがいかに大切であるか改めて感じる次第である。**おいしすぎる料理より飽きない料理**、とにかくおいしい料理を何とかおいしくお客さまに提供しようと思うあまり、バターやフレッシュクリーム、ワイン等々をふんだんに使い、力の入りすぎた料理はむしろくどくて食べられない。例えば、調理する際にレシピに表記されている分量を超えるとくどくなるし、敏感に料理の風味を殺すことになりかねない。多ければいいと、たくさんの香辛料や調味料を入れたらおいしいというものでもない。**和食が、今うけているのはあのサッパリした味付けと、素材そのものが生きているからだ**。ゴボウの香り、さやえんどうのあの舌ざわりと、こよなく素材を尊重しているように思える。加えることはやりやすいが、除くことは難しい。

神戸に「D」というイタリア料理店がある。おやじさんは南イタリア人、今は亡くなったが、生前はシシリー風のミネストローネが自慢で、私のスープはスプーンが立つと言っていた。西イタリアのシシリー風のミネストローネはそれ程シック（THICK）である。濃いもので田舎風ではあったが、それはサッパリとした味のものであった。スパゲッティにしろ、カネロニ、ラビオリ等々の手作りのそれはおいしいものであった。特に、ピッツアは軽くて焼き上がりの良さを示していた。今は二代目が継いで頑張っているのだが、料理がおいしすぎるとはどういう意味かと理解してもらえず、不思議

そうな顔をした。おいしすぎる味は、その時は良いが続けてはいけない。頑なにその味を表現することは、相当なる料理に対する愛着と頑固さが必要であろう。

　その国の文化の違いで食生活の違いはあるが、日本人に合う料理の素材の生かした方があるのではないだろうか。ご飯の味は、よく噛めば甘いと言われるが、味がないようにも思える。が、新米で正しく炊いたご飯は毎日食べても飽きずに食べられる。

懐かしい味は素朴な味
　今、日本のフランス料理は一体何人の日本の調理人が、お客さまに飽きずに食べさせることができるであろうか。たまたま、神戸のことであるが、1989年の市制100年を祝し、また開業107年ということも手伝って、名門のオリエンタルホテルが「一世紀の食」と題し、その当時のメニューの料理をだした。

　そのメニューはと言うと、
●カロリン
●ポタージュクリームマラコフ
●フォンダンドベガスカステラン
●車えびのコキイル
●フィレドブッファロリアンタル
●ベイギュードクローズ
●ピュレドハリコヴェル
●サラダオペラ
●グラスドミエル
●コーヒー
というものだった。

港が見える雰囲気のある１階のレストランでの本格的なフランス料理は、ワインともよくマッチしてそれは楽しいものであった。オードブルから始まっての一通りのコースで昔を偲ばせた。若かりしころの名人筒井福夫総調理長の味を思い出すのに充分であった。現在のフランス料理とは違い、素朴な味でなんともサッパリして、コッテリした味を好む若い人はどうか分からないが、私にとってはうれしい味であった。

　昨今では、料理以外の楽しみとしてテーブルセットや食器などに力を入れているホテルやレストランが多いが、やはり料理は味である。目で食べるとも言われるが、ホテルのメインダイニングルームはホテルの顔である。正式な服装で正式なマナーが必要なところである。

　お客さまが守るべきことは多いが、果たして、調理人は本物の味覚を提供しているのであろうか。コース料理ならば、すべての料理をお客さまに食べていただくことに苦心しなければならない。ということは、世の調理人よ、お客さまが食べた皿を見よ。どの料理をお客さまが残しているのか。作る料理のレパートリーを増やすことも大切であるが、お客さまの好みの傾向をいち早く掴むことも重要で、忘れてはいけないことなのではないだろうか。

6．何でもエスニック！
　伝統のフランス料理はどこへいってしまったのか？

　山の端を黄色に染める残照よりも、鮮やかな照り葉が儚(はかな)げな昼下がりをゆっくりと満たしてゆく晩秋。芸術の秋、スポーツの秋、そして食欲の秋。天高く馬肥ゆる秋。何よりも今年の米はうまい。米がうまいと不思議と付け合わせもうまく感じる。その上心持ちまでが豊かになるとくれば、農耕民族における米の威力の凄さが分かるというものだ。

　ところで先日、私は知人との待ち合わせで若者に人気の某ホテルのコーヒーショップで手ごろなランチを堪能した。確かに安価でボリュームがあり、よく研究された良い味であった。思いの外、中身の大きなエビ天の歯ごたえのある感触に満足しながらも"随分とホテルも一般大衆的になったものだ"と独り言を言ってしまった。ランチタイムにホテルのコーヒーショップとはいえ、レストランで大衆受けするチープな定食でもって社員食堂代わりに顧客を獲得するということは昔なら考えられないことだった。何しろどこであれホテルの十八番はフランス料理を主体としたものだった。それはホテルならではの味でシェフは自分の腕と経験のすべてを注いでグルマンを満足させるような料理を提供したものだ。それがひと頃のエスニックブームをきっかけに、目先の変わった安っぽい料理が幅をきかせ始めた。エスニックと銘打てばどんなありきたりの料理でもレストランでメニューに載せられる。それは残念なことにホテルの中にまで侵入してきた。確かに経営上の省力化のためにシステムの合理化は避けられない。しかしだからと言ってファミリーレストランのように学生アルバイトが温めて盛り付けるだけ、画一的な味、空

腹を満たすだけの食事ではいかがなものか。

　安くてうまいのは嬉しい。だが、そこにはホテルの品格や技術や素材を選定する鋭い眼差しはない。ホテルマンとしては、そこはかとなくさびしいものがある。例え何と言われようと、私は仮に一瞬であっても"すかいらーく"とか"ロイヤルホスト"のファミリーレストランにでもいったような気になってしまったのだから。しかし、あるいはそれはそれでいいのかもしれない。そして、「ことはあくまでもコーヒーショップの軽食コーナーです。専門店では今も昔に勝るとも劣らぬ想いで切磋琢磨してその店ならではの味を追求しています。古いのですね」と笑われるかもしれない。

　だが『千丈の堤も蟻の一穴から』である。なし崩しに品格を落としてくださるなと、ついわめきたくなってしまった。

　時代に取り残されたエグゼクティブホテルオフィシャルの少々辛すぎる捜し物かもしれない。嗚呼！**ホテルのレストランよ。おまえのあの誇り高きオリジナルは**いったいどこへいってしまったのだ！！

7．Viking 料理（Buffet）

　資源もなく小さい島国でもある日本は、戦前、戦中、戦後にかかわらず必然的に国民すべては貧乏・耐乏生活にあった。特に戦中は「欲しがりません、勝つまでは」を合言葉に、武士道、剣道、弓道、華道、茶道等々、道の教え、精神文明論に支えられてきたのだが、1945（昭和20）年の戦争終結でいきなり国民主権のもと民主主義国家となって西欧の物質文明、大量生産、機械文明、消費生活社会へと急激に接触、転換させられてきた。さらには現代の環境破壊へと段階を経て推移する。衣料、住居はもちろんのこと、食料品をはじめとした物資不足で貧乏・耐乏生活、我慢の国に慣れていた日本人にとっていきなりの物質文明への転換は正にタイムショックであった。日本人にとって見る物、聞く物すべてが驚きであり、いかに力の差、今でいう情報力の差があったかをつくづく思い知らされたことだろう。

　そのような時代にホテル業を志しボーイとして客室を掃除する度ごとに、主としてアメリカ人の日常消費生活を内部から触れ見る立場にあった私は、初めて見た室内に置いてあったあのスコッチ・テープの便利さ、ナイロン、ビニール、バンド・エイド、クリネックス・ティシュー、パウダー・ソープ、アフター・シェイブ・ローション、オートマチック・ハイ・ステレオ・ラジオとレコード・プレーヤーetc・・・、食料品に至ってはハンバーグ、ホットドッグ、清浄野菜のレタス、クッキー、等々すべてが語り尽くせないほど物質文明の進化のたまものに驚き、感心したものである。やがて高度成長期の波に乗り日本は世界でも先進国のトップクラスの物質文明国にな

り大量消費世界、欲しいものは何でも手に入る物余りの国になった。一方で精神文化が軽んじられてくると昨今ではさまざまな事件も発生してくる。

　話は変わり、1996年から2001年度にかけて行なわれた大規模な金融制度改革「金融ビッグ・バン」を迎えてバブル経済がはじけ不況の波が日本を席巻し始めるとホテルも例外なく利用客、特に飲食、宴会等の利用が激減して売り上げは下降線をたどってきた。ホテルは必死になって集客のため、あの手この手のプランを提供してきた。歴史上初めて体験する大型ホテルの崩壊現象だ。特にF&Bの世界では不況の波が大きく影響したため人集めにあれやこれやと手を替え品を替えである。一番手頃な集客方法としては低料金でメニューが豊富であることだ。そのフード・コスト・アップ分だけ人件費を削減するための手段が本来はセルフ・サービスとするブッフェ・サービスなのだ。

　東京ヒルトンホテルのケーキ食べ放題に始まって日本中のホテルはもちろんのこと、一般のレストランの多くを含めてブッフェ料理なるものをバイキングと称して取り入れている。ではバイキング料理なるものは一体いつ日本にやってきたのか。もともとホテルの主料理は高級フランス料理と定まっていたのだが、初めて東京の帝国ホテルがスモーガスボードという新しい形式の料理の提供方式を披露したのは1958（昭和33）年ごろだったと思う。北欧料理としてスウェーデン、デンマーク、ノルウェーのバイキング（海賊）料理と称して、主として冷製料理（サンドウィッチ類）・・スモークサーモン、オープン・サンドウィッチ、ヘリン、チーズetc……、今でいう立食形式、いわゆるブッフェ・ランチ＆ディナーのことで、日本ではバイキングと和製英語で称している。メニュー内容が豊富

であり、好きなものを何回もお替わりできることでコストが上がる分、人件費を抑えるためにセルフ・サービスとなってくる。日本の古き良き時代の礼儀作法を少しばかり学んだ私にとっては、食事をするのに立ったままで食するという作法にまず驚いた。子供の頃から食事をする時はきちっと正座して、行儀良く、おしゃべりをしないで、ガツガツしないで、よく噛んで、ご先祖様お百姓様に感謝して、「いただきます」に始まって「ごちそうさまでした」と言って食したものだ。いくら民主主義、欧米化、国際化でも大変な抵抗感がその時はあった。現代の日本の良いところの作法無視型の主は女性群だろう。税込み2,000〜3,000円となると元手を取ろうとばかりに手当たり次第に大皿に盛ってくる。

　ブッフェなのだから何度もおかわりしてもよいのだが、礼儀正しくアペタイザー、スープ、サラダ、アントレ、デザート、フルーツ、コーヒーと順序良く食したいものだ。もちろんフルコース的にはいかなくても自分の腹の都合に合わせて省いてもダブってもよいのだから。物質的には満足した日本国民は精神的には未だ貧しいのか。もしもこのままで海外旅行をしたら日本人のマナーの悪さを思うと恥ずかしい限りである。

　それにつけても高度成長の波に乗って平均的に豊かになって、サービスする側、される側との区別がつかなくなってくると、お客さまは神様に見えないのかお互いに、サービス、マナーが悪くなったものだ。

8．今は失われたプライベートルームボーイと本物のハンバーガー

　貧しく屈辱的ではあったにせよふり返る昔は、いつも甘美なまでに切なく懐かしい。すべてを瓦解させてしまうかのような占領下の日本。それでも民主主義という言葉は豊かでゆとりに満ちた生活を与えてくれるかもしれない魔法の呪文だった。

　あのころのホテルは大挙してやってきた米軍やそれに関係した外国人のための施設であり、ホテルという名のアパートメントだった。なにしろ彼らは長期滞在で場合によっては半年や1年は投宿先で過ごすのである。より快適な生活を送るために宿泊客の多くがプライベートルームボーイと呼ばれる自分専属のルームボーイを個人的に雇い入れていた。1ドル360円の時代、すべてのアメリカ人はリッチな存在だった。大学に通いながらできるアルバイトということで、私はある紳士のプライベートルームボーイの仕事にありついた。彼らは一冊幾らかで買ってあるクーポンで、あるときはサンドウィッチにコーヒー、別の日にはロールパンにビーフシチュー、あるいはハンバーガーとコークなどバラエティーに富んだ食事を楽しんでいた。靴磨きに掃除、洗濯やアイロンプレス。主(あるじ)のいない部屋はわれわれの仕事場だった。時々テーブルの上にクーポン券が無造作に置いてあることがある。"今日はいつもより丁寧に靴磨きをしておくよ"と自分勝手に言い訳をして、たまに1〜2枚チケットを失敬したことを打ち明けるのも、もう時効だから許されるだろう。思えばクーポン券の持ち主はその事実を知っていたに違いない。知っていながら笑って見逃してくれていたのだろう。と言うよりもむしろわざとチケットを置いていてくれたのではなかったか。

いつでも主の意向にしたがうルームボーイは、異国での淋しさをなぐさめてくれる友の一人だったのかもしれない。後ろめたさと緊張。手に入れたクーポンでハンバーガーとコーク、フレンチフライドポテトを買う。まるで頼まれたような顔で…。できたての食べ物を手に**裏階段の上でむさぼるように食べたハンバーガーの何とうまかったことか！**それはとびきりのご馳走だった。サクッとした**歯触り**、頰張るほどにフレッシュオニオンリングの甘さが口の中に広がる。そしてほどよくソルトのまぶしてあるフライドポテト。それは**まさに青春の味**そのものだった。

　それにつけても今時のハンバーガーのまずいことか。今は失われてしまったプライベートルームボーイと本物のハンバーガー。いきつけのホテルのティーラウンジで久しぶりに口にした熱々のフレンチフライドポテトの懐かしい味に触発されて、私は若き日の思い出にしばし浸ってしまった。

9. ご飯の味
　　——"正しく"素材を生かした味を識る

　引き続き筒井福夫総調理長（GC.）の話をしよう。当時、フェヤーモントホテルのレストランは約70席、50％の回転率であったが、彼は総調理長に就任以来「まあ、見ていなさい。私が3年で顧客づくりをしてみせる」と宣言した。皇居前丸の内方面から見れば裏手の千鳥ヶ淵前のロケーションでは、現状の回転率でもやむを得ないなと日頃から思っていた私には、本当かなと疑心暗鬼であった。

　さあ、それから始まった。午前5時には必ず出勤し仕込みの仕方、準備作業を根本的に指導し直し自ら手本を示した。「さすが本場仕込みは違う」と感心したものだ。英国大使館員、ニュージーランド大使館員、イタリア文化会館員等々、外国人利用客の多かった顧客層を見て、ある日当時どこにもなかったキドニープディングなる英国料理、牛の腎臓のメニューを出したら英国大使館員がその味を絶賛され、次には英国大使を案内され、評判が評判を呼んで、ついにはキドニープディングを食する会、在日オックスフォード、ケンブリッジ大学同窓会まで催された。口コミがいかに大切か身をもって教えられた。英国の大学卒の社長は「日本の丼物の料理だよ」と評された。

　それからというものは、スミスフィールドベイクドハム、ハンガリアングゥラッシ、シャリアピンステーキなどを次々と披露し、本場でたたき上げた実力は見事に顧客の味覚をとらえ、ロケーションの不利にもかかわらず回転率を100％以上にまで伸ばした。その頂点は天皇陛下が皇太子の時代に、正田家のお勧めによりハンガリアングゥラッシを赤坂御所にまで出前させていただいたことだろう。

本物の味は、留まるところを知らなかった。**正しい料理法をわきまえた長年の名人芸は届くところには届くものだ**と感銘した。

　ところで、かつて魚料理、肉料理には必ずソースボードが付いてきて塩、コショウで各自好みの味付けができたのに、現代はコックの自己主張か、気配りの欠如か過信なのか、その味付けやソースのくどいこと、くどいこと、お客さま個々の好みの味付けができる余裕を与えない。まして料理のクライマックスなど考えてもいない未熟なコックが需要と供給の関係で立場のみ上がり、腕の熟練はその陰もない。まだファストフードレストランの方がましだ。企画化された冷凍食品でただ温めるだけ、腕の熟練修練はいらないが、その代わり単価も安い。お客さまは調理修練度と単価とで味のレベルは納得している。インスタントラーメンはおいしい、だが毎日は食べられない。その味はうま過ぎて飽きる。私の味はご飯の味だ。毎日食べても飽きない。そう言えば、GC.の料理を私は社命によって3食3年間食べ続けさせられた。私が和食より洋食がいまだに好きなのは、それがご飯の味であったからだ。

10. しょうゆ
　　——日本の食文化の誇り

　日本人、いや東洋人は皆、醤油にお世話になっている。醤油は世界最高の調味料だ。しかしながらここで醤油の歴史や栄養などに関する解説を論ずるのではない。またその知識もない。醤油にまつわる話をしようとしているのだ。

　アメリカ南部の HOLIDAY INN UNIVERSITY で、1977 年 8 月から 1 カ月間にわたって缶詰教育を受けたことがある。南部訛りの米国人教師には、今までの自称"オーソドックスな英語"が通じなかったことにショックを受け悪戦苦闘しながら勉強したものだが、それはそれとして、その間学生食堂で毎日楽しんで食べる 3 食にはホテルの洋食に慣れた私でもいささか辟易した。朝食はお決まりのジュースにエッグ・ハム・ソーセージ・ベーコン・トースト・コーヒー、昼食はスープ・サラダ・白身の魚・ブレッド・デザート・コーヒー、夕食はメインに決まって 300g はあろうかという草鞋のような大きなビーフステーキで、味も素っ気もないご存じアメリカ牛——和牛には程遠い味である。最初は喜んで食べていたのだが。

　米食代わりの食事として毎日これではさすがにうんざりしてきた。醤油味が恋しくなって持参しなかったことを悔やんだものだ。

　さて、毎年商用でホテルに長期滞在する馴染みの米人顧客 A 氏に日本食はお好きですか、もう慣れましたか、寿司は、天麩羅は、お蕎麦は、鰻はお好きですかと尋ねたら即座に答えが返ってきたのが"NO！"だった。日本食はすべて醤油臭いと大きな鼻をつまんで、そう叫んだ。世界最高の調味料は醤油だと唱えていた評論家の故・草柳大造氏の言葉を思い出す。そうだ、そう言えば勇躍缶詰教育か

ら日本へ帰ってきて、すぐ寿司屋に飛び込んでつまんだ一貫の寿司は醬油の臭いが鼻について食べられなかった。みそ汁などキザな言い方だが、本当に和食に慣れるまで約1カ月は掛かった自分の味覚を思い出した。"Japanese Beef"神戸、松坂、近江牛のステーキはおいしいですかと外国人に尋ねたら"too-sweet"甘過ぎるとの返事。和牛はこよなくすき焼き向きに育てているのだとつくづく感じたものだ。甘過ぎる和牛のステーキはしつこくて本当はおいしくない。炭火でチャーコールし、脂身を焼き落としたステーキこそが一番おいしい。

　以前、生まれたばかりの子猫をもらってきてミルクから育てたことがある。離乳食として初めて与えたのは缶詰のマグロのフレークで喜んで食べる。面倒くさいので毎日与えていたが嫌がる様子もないので数年は与え続けていた。猫には小魚に鰹節と言われているのでたまにはまともな食餌でもと小魚を与えるが、鼻で嗅いで「さもこんな生臭いものはない」とばかり振り向きもしない。私は「エエッ、魚を食べない猫なんているのか」と驚いたものだが死ぬまでの15年間、小魚や鰹節は口にしなかった。口にしたのは同じ色気の生レバーのみだった。

　生まれ育った土地や風土、気候、文化風習などにより初めて知った味が、その人あるいは民族にとって一番のご馳走である。決して自分の味覚や体験が最高だと考えてはいけない。それぞれの文化によってそれぞれの良さがあるものだとつくづく考えさせられる。

　国際化とばかりに、多くの日本人旅行客が海外へいく時代から外国人が日本に訪れる時代となっている。その国の歴史や文化、風俗などろくに学ばず自国と同じように考えさまざまな事件に巻き込まれる。イラクに自衛隊が派遣され今のところその国の民族性に充分

配慮しながら復興のお手伝いをしているようだ。"When in Rome, do as the Romans do." のことわざが想い起こされる。

11. 回転寿司文化考、世界展開する「日本料理」
―― 味覚本能は変化する

　大阪・梅田阪急百貨店の大正ロマン大洋食堂、繁盛し続けてきた73年間の終焉をテレビ報道は告げている。オムライス、チキンライス、コロッケ、メンチカツ、トンカツ、カレー、ハヤシライス等々73年続いた百貨店内の名物メニューも時代の波には勝てなかった。戦後、新しい形態のコックレスの合理主義――アメリカンファミリーレストランチェーンの展開は、その冷凍食品メニュー、味覚の均一性、低料金で新しいトレンドが古いスタイルの日本の飲食業界に革命をもたらし顧客のニーズに応えてきた。一方ハイテクを駆使した回転寿司のファスト店は日本人の魚好きという国民性に支えられ近年大盛況で、流行し続けたファミレスチェーン店を徐々に圧倒、次第に駆逐しながら次世代のニーズに応え、提案し、新しい食文化として急速な全国展開を遂げるなど、その繁盛ぶりはマスメディアを賑わせている。

　ニギリマシンは1分間に2,000個、手袋をしたアルバイターが無添加米の上にマグロやハマチなどを乗せていく。流通機構を排除して現地直の一括本部の仕入れシステムは一皿100円を可能にし、そのレベルでの高品質を基準にいろんな工夫がなされたメニューが次から次へと人間の動体視力、観察判断力を計算し回転してくる。常に消費者への弛まないマーケティング。メニューベスト5は・ハマチ・マグロ・生サーモン・生エビ・マグロユッケ、加えてチョコバナナ、シュークリーム、わらび餅まである。

　職人芸の味に、手作りの新鮮な天然のおいしさに育った筆者には、なぜ回転寿司に客が列をなして並ぶのか。寿司と言えば生ものだか

ら高級かつ高価なものと相場は決まっている。そこで勇気を出して入ってみた。

① 一皿100円の均一価格が安心感をまず与えているが、一方では動くメニューを逃すまいとファイトが湧いてくる。常に皿を数えて懐と腹具合で計算が成り立つため安心感がある
② 回転速度が人間工学、つまり視覚や食感覚を刺激する速度である。遅ければ選ぶ時間を与え過ぎ、早ければ取り損なって焦りへとつながる
③ 席に着いて注文するメニューを考える必要がない。見た瞬間に食べたくなる
④ 魚介類以外のにぎりも多国籍食文化として味わえるチャンスがある
⑤ もちろん酒飲みにはアルコール類もあり、デザートもお好み次第である
⑥ センサーによって取り残しの皿を一定時間で取り除いていく
⑦ 食べ終わった皿は自動的に洗い場に流されカウント数が表示されるので支払いの計算は間違いない

　子供2人家族、孫を連れて6～7人の家族連れで普通の寿司屋にいけば間違いなく1人5,000円は掛かる。子供にはそれほど味の高級感が分からないとすると、回転寿司のマーケットはまさにその世代だ。そしてもう一つデジタル世代がゲーム感覚で食をエンジョイする時代になってきたのだと痛感する。生まれて初めて食した味覚が最上だと感じる人間、動物の味覚本能は変化していくに違いない。

12. 雑食の時代
　　──食文化のカケラもない

　日本のテレビで、食に関する番組がない日はない。不況時代に民放は大企業のスポンサーが付かない。となると、てっとり早く経費の掛からない低価格の番組を作るには温泉旅館の紹介やレストランの紹介案内となる。有名ラーメン店、イタリアン、アジアン、エスニック料理等々、安上がりで情報も氾濫している。

　最近ではデパ地下やホテイチと食文化大流行で日本飽食の時代が到来した感がある。「ダイエット、ダイエット」と騒がれているのにケーキ食べ放題・コーヒー飲み放題に始まって低価格ブッフェがどこもかしこも大流行。健康を考えるとまさに逆行した飽食と健康食文化、日本人は善良なのかすぐ暗示に掛かりやすい。今のメディアは怖い。風評風説をつくりやすい。カロリーオーバーの体型をつくり出すと「やれ健康食品は、ダイエット食品は」と騒ぎたてる。ちなみに当時73歳の私の体型は身長が172cmから168cm、体重が85kgから80kgに縮小し今に至っているが、食通と自負しているそんな私の体にも当然ながら異変が起きた。用心深い性格の私は予防医学のもと毎月血液検査をし、薬はバイアスピリンを用いて血液をさらさらにし、他にもノルバックス血管拡張、ペルサンチン血栓予防、メバロチンコレステロール・中性脂肪低下、オイグルコン血糖値降下など成人病予防のためとばかり一人合点の処方箋。これで大丈夫だと暇を見つけては運動とばかりゴルフにせっせと通う。食はまさに飽食・偏食である。さて、ある日突然軽い眼底出血に見舞われた。早期発見、入院後直ちに血栓を溶解すべく点滴が始まった。そして栄養士の食事指導が始まる。

カロリーの制限は1日1,840カロリーで——
① 脳に必要要素としての糖質は主食すなわちご飯、パン、うどん、イモ類
② 果実、炭水化物から摂取する
③ タンパク質は大豆製品、魚介、鳥、豚、牛肉類、せいぜい70gまで
④ ミネラル・ビタミン・繊維質の野菜類、きのこ、海草
⑤ カルシウムの牛乳、チーズ
⑥ 油脂類調味料はひかえめ

　人間存命のためには1〜6の重大栄養素のバランスが最も大事だと教えられた。もちろん入院中はその模範食で見事に血糖値は正常に、そして出血も時間は掛かったが回復に向かう。
　さて、日本のホテルのカロリー表示のヘルシーメニューは一体どうなっているのか。フランス料理が主体であった頃のホテルのレストランメニューはオードブル・スープに始まり、主役は昼には軽く魚・鳥・豚の料理のどれかをチョイスし、もちろんガロニ・温野菜付き、サラダボールにパンまたはライス・デザートにコーヒーと終わるが、最近はオードブル・デザートが、省略されるケースが多く、つまり軽く済ませる傾向にある。夜は少々重めの主役に牛肉の料理が加わるが、どちらかと言えば牛肉料理が中心のいわゆる正餐(せいさん)である。いずれにしても1〜6の栄養のバランスは理に適っている。味は薄味、必要な人はテーブルに必ずある塩・コショウで調節してもらう。脂っこいといった技術の悪い調理人はいない。サッパリしたフランス料理に仕上げる技術は見事なものだ。
　だが現代はどうだ。健膳美食と称して人体本来の必要栄養素の配

分とバランスの良いメニューの組み合わせは全く考えず真の食文化のかけらもない。日本人は世界最長寿国と言われているが、「それは先生の年代までで、われわれ学生は長生きではありませんよ」「インスタント食・マクドナルドではネェ」といった生徒の言葉がやけに印象に残った。

13. 駅弁当
　　——昔・今（旅と駅弁の今昔）

　商用であれ、レジャー目的であれ、住み慣れた土地から未知の土地への旅、たとえそれが、通いなれた地方への旅であっても、昔の移動をする列車の長い旅は、いつも楽しいものである。途中、いく先々で停車する駅には、それぞれの地方の習慣、風習、文化、歴史、いわゆるその郷土の自慢や観光があり、多く学び取るものがある。また走り去る車窓から眺める変化の富んだ田園風景も、また愉しく心の休まるものである。列車が停車するたびごとに、駅で買い求める駅弁、飲み物、果物、銘菓はそれぞれその地の特産、名産であったりして、家族へ、友人へのお土産品は、旅の楽しみを伝えてくれるものである。

　なかでも駅弁は、長い旅の疲れを癒やし活力を与えてくれる。日本最古の駅売り弁当は、「1885年7月15日で宇都宮駅が発祥という説がある」と百科事典に記してある。今では全国で約3,000種類以上が売られているそうである。それぞれ好みはあろうが、私の好きな駅弁は、「烏賊（いか）・雲丹（うに）・蟹・牡蠣（かき）、シュウマイ・牛肉・穴子弁当」等。そして必ず一緒に買う温かい「煎茶」も忘れがたい味わいがある。通り過ぎてゆく駅、その郷でしか買えない名物弁当を、ゆったりと揺られながら、食べるその味こそは駅弁の醍醐味ではないだろうか。

　時代が急成長してスピード化、窓越しの駅弁も買えない。列車の旅も、その移動手段が、新幹線中心になると、停車する駅毎に、わずかな停車時間に「駅弁売り独特の美声」も今は遠く、懐かしく（聞けなくなり）、それを知っている世代がわずかになっている現在、全国駅弁大会のイベント等が百貨店で催されて懐かしむのが関の山

である。オールド駅弁ファンには評判も上々である。今は、取って代わって、新幹線時代、高速道路網も全国に張り巡らされて、流通機構の整備、栽培方法の進化、品種の改良、等々あらゆるものがあふれおり、季節に関係なくその郷土の特産物がいつでもどこでも手に入るようになってくると、自然との触れあいもそう楽しみでなくなってきた。

　駅弁に代わって、スピード化された交通手段の旅は、食堂列車も廃止され、必要最小限の飲食製品を「ワゴンサービス」の販売しかなくなった。ふと毎日新聞の記事が目にとまった。新幹線のカリスマ販売員「サンドウィッチにコーヒー、ビールにおつまみはいかがでしょうか」その呼び声は確かに旅人の耳に良く響く。確かに、記憶にも残っている。興味を持ってその記事を読んでみると、なかなか面白い。

　その販売員の中にも優秀な人がおり、一人平均売り上げの4倍も売っている販売嬢がいる、と　聞いた。さらに季節に応じた販売商品の品揃え、出発前の車内ワゴンへ商品の積み方の工夫など、その舞台裏を伝えている。商売の道も人それぞれ、創意工夫をこらす販売嬢も大変なのだと感心する。車内販売嬢の大半は、パートタイマーとお見受けするが、乗客のちょっとした動きを見逃さない観察力、後ろにも目があると思われるほど、その気配りが販売成績を上げている、と伝えている。振り返って、ホテルのサービス要員も、大半がパートタイマーや外部からの派遣社員も多いものの、他の係より何倍も売りあげたとは聞いたことがない。

　その違いは、教育訓練の差なのか、技術と、知識と、マナーは教えられるが、その人の愛嬌とか、親しみ、親切心などはなかなか一朝一夕には教えられるものではない。

おそらく家庭環境により引き継がれた愛情ある人との接し方、俗に言う育ち、持って生まれた性格も含め、きっと本人の仕事に対する①「情熱」or②「熱意」がお客さまの心をなごませ、ついつい「買ってみよう」とする意欲を刺激するのかもしれない。③それこそ「好きこそものの上手なれ」か。④それこそ人情味あふれた「商売は道によって賢し」か。

14. 鉄板焼
──ビーフステーキ考察

　ビーフステーキの鉄板焼がどのような由来で始まったか、また、いつごろからホテルのレストランの一つに加わったのかは定かでないが、久方ぶりに鉄板焼を食する機会に恵まれた。そして、その都度思い出すのは欧米人の肉好きということだ。

　昭和20年代後半（1950年〜）、ホテルの利用客は100％欧米人であった。外国人の食生活、特に狩猟民族のアメリカ人の食生活は、農耕民族の日本人とは違って当然肉食主体で、特に牛肉中心であった。ホテルの欧米のお客さまが家族揃っていそいそと都内の有名レストランへと夕食を楽しみにいく姿は当時、未だ外食文化に程遠い日本人にとっては珍しく、平和そのものに見えたものだ。

　日本の神戸牛は世界的にもおいしい肉として知られている。来日するお客さまは必ずと言って良いように、あの評判が評判を呼んだ都内のA鉄板焼の店に向かった。取引のある商社マンは日本食を自慢げに代表的な鮨、天麩羅、すき焼、シャブシャブ、鰻、鉄板焼、うどん・蕎麦などを次々と紹介し案内したものだ。だが当時は、和食でも鮨、すき焼、シャブシャブ、鰻、うどん・蕎麦はあまり外国人には評判が良くなかったし、むしろ受け付けなかった。特に生ものは避けたものだ。火を通した焼き鳥などは合格点であった。

　鉄板焼の日本人コックが、お客さまの目の前で器用に調理する包丁捌き、繊細なパフォーマンスに欧米人は目を見張った。その後多くの店がアメリカ本土へ出店した。ある時、お馴染みの顧客がホテルに着くと真直ぐステーキハウスへと日本のおいしい最高のステーキを思い切り食べにいった。しばらくするとその店から電話が掛

かってきて、お宅のホテルに泊まっているお客さまのお金が足らず、ホテルに預けてあるので取りに来てくれと言っているのだが、ということで大丈夫ですよと電話で保証した。やがて帰ってきた顧客は支払いを済ませたのだが、なんと300gのステーキを2人前食べたとのこと。その時の会話は「ステーキはチャコール焼き炭火焼きが一番」「鉄板で焼くのはもったいない」「霜降りの脂身を炭火で焼きながら落して焼くのが一番」──そう言えばその後、アメリカでバーベキューを食したあのアメリカ牛は、和牛にも勝るほど本当においしかったと感じた記憶がある。**霜降りの神戸牛は遠赤外線効果による炭火で脂を落とすところに妙味がある。鉄板で両面を焼き脂身のうまみを残すだけでは本当の肉のうまみは出ない。**霜降りの神戸牛を自慢げに勧める鉄板焼のコックに焼き方はと聞かれて「そうだなぁ、中60度」と答えるようにしている。コックはびっくりした顔を必ずする。中にはベテランのコックがいて「中が少々冷たい方がおいしいとおっしゃる方もいます」と答える。冷凍した肉を捌いてお客さまの前に出すまで溶け切れないからだ。繁盛している店では充分に前もって準備しているからそのようなことは起きないのだが…最高の肉を注文するお客さまが少ないと時々起こる現象である。最近は見掛けないけれど、よく香り付けにワインを振りかけて蓋をする。それでは全く蒸し牛だ。さすがに、このごろはそのような調理法は見掛けない。きっとお客さまが教えたに違いない。ここで私なりの簡単な味による牛の選別の仕方を紹介しよう。
◎松阪牛は sweet and tender・・・甘くて柔らかい。すきやき、しゃぶしゃぶ向き。
◎近江牛は tender and juicy・・・ 柔らかくてみずみずしい。
◎神戸牛は sweet and juicy・・・甘くてみずみずしい。

鹿児島や宮崎など九州一円にいくと神戸・近江・松阪牛は九州から送った牛を育てているのだと言っている。そう言えばアメリカのデンバーの牛も、日本で育てて和牛になっているという話をかつて聞いたことがあった。今は厳しい規制が敷かれているようだ。それにしても**欧米人が今日この頃、鮨屋に通って刺身、うどん、蕎麦を食するまさに和食ブーム、そして逆にハンバーガーやフライドチキン、ピザを頬張る成人病やダイエットに悩む現代の日本人**──時代の流れをつくづく感じる昨今である。

15. 牡蠣(かき)のおいしい季節がやってきた
　――新洋食時代の到来か

　牡蠣のおいしい季節が今年もまたやってきた。海のミルクと呼ばれ、タウリンやグリコーゲンの栄養素が豊富に含まれて、肝機能に、昔から良いと言われているせいか、酒飲みには特に愛されている。男性の料理と言われるゆえんでもある。誰しもが「牡蠣料理」「牡蠣フライ」をおいしく、そしてよく食べる。[R]の付かない月「May・June・July・August」は貝類の産卵期、毒性があるから食してはいけない。食中毒になると昔から、言い伝えられてきた。[R]の付く旬の季節になって待ち構えたように「OYSTER」が食卓に並ぶ懐かしい、旬のメニューである。

　なぜか「牡蠣フライ」はしょせん和風洋食なのに、フランス料理が中心のホテルのレストランメニューに、季節ものとして必ず載る。他にはフレッシュオイスター・カークパトリック・オイスターシチュ・ベエクドロックフォルド・フロレンチイン・ブロッセットデアブル等々。旬を満喫できたものであった。ホテルで決まって、出てくるのは、伊勢湾の的矢牡蠣、小粒で一番おいしい。近年は海水の汚染が広がり毒性があるということで食中毒を恐れてメニューに出さないホテルが殆どである。愛好者にとってはさびしい限りである。

　だが、年々海の水の汚染も改善され、養殖の技術も進んで、このごろは安心して生食・加熱用として食べられるようになった。日本では広島の牡蠣が56％の生産量を誇っている。四方海に囲まれている日本ではどこでも牡蠣は取れる。小学生の頃、山東省青島市の海辺の岩に張り付いた小粒の天然牡蠣の風味は忘れられない。今は

ほとんど養殖牡蠣で大粒である。牡蠣フライの醍醐味は磯臭さと、にがみというか、その香りが日本人にはたまらない味である。マヨネーズにピクルス・玉ネギ・パセリ・ゆで卵を加えたタルタルソースレモン添えがよく合う。熱いものには熱いもの、お皿も温めてサービスするホテルのきめ細やかさがフランス料理のサービスの基本なのに、牡蠣フライの付け合わせだけは決まって、冷製のキャベツのみじん切りにキュウリ・トマト・レモンと、洋食スタイルでサービスが許される。

　話は横道にそれるが、洋食とは、文明開化、明治時代以降、西洋料理を日本人向けにアレンジ進化した、ナイフ、フォークを使う、ハイカラな料理の総称のことで、カツレツ・コロッケ・エビフライ・チキンライス・オムライス等々皆さんよくご存知のメニュー類である。誰が考えたのか、付け合わせは決まってコールドサラダ、マヨネーズと決まっている。

　そう考えると何だかTVによく出てくる**最近の有名シェフの料理とは、和食にしろ、中華にしろ、洋食に至っては創作料理的、和風、エスニック、中華風、世界料理のごちゃ混ぜ料理で結果日本人にあわせた、新洋食時代の到来のように思えてならない。**

　一流老舗ホテルで数少ない「牡蠣フライ」を満喫しながらふと気付いたコールドの付け合わせに、基本に忠実な、素材を生かした真のフランス料理はどこにいったのか。フランスで宮廷料理として、各国の外交儀礼の正餐として世界に普及した。日本では帝国ホテルが外国からの国賓を遇する料理として明治時代に導入しホテルと共に発展定着した。その基本をわきまえた料理は、一体どこにいってしまったのか。

16. 伝統の味
—— その料理を選ぶお客さまは心得ている

　私が、わざわざ芦屋市から帝国ホテル大阪まで、朝食のパンを、買いにいったのは、日本で初めて、本場の外国人シェフから、パンづくりの手ほどきを、帝国ホテルのコックが受けた史実を、知っていたからである。現在の帝国ホテル大阪のベーカーコックが、その伝統の味をどこまで守っているかは知らない。一応その伝統の腕を信じてよく買いにいく。味には満足している。

　ふとケースの中の、今はやりのメロンパンが目に付いた。その色合いといい、形といいいかがにもおいしそうに見えたので、しばしコーヒーブレイクと洒落ることにした。少々メロンパンは大きめなので二つ切って食べやすくしてもらった。その切り口の鮮やかさにも、なんでもないことのようだけれども、コックの腕のよさを感じさせる。メロンの香りと焼加減、中のクリームの味も整って、今まで食べた、どこのメロンパンよりも一番おいしいと感じた。「さすがだな」これほどメロンの香りのするメロンパンは他にはない。

　かたわらに置いてあった小さなカードに気づいた。「帝国ホテル伝統の味をブッフェスタイルで」（¥3,150）ロビーラウンジザパークガーデン 12:00 ～ 14:00…とブッフェの宣伝文句である。そう言えば日本全国にブッフェをはやらせ定着させたのは、他ならぬ帝国ホテルであるという事実も記憶に鮮明である。

　1957年デンマークで出会った北欧の食べ放題料理、魚介類、各種の燻製料理の食べ放題「スモーガスボード」当時、犬丸徹三社長は村上総料理長にその研究を指示した。1958年に北欧に因んで「バイキングレストラン」を「スモーガスボード」「ブッフェ」と名付けて、

オープンし、大好評を博した。私もそのレストランのオープンに招待されて試食した一人であった。当事はカナッペスタイルのコールド物が中心で、しょせん立食である。立って食事する行儀の悪い立ち食いの習慣のなかった、当時の日本人社会では違和感があったのを覚えている。ブッフェ・バイキングとして今や全国に普及しているのはご承知のとおりである。その帝国ホテルが、「伝統の味を…」と謳ってこの大阪で、創作料理と称している。私から言わせれば偽り料理。インスタント的製法の崩れた料理が氾濫する現代に、これぞ本物と、小さくではあるが、堂々とした自信たっぷりの、謳い文句に、「よし本物かどうか」、「看板に偽りはあるのかいかがか」と早速、友人を誘って食べに出かけた。

　メニューをご紹介しよう。

冷製料理：オールドファッションポテトサラダ、七面鳥ジュレマッシュルームクリーム添え、魚介類のカプリ風サラダ、小海老とアボカドのカクテル、冷製カペッリーニバジル風味のソース、

スープ：ダブルコンソメ・パスタパンチェッタと夏野菜のペンネ

魚・肉料理：スズキのポアレフレッシュトマトソース、ローストビーフいんげんのサラダ添ワゴンサービス、鶏モモ肉、コンフィ粒マスタード風味のソース

その他：カレー風味のピラフフライドオニオン添、15種のガーデンサラダに4種（フレンチ／サウザンアイランド／ロックフォール／ハーブオイルドレッシング）、メロン・ゴールデンパイン・イチゴ・ブルーベリー・葡萄・フレンチブレッド・胡桃パン・ヨーグルトボール・デニッシュペストリー

ドリンク：コーヒー紅茶・ダークチェリーのタルト・イチゴのムース・木イチゴのシャーベット

と並べば、もうお分かりでしょう、通のあなたなら。

　素材を生かしたその味は、基礎のしっかりした伝統の味、いかにも上品。決して頬張ることのない、お客さまのその風景は、帝国ホテルでは見受けられない。お客さまも心得たものだ。充分納得されている。百聞は一見にしかず。本場の味を見出すに違いない。かつて、ウエーター暦50年のキャリアを持つサービスマネジャーに、「**そのお味がお分かりになるとはたいしたものです**」と褒められた自信の一言を思い出す。しばし、数少ない昨今、伝統の本物の味に納得したものだ。

17. ハム＆チーズサンドウィッチ
　　──明治・大正・昭和ロマン

　少々紅葉には早すぎるとは思ったのだが、たまたま機会があったので四国は松山市道後温泉方面にドライブすることにした。道筋は慣れたもので明石海峡の大橋を渡って鳴門海峡大橋、徳島を経て、高齢者ドライブなので約4時間半はたっぷりかかった。

　旅をするときは、必ずその土地の一流旅館かホテルを選ぶことにしている。旅の楽しみの半分は宿での寛ぎが重要な要素であると思うからだ。安全と清潔感にもこだわる。安かろう悪かろうでは旅は面白くない。今回はいつもの旅館と異なって、位置の利便性を優先してホテルに宿泊することとした。坊ちゃんで有名な道後温泉本館は、今は周りが良く整備されていて観光客、旅人の人気は相変わらず列をなして大変なものだ。周りの旅館の宿泊客も由緒ある道後温泉本館の湯には一度は必ず浸かりに来て旅を満喫する。

　松山市は2009年11月29日から3年間にわたりNHKで放送された大河ドラマ、司馬遼太郎の壮大な物語「坂の上の雲」で人気が沸いている。近代国家の夜明け、明治と松山、近代日本文化への足跡、夏目漱石、正岡子規、秋山好古、秋山真之…歴史上の人物の影響もあってか、文化の匂いのする町松山はこの不況下でも観光客で賑わって活況を呈しているように見受けた。その町に見かけた大勢の欧米人観光団、その振る舞いを見ているとなぜかホテルの雰囲気が一段とそれらしく、不思議と良く似合う。朝食の和洋ブッフェで見掛ける外国人夫妻の、ご飯やみそ汁玉子焼きの和食事風景は、昔のホテルでは見受けられない光景だった。日本も世界も随分と変わったものだ。

松山市から高速道路で約30〜40分に伊予の小京都と呼ばれている内子町にいく。内子座で有名である。ホームページによると木蝋や天蚕糸等の経済的にゆとりのある時代に大正5年2月木造の劇場内子座が創建された。当時の人々が味わった人形芝居、歌舞伎を見た感動をそのまま現代でも満喫することが出来る稀有な木造お芝居公演場ある。次いで大洲町に車を走らす。1966（昭和41）年の大河ドラマNHKTV「おはなはん」のロケ地に因んで名づけた有名な「おはなはん通」がある大洲町は、江戸から明治の風情が残る家並みが続く町である。さらにホームページは続く。小規模ながら豊かな自然に囲まれたエコロジータウン、小京都と呼ばれるしっとりとした町並み、良く整備された道の、茅葺屋根の町並みや、日本棚田百選風景、廃屋、花の写真等々は観光客にきっと旅情を慰めるに違いない。小京都の町並みが続く「おはなはん通」を抜けると臥龍山荘がある。肱川の景勝地に臨む3,000坪の山荘は、中に入ると、臥龍院、不老庵、知止庵、と呼ばれる建造物があり周りの山々を借景とした庭園がことに美しい。伊予の桂離宮と呼ばれている。指定文化財にも登録されている。案内説明してくれるご婦人の話を聞かなければその臥龍山荘の真髄は見逃す。

　しっとりとした町全体の雰囲気に浸りながらその日一日、明治大正昭和時代に思いを馳せながらやがてホテルに戻った。はるか松山城を眺めながらスカイラウンジでちょっとひと休み。注文した究極の「オニオングラタン」「ハム＆チーズサンドウィッチ」とコーヒー、昔ながらの薄いパンにレタス・ハム・チーズとそのシンプルさの味わいは、充分に今日一日、明治大正昭和のロマンに、いつまで心も身にもしみこむことができた。「坂の上の雲」NHK大河ドラマが話題を呼んだのは確かである。

18. ホテル逸品グルメフェア
　～ sweet －それもスポンジが主流か～

　日本ホテル協会後援の下、「第六回ホテル逸品グルメフェア」が2010年5月12日から17日までの6日間、東京・日本橋の三越本店で行なわれた。今ではホテルも一般大衆化して、親しみを持って各種イベントや婚礼などにご利用いただくようになってきたのだが、まだまだ高嶺の花。高価・クラスを感じていた時代に「もっと気楽に親しみを持ってご利用いただき、なじんでもらおう」と一般大衆に打って出たのが百貨店での出品やフェア料理だった。さて、私も「ホテル逸品グルメフェア」を久しぶりに見にいくことにした。

　ザ・ペニンシュラ東京・マンダリンオリエンタル東京・フォーシーズンズホテル椿山荘などの外資系ホテル、富士屋・日光金谷・ニューグランドといったクラシックホテル、帝国・オークラ・ニューオータニの御三家など出店ホテル数は20社で、いずれもグルメでは評判の高い一流ホテルばかり。それぞれの得意料理、逸品を出して大変な人気を博していた。今日のようなグルメブームが到来するまでホテルの食事・総菜は主として高級品のイメージ、庶民には手の届かない夢の逸品だったのが、初回のフェアでは一流プロの多種のコロッケ類、カレー、シチュー、ハンバーグ、スープ、アップルパイ等々が一品料理・自慢の料理として出品、試食され、「本物はさすがに違うなぁ」とお客さまはその味の深さに堪能、納得していたものだ。

　この時は≪自慢の味から注目のスイーツまで≫と銘打って出品されていたが、ちなみにメニューの主なものを店内のレストラン・イートイン等の案内に従って紹介してみよう－『フルーツケーキ』『マントープディング』『ガトーバスクおやき』『ハードドーナッツ』『イ

チゴミルクロールケーキ』『各種ロールケーキ』『アップルパイ』『抹茶ロールケーキ』『ショートケーキ』『キャラメルロールケーキ』等々、ブームを反映してか女性客を当て込んでか、スポンジもの、ロールケーキもののスィーツが多かった。また、設備の制限があったとしても出品内容は時代を反映して、缶詰、レトルト食品が多かった印象だ。来客層は若い女性群に混じって意外や高年齢層も多く見られた。かつての思い出の懐かしい味を求めている風にも見受けたし、リバイバルの潮流を求めているようにもお見受けできた。

　ご承知のように世の中はどこもかしこもスイーツブームで、特にビジュアル系、ロールケーキものが目立つ。中でもバウムクーヘンはその主流であり、どの百貨店にいっても売り場は列をなしている。そこで私はなぜかと興味が沸いたので少し調べてみたのだが、なるほど理由が分かってきた。

　世界中から集まる２万点以上の中から味・形状・包装などさまざまな厳しい試験を通過してユーハイム・ディ・マイスターのバウムクーヘンリングは2010年にDLG（ドイツ農業協会・国際食品品質品評会）で金賞を受賞して話題になっていた。日本ではドイツ人のカール・ユーハイムが横浜を経て神戸に1924年に創設して以来定着し、その技術は受け継がれてきたとあり、カステラと並んで日本人好みのケーキである。未だに私などは神戸の本家本物が最高のものと思っているのだが。多様化時代のあらゆる手法を駆使して、フルーツ、チョコレート、焼き上げ等々いろんな差別化、多様化のニーズに応えるべく種類が豊富になり、顧客の集客にも役立っているようだ。

　このブームはいつまで続くのか？本質の調理法を学ばず形だけに突っ走る若者が多いだけに、最近のホテル業界、リバイバルブーム

のメニューの復活もチラホラ見受けられるのはうなずける。しかし本物志向に落ち着いてほしいものだと願うのだが…。

BAUMKUCHEN RING

日本では年輪の形状で縁起が良いとされ慶事に好まれる

19. Hamburger on buns

　テレビの大型番組制作に、大金を投ずる大手のスポンサーが少なくなり、制作費が安くて済むのは、必然的に、料理、温泉、レジャー関連施設など第三次産業の紹介の、安上がりの番組が主になってくる。民放各局はこぞって、料理番組、温泉風景等を放映し、その画像が氾濫する。当然他局との、差別化戦略は、創作料理の名のもとに料理の基本を忘れたメニューが溢れてくる。そこで最もシンプルで料理の基本に忠実で、大衆受けする食べ物は何か、と考えてみたくなった。

　大きく分けると、西洋料理・中国料理・日本料理などがそれらの対象になってくる。世界のそれぞれの特色ある、お国自慢の料理となるのだが、なかでもアメリカの代表的料理は、と問われると、はて何だろうかと考えてしまう。皆様もあまり考えつかないだろう。洋食と言えば、フランス料理が主流であった時代の日本人にとって、戦後アメリカ人がもたらした、ハンバーガーはその唯一の代表的なもの American's taste であると言われた時は、いささか驚き戸惑ったものだが、歴史の浅い多民族のアメリカならでは、さもありなんと、少々軽んじていたものだ。しかし、世界の誰でもが馴染んだ、好きな食べ物の一つであることには間違いない。Hamburger はドイツ Hamburg 市が起源で移民と同時に入り込んだモノだと漠然と思っていたがそうではないらしい。

　『ことばで探る食の文化誌』（内林正夫著）によると、「hamburger の起源はモンゴル、今のロシア東部にあるタタール地方、騎馬民族の住む土地でした。11〜13世紀チンギス・ハーンが羊の屑肉を

パテ状にまとめたものを包み、鞍の下へ置いて馬を走らせ、いい塩梅(あんばい)に熟れて食べやすくなったものだそうである。またこの習慣が、1238年、蒙古によるモスクワ侵攻で、ロシアに持ち込まれロシア人が、タルタル・ステーキと名付けて、羊肉を牛肉に代え玉ネギのみじん切り、生卵を加えたそうだ。タルタル・ステーキ誕生にはロシア人説とドイツ人説が在り、やがて世界の港であったHamburg市に伝わり、ドイツの料理人により塩、コショウ、ピクルス、を加えて世界に広がったというものである。そして19世紀の終り頃、アメリカに移民して来たドイツ人の持ち込んだもの「ハンブルグステーキ」と呼ばれ後に「ハンバーグ・ステーキ」となり人気を博しました」と説いている。

　ハンバーガーの味を知ったのは、1949（昭和24）年。まだ私が学生パートタイマーで、占領下にあるアメリカ人マネジメントによるコンチネンタルホテル東京でアルバイトしていた頃である。

　ハンバーガー・バンズ、（ハンバーグ・ステーキを丸いパンで挟んだサンドウィッチのこと）は今、日本の街中に店を構えるマクドナルドのそれである。素朴なハンバーガー・バンズはスライスした玉ネギの輪切り、トマト、レタスを挟んでマスタードとケチャップをつけてタバスコ、ウスターソースをかけるのも良し、新鮮な玉ネギの甘みと主役のミンチ肉の、ジューシーな脂のうまみがよく合う。脇役としてサイドに付け合わせのフライドポテトの甘み、cucumber picklesもよく似合う。また飲み物として、炭酸の効いたコカコーラ、小瓶のビールで潤す喉ごしの、そのうまみはHamburgerの味をひきたて、ハングリーな働き盛りの若者にとっては、絶妙な取り合わせで、忘れがたい味であった。

　長い食文化の歴史の中で、主役である牛肉の素材と、そのものの、

味を引き立てる脇役の野菜との名コンビ、いかにも食の基本をわきまえた、大衆的で手軽な味は、世界の大衆に愛されつづけて、今や世界を席捲している。日本のおにぎりに匹敵し、またよく似ている。ご飯の素朴な味と中に詰める具材とのマッチングがとれた、程よく調和された味は、きっと世界を席捲するかもしれない。**願わくは下手な創作料理手法で素朴な味を崩さないで欲しい**と願うのは私一人だけであろうか。

20. ホテル雑話
——Executive Hotel Official は語り続ける

　1945年8月6日、広島に原爆投下。当時は新型落下傘爆弾との噂が流れ、一般市民は現代のように原子力爆弾などとは知る由もなかった。次いで8月9日、今度は長崎に第二弾の原爆投下、同じく暑い日だった。日本の科学者はようやく「新兵器原子爆弾」と断定し発表したが、その瞬間「戦争は負けたな」と素朴に思った。太平洋戦争の終結、無条件降伏の条件が整ったと国民の誰しもがホッと感じ取ったに違いない。やがて1945年8月15日に終戦。以来、69年間異例のサイレンが毎年8月、同じ暑い日に鳴り響く——「黙祷」。

　爾来、欠乏と混乱、廃墟の中からも日本国はものの見事に立ち上がって今日を見る。今年の夏もやがて過ぎ去ってゆく。地球環境破壊、温暖化現象、異常気象など色々な言葉が国際社会にいき交う。炎天下で懸命に乱舞する甲子園球児、テレビが実況する。戦時中にお国のための勤労奉仕、学徒動員、そして祖国の未来の夢を見つつ命を捧げた青春。だがその夏の暑さは今も変わらない、と感じる。「夏は夏」毎年全く同じだと思えてしょうがない。

　話はがらりと変わるが、平和な話をしよう。誰しもこの暑さには食欲減退する。かき氷、流し素麺、冷や奴——現代っ子はアイスクリーム、冷麺、冷スープに走る。そうだ、スープにも色々ある。コーン、トマト、ミネストローネ、オニオングラタン、パンプキン、オイスター。ボルシチ、ビシソワーズ——冷スープは夏の食欲減退にもってこいだ。「Vichyssoise」と聞けば思い出すのが『Creme Vichyssoise Glance』。ジャガイモを裏ごしして牛乳とコンソメを加

えた冷製スープで、フランス出身でかの「Louise Diat、New York Rits-Carlton Hotel」のシェフが母親の手料理からの記憶で考案したとされている。アメリカの創作料理の中では最も有名なメニューの一つであることは皆様ご承知の通りである。

　日本では、帝国ホテルが最初にメニューに載せたと聞いている。初めて食したあの味は脳裏に強く印象付けられている。しかも、ポテトそのものの香りとうまみが生クリーム（本当は牛乳）のうまみに押されることもない。生クリームを多く入れると確かにおいしくなる。分量を間違えるとポテト本来のまろやかな「ざらつき感」を備えた素材のうまみがしない。**材料が単純で繊細であるだけにそのバランス感覚にはシェフの絶妙な熟練度が要求される**。殆どの町場の味はクリームの味だ。簡単にできる家庭の味なのだが、微妙にその舌触り感が違う。嘘だとお思いなら帝国ホテルで召し上がってごらんなさい。それほど**基礎のできたシェフとそうでない中途半端なコックの腕の違い**が分かりますよ。また夏がやってくる。今日あるのは幾百万人、お国のための命を捧げた御霊のおかげです――「合掌」

21. 懐古・回顧・復刻食文化にみるシルバーウイーク

　ゴールデンウイークに次いで秋の連休をシルバーウイークと誰が銘打ったのか。休日が続くことは、「働き蜂」と言われた日本国民にとって、それは、それは、家族と共に過ごす良い機会であること間違いない。年末年始・お盆休み、どれも休日が連続する。それぞれ自由に好みに応じて旅の計画も立てられる。加えて高速道路料均一1,000円、最近では無料化も実現しそうな雰囲気だ。「欲しがりません、勝つまでは」の戦中戦前の世代、戦後復興のために日本人は「働き蜂」と言われて夢中に生き抜いてきた世代、近年のように情報ハイテク化時代に夢中になる世代食文化的に見れば、正に欠食粗食から、雑食過食へ、やがて物で溢れる飽食の現代へとつながる。

　突然襲った不況の波、スポンサー激減の民放各社、マスコミグループ、勢い安価の番組創り、制作費の掛からない旅行番組、温泉旅に始まって微に入り細に入りの食道楽へと、低俗な報道知識、映像に振り回される現代の世代、古風に言えば「ミーハー族」、我が家の家庭料理・工夫を凝らした創作料理やエスニック料理と称するゴタゴタ料理の番組の氾濫、次第に視聴者も、各種即席料理、洋食屋の氾濫に飽き飽きしてきた。徐々にではあるが、食文化には懐古回顧復刻の兆しも見えてきた。

　全く偶然だったのだが、シルバーウイークに帝国ホテル大阪のオータムナイトブッフェ（Autumn Night Buffet　5,250円）に出会った。ちょっとメニューを紹介しよう。

冷製料理には

Smoke salmon、scallop、roasted beef salad、old fashioned potato salad

Marinated seafood、seasonal mixed salad French、thousand island、roquefort

スープ

Vegetable soup、

魚・肉料理

Sautéed prawn new berg、pork、beef、chicken、sausage、

ライス・パスタ・パン

pilaf、spaghetti、breads、

フルーツ・デザート・コーヒー紅茶

fruit、dessert、coffee、tea

　どれ一つとっても伝統にのっとった、**基礎の良くできた、素材の味を生かしたメニューでまさに伝統に基づいた正しいレシピに従った本物**とすぐ分かる。久々にお目にかかった味わいであった。「基礎を守って正しく教える先輩がいるのだなー」と。さすが伝統ある帝国ホテル、嘘だと思うならいってごらんなさい、東京の帝国ホテル１階のコーヒーショップへ。昔懐かしいメニューを召上っているお客さまを多く見かけますよ。

　ヴィシソワーズ・ミネストローネ・クラムチャウダー・ハンバーガー・ビーフシチュー・カレーライス・ポテトサラダ・ホットケーキ……正統な味を楽しんでいるお客さまが列をなしてお待ちいただいているのもうなずける。

　大変おいしかったとサービススタッフに告げる。かつて「あのお味がお分かりになるとはたいしたものです」と告げる、一途に50

年勤務する、ベテランウエーターの言葉を思い出す。インスタント料理の多い中で、懐古・回顧・復刻の動きが見られる食文化の今日このごろ、救われたような気がするのは筆者だけではないようだ。

あのお味がお分かりになるとは
たいしたものです！
普通の人はわかりませんよ。

ヨウコソ！
イラッシャイマセ！

第5章　UG会の創始者が教える、UG鑑別法ホテルマンの観察力

1．おっと、待った！UG鑑別法教えます
　　——ホテルは、For Customers Satisfaction である

　お客さまのご満足のために、洗練されたマナーと行き届いたサービスを提供し、売る。それも通り一遍ではあってはならない。規格化された形式的なサービスにあたたか味はない。一流のホテルと目されるフロントの応対、エレベーターで一緒になったボーイの態度、レストランやバーでの従業員の物腰…。サービスとは何かを肌で教えてくれる学校、それがホテルなのである。

　お客さまは王様。"The Guest is King. The Guest is always right." と教えつづけられているのがホテルマンである。

　だが、時には彼らも「しかし」と言わなければならないことがある。愉快な気分になれないのを残念に思いつつ、ホテルマンがお客さまのすべてに従い、寛容であるのではないことを、お伝えしなければならないこともあるのだ。

ホテルマンは観察眼に磨きを！

　ホテルは企業である。当然、プライドがある。企業利益も追求する。だから、ホテルマンのプライドが傷ついたり、企業利益が損なわれたりする事態に対しては、毅然と「ノー」を言うものである。もちろん、それを可能にするのがホテルマンの観察する力——観察眼である。お客さまに気づかれないような、静かだが素早い眼差しで、

私たちはお客さまのすべて、オーバーに言うなればお客さまの人生全体を見通しているのである。むろん、名人芸に近い領域に達するまでには、高い授業料を払わなければいけないのだが…。

その観察眼が時として鋭くお客さまの奇妙な振舞いを捉えることがある。ホテルはマナーの学校と言ったが、お客さまの反社会的、反常識的行動を許さないのも、ホテルとして重要なマナーだ。犯罪者にもホテルは寛容だ、というわけにはいかない。むしろ「ノー」と言いつづけることに、ホテルとしての権威、そして誇りがある。犯罪は論外としても、非常識的なものに対して「ノー」を言えるか、どうか。そこに社会的な役割を担うホテルの使命があると私は感じているのだ。

UG。"Undesirable Guest" あるいは、"Unwelcome Guest" の略称と言われる。招かれざる客、好ましくない客の意味である。犯罪、非常識、不払い、暴力団がらみ…。ホテルがプラザ化し、社会に大きく門戸を開ければ開けるほど、UG の流入量も増大する。社会的な存在としてのホテルの"力量"が問われてくる。UG に対してどういう態度で臨むかによって、ホテルの格が左右される。

UG 対策は各社ともに秘術を尽くしているところだが、何よりもまず、見つけ出すことが先決である。そのための手引き、マニュアルを私なりにつくっているので、次に箇条書きでお目にかけよう。

UG 客見極めマニュアル
1. 基本的には当日宿泊予約のお客さまにトラブルが多い
2. 予約電話の連絡先がはっきりしないお客さま
3. 荷物のないお客さまは要注意（スキッパーの有力候補）
4. エクステンションステイ（宿泊の延長）を出発問い合わせのコー

ルをかけた時に申し出るお客さま。これはお金を持っていないことが多い

5. 大きな金額の食事代金を当日予約であるにもかかわらず、再三、ルーム回しで支払おうとするお客さま。スキッパー客のシグナルだ
6. 外線電話がやたらとかかるお客さま。こういうケースでは麻薬等の取引にルームが使われている恐れがあるので要警戒だ
7. 外来訪問客が多いお客さま。ホテルを舞台に使ったハッタリ商法の恐れもあり
8. ホテル従業員に必要以上に接近するお客さま
9. 昼間、一歩もルームから姿を見せないお客さま。麻薬関係の可能性あり
10. 予約先が明確でないのに、長期滞在を希望するお客さま
11. 女性の一人客、特に若い女性(自殺の恐れあり)
12. 深夜のウォークイン
13. 早朝チェックインも要注意だ
14. 家族連れの宿泊ではあるが、異様な大きな荷物を持つお客さま
15. 宝石や毛皮などの高級品の一発勝負的な展示会がらみ
16. セミスイートルーム泊で、コーヒーショップやラウンジによく外線の電話がかかってくるお客さま
17. ルームを会議室として予約しようとするお客さま
18. 電話代金の特に多いお客さま
19. チェックインの時、本人以外の名刺を提出し、その人物の支払いを告げるお客さま
20. チェックインの時、最初に大金のデポジットを払う長期のお客さま

21. 連泊を告げ、エクステンションの度にそれが小額になっていくお客さま
22. チェックインの後に、何かにつけて不満を口にするお客さま
23. 旅行の日程が定まらず、大幅に、また度々宿泊日程を変更するお客さま
24. 土曜日午後に入金予定を告げるお客さま。土曜日は銀行が休みの場合があり、小切手等換金ができない
25. 銀行振込を希望するお客さま
26. 急用があるため、2〜3日帰れないと外線から電話がかかり、後日または午後にフロントに入金しますと言うお客さま
27. 支払請求時、すぐ支払う態度は見せるのだが、実際は延び延びになるお客さま
28. 第三者の小切手や手形を見せて、割引きや換金したらすぐ払うというお客さま
29. 本人への連絡がつきにくいお客さま
30. やたらと有名人や政治家の名を出して、いかにも知り合いのような顔をするお客さま
31. 有名タレントで、悪いマネジャーを持っている芸能人
32. 従業員と親しくなり、無理難題をもちかけるお客さま
33. 予約の時間にルーズなお客さま
34. 泥酔者
35. 料理の中に異物混入があると騒ぐお客さま
36. ホテル側が主催しているかのように宣伝広告する展示会がらみ
37. 会員制のパーティーで集金できなかったという理由で売却にしていくお客さま
38. 先方の会社へ訪問するのをいやがるお客さま

39. 小さいエージェントからの紹介

ますます重要になる UG 対策

　一応、UG の候補者？　が持つ特質を列挙してみた。こういう人達のすべてが悪いというわけではないのだが、中には不心得者もいるということなのである。

　サービス業であるホテルにとって、商品の代金回収は生命の綱。誰が不良債権者であるかを素早く見きわめることが大切だ。そのためにホテル間が相互に連絡を取り合って、UG 情報網をつくっているのはご承知の通りだ。ついでだから申しあげると、UG 会なる組織は、帝国ホテルの中島元支配人、ホテルニューオータニの大原元支配人、新橋第一ホテルの千脇元支配人、丸の内ホテルの岩崎元支配人、そして発案者であるフェヤーモントホテルの加藤元支配人（著者）の 5 人が集まってつくったもので、これが母体となって全国に広がったのである。現在はファクシミリもメールもあって、UG の署名まで直ぐ連絡がつくので、大いに事故防止の実があがっている。

　ホテルの大型化、都市化、国際化が進めば進むほど、UG 会の陰の活躍が大事になってくるだろう。犯罪の方の国際化も、ここへ来て一段も二段も進み始めているようだ。

　さて、UG に対してどう具体的なアクションを起こすか。今回はその話まで立ち入る余裕がなかった。でも、UG に対して、ただ「断る」のではなく、いかに上手に、素早く、相手に不愉快な気持ちを抱かせずに「お断り」するのか、も大事な仕事である。

　例えば、深夜、企業の接待で呼ばれたらしい女性の入店を断固拒否したことがある。勇気のいる決断だった。長い間顧客としてひいきにしてくれていたこの会社とホテルのつき合いが終わってしまう

かもしれない。でも、私は総支配人として断固たる態度をとることにした。それが、我がホテルの品格を守ることだと思ったからだ。後日、私はその会社の総務の人に呼ばれた。叱責を受けるものと覚悟していたのだが、あにはからんや、「よくぞやってくれた。うちでも断ったのですが」と慰められたのである。ホテルがお客さまを選ぶ、というのが不遜な言い方に聞こえては困るのだけれども、マナーの学校としてのホテルでありつづけることが国際化時代のホテルとしての務めでもある。そのために、時として"お客さまを選ぶ"ことも許してもらいたいという気持ちなのである。

　そこで私たちは「不良債権客形態」と称するもう一つの見極めの基準をひそかに持っていることをお教えしよう。

【自己顕示欲の強いタイプ】チェックインのとき、本人以外の文字の太い肩書きの偉そうな、誰でも知っている一流会社の名刺を出し、支払いをそちらに請求するように告げるお客さま。その会社に確認できない時間に申し出る。引っ掛かる確率はいよいよ高くなってくる。そのときはお断りする勇気を持つことだ。華麗な、善意をもってするサービスをモットーとするホテルマンにとってはつらいことなのだが。

【頭脳プレイ要注意】チェックインのとき長期滞在を告げ最初それなりの大金をデポジットし、その次からは次第に少額になり売り掛けが多くなってくる。

【自己防衛本能】チェックインの後、何かと不満文句を言いケチをつける。

【性格不安定要素】旅程が定まらず、大幅に宿泊を延長するお客さま。

【計画的】売掛金がたまって土曜日の午後の入金を告げるお客さま。
【計画的】銀行振込を希望するお客さま。
【多忙を装う】電話をよく使うお客さま。
【自信のない証拠】職業を宿泊者カードにはっきり書かないお客さま。
【弁解がましい】フロントクラークや他のスタッフに親しげに言い寄るお客さま。
【トボケ型】急用があり午後または後日入金するというお客さま。
【傲慢型】宿泊クーポン券で一応信用させておいて飲食額が異常に大きいお客さま。
【嘘つき型】支払請求時、すぐ支払う態度を見せはするが、延び延びになるお客さま。
【意図的】本人への連絡がつきにくいお客さま。

さまざまな人種、階層のお客さまが出入りするホテルでは、少しでも不愉快な体験を未然に減らそうと、UG会なるものを設置し、ホテル間で情報交換会議を提案したのは50数年も前のことだ。全国に広がる情報交換の網の目は未だに続いている。

Observant of …

2. ホテルマンならではの観察力を養え

 ホテル経営理念が、良質でイメージの高いホテルであるためには、なんといってもお客さまとホテルマンとの人間関係が主体になる。どんなに経営を合理化しようと思っても、また大型化したといっても、何もかもハイテク化するのではお客さまは満足しない。結局ホテルマンの質の向上ということになってくる。ホテルに従事する全従業員がパーソナルサービスの精神を体得して一人一人が自主的に、徹底してパーソナルサービスを行ない得る形にまで持っていかないと到底お客さまに充分な満足を与えることはできない。言うまでもなくホテルはお客さまに満足を提供するサービス業なのだ。企業的立場でさらに言うなら、満足感を売るがゆえにサービス産業なのである。「産業」とは作り出し、産み出すのだ。ホテルはサービスを創意し、その代償として種々の支払いを受ける。

 人間の24時間はさまざまな思いと出来事に満ちている。たとえ単調なルーティンワーク——決まりきった仕事に携わっていても空想や計画、発見や失意を人は胸に抱いて仕事に当たっている。一人一人の願望や期待にサービス産業が応えようとするなら、ホテルの従業員は「自主的に、徹底してパーソナルサービスを行ない得る形にまで」到達していなくてはならない。一流ホテルと目されるフロントの応対、エレベーターで一緒になったボーイの態度、バーやレストランでの従業員の物腰…多くの人はその鮮やかで行き届いた配慮に感嘆されることであろう。サービスとは何かを行動で教えてくれる学校、それがホテルなのだ。

 ホテルは企業だ。当然プライドがある。企業利益も追求する。だ

からホテルのプライドが傷ついたり企業利益が損なわれたりする事態は未然に防ぐ。そこにホテルマンの観察する目が働く。お客さまのすべてに従い寛容であるのではないことをお伝えしなければならない。お客さまには気づかれないように、静かだが素早い眼差しの瞬間、お客さまのすべて、オーバーに言うならお客さまの人生を捉えているのである。むろん芸当に近いそんな境地にたどりつくにはキャリアがいる。さまざまな失敗を重ねた挙句の高い授業料を払った上での一瞬にしての観察眼だ。「すべてをお客さまの立場から徹底したサービスを尽くそう」である。同時にホテルマンの醒めた眼をも要求し、次に述べる失敗をおかさないよう私の経験から導き出したマニュアルを、冷厳な眼を従業員に示しているのである。

　ホテルはマナーの学校なのだ。お客さまは常に正しいといっても反社会的、反常識的振舞いを許容しないこともホテルのマナーであり原則的な態度だ。善良な市民から一国の大統領、国王までホテルの客層は広い。広いのであるが犯罪人にもホテルは寛容というわけにはいかない。むしろ峻別しノーと言い切ることにホテルの権威そして誇りがあり、マナーを維持する社会的な役割を担っている、と私は考えている。私達は"Unwelcome Guest"と呼ぶお客さまに時に出会う。「招かれざる客」と思っていただければ良い。犯罪、不吉、非常識、不払い、顰蹙（ひんしゅく）……およそホテルに似つかわしくないお客さまを事前に見極めたり、お断りしたり、それとなく警戒する際の手引き——それが私のマニュアルだ。

　われわれホテルマンは慎むべきことは何かを知る手掛かりにもしていただけようかと公開しようと思ったのだ。自らの防衛手段としてUG会なる名の下に「招かれざる客」のリストを各ホテルに秘密裏に回覧しているのだ。そしてそれがどれだけ「不良債権客形態」

業界からの一掃に役立っているかを知る人は少ない。

3．Amex Gold Card の威力

　1961年、初めて戦勝国アメリカへ1カ月の視察旅行に出掛けた。
　当時は今と違って視察旅行のみで観光目的では海外旅行の許可は下りない。厳しい外貨の使用制限もあり、所持金は1人500ドル（当時1ドル＝約360円）までだった。cash/greenbacks（ドル紙幣）、traveler's check（T／C 旅行者用小切手）、personal check（P／C 個人小切手）の3種類の外貨を用意して旅行するのが普通で、クレジットカードは現代ほど普及してはいなかった。どちらかと言えばT／C全盛の時代でキャッシュより traveler's check の方が信用あると聞かされ「へー、不思議な国だなぁ」と思ったものだ。事実T／Cの交換レートの方が高かったし、一人旅はマネーのみが頼りであると思っていた。
　広大な国アメリカは多民族国家、育った環境、習慣、風習、文化、宗教などそれぞれ異なった人種の集まりであり自由主義、個人主義の民主国家である。教育レベルも多岐にわたっている国情・国柄の中で必然的に law（法律）・rule（規則秩序）・regulation（規制）・system（機構制度）・manual（便覧手引書）などをきっちり定めなければならない。基本的には人の平等を主張し善悪を差別しない人権重視の国家であり、日本人的な感覚で言えば人を信用しない国である。通貨さえも現金は偽札が横行したりするので、より信用度の高いT／Cなどが考案されたわけだが、それさえも時代の変化と共に信用度が低下しクレジットカード時代へと進化する。そのクレジットカードもさらに信用度が落ちて、スキャン・データ走査する通信機器ができ、カードを通し瞬時に選別して預金残高を確認

し、その信用性を見分ける。さらにカードの種類も最も信用度の高いプラチナ・ゴールド／platinum・gold「VISA-AMEX」、クラス／class「JCB」と一般のカードと区分けランク付けしている。驚いたことに最近では信用度を瞬時にチェックする今までのスキャナー機器に加えて、infox なる小さな機器に備え付けカードを挿入し、目の前で暗証番号を打たせその整合性を確認する。現時点では正しいカードホルダーであるか否かの確認を暗証番号で取る infox なる機器をキャッシャーの目の前で打たせるのである。これこそ信用・人権を完全に無視した行動ではないかと怒るのは単一国家の日本人のみだろうか。多岐にわたる民族国家では必要なことなのだ。

長年のゴルフの師匠であるO氏が渡米することになった。当然、私が旅の宿泊施設ホテルを推薦することになる。ウェスティンホテル大阪の社長のVIP扱いでインターネット予約となる。アメリカでは個人の信用とステータスに加えてセキュリティが最も重要だ。シカゴはW.Chicago City Centerホテル、ハワイホノルルは古い名門ホテルSheraton Moana、ホテルSurf riderと超高級ホテルとなり必然的に宿泊料金は高くなる。加えて外国、特にアメリカはクレジットカードが信用の基準になるので格上げのGold Card AMEXを持って旅をすることを勧めて準備万端となる。O氏が帰国して早速、神戸のイタリアレストランで旅の話をお伺いすることになる。

若い頃からブラジル、ドイツを中心に駐在したことから旅慣れ語学も堪能、特にドイツ語は流暢そのもので氏の教養の深さを思わせるに充分である。O氏の長い人生で初めてのアメリカの旅と聞いて私は驚いた。両ホテルでたまたまキーカードを持って外出したのだが、ホテルに帰館してみるとカードがどこを探してもない。いつも習慣的に内ポケットに入れるのにどうしても見当たらない。やむな

くフロントオフィスのマネジャーにその紛失を告げ部屋番号の鍵の再発行を求めるが、早速マニュアル通りの人物確認質問があれやこれやと始まった。

　マネジャー：「ID ＝ passport はお持ちですか？」
　Ｏ氏：「そんなものは部屋の金庫に置いてきた」
　マネジャー：「では、あなたの名前の入った書類を何でも良いからお示しを」
　Ｏ氏：「名刺ならあるよ。漢字だけどマネジャー君に読めるはずないよナ」
　マネジャー：「ノーサー」
　Ｏ氏：「大丸のポイントカードはダメ？」
　マネジャー：「ノーサー」───と言いながらキーを叩き、こちらからは見えないスクリーンでＯ氏のデータを見ている。
　マネジャー：「Ｏ様、チェックインの際に示されたカードの種類は？」
───こりゃ簡単だ。
　Ｏ氏：「ゴールド…」
　マネジャー：「オーケイ、サー！」

と、いつの間に用意したのか新しいキーカードが差し出された。
　「一人旅だし、あの時はかなり緊張したけどゴールドの威力に助けられました。他は全くリラックスした良い旅だっただけにネ…」とＯ氏は古希を過ぎての初体験を語った。「してやったり」と私は鼻高々至極満悦だった。旅慣れた人でも多民族からなる広大なアメ

リカを初めて旅するのは緊張してあがっていたのだ。なくしたはずのカードは帰国後パスポートの間から見つかったという。その日のイタメシはことのほかおいしかった。

ホテルはサービスを創り出し、産み出す、創意する

お客さまとホテルマンとの人間関係が主体
信用

お客さまは代償を支払う

ホテルはマナーの学校
ホテルマンには観察眼が必要

4．一見紳士風にはご用心

「紳士・淑女－LADIES・GENTLEMEN」とは、一般的概念では、外見は、きちっと洋服を着こなして、身なりは華美でなく、端正な感じの印象を与える。内見では物腰柔らかく丁寧な口調で語る。優しさがあふれる感じの人。いかにも「ジェントル-GENTLE」の言葉そのものと、お見受けする人物、と理解するのが普通だ。

世の中にはそのような人ばかりではないようだ。最近、ちょっとしたお恥ずかしい体験をした。話はこうだ。銀座の並木通りを歩いていると、立派な新車のクラウンの乗用車、銀座にふさわしい紳士のオーナードライバーが側道に駐車するかのように、近づいてきて、助手席のパワーウィンドウが開いた。紳士が声をかけてきた。道でも聞くのかなと思って、立ち止まると、小さな箱を取り出し、実は帝国ホテルで会合があり、その折のお土産品をもらったのだがと、中を見せながら、男女ペアの腕時計で、自分の持っている高級時計と全く同じだから、要らないので、失礼だがあなたに、無料で差し上げますと丁寧に物腰柔らかく言った。見るとローレックス風の高級時計、一瞬「タダァ」との言葉に、ためらっていると、もう一つ箱の中からオーストリッチの財布、さらに追打ちをかけてオーストリッチのパスポート入れ、加えてオーストリッチのアタッシュケースまで、楯突く、息つく間もなく、矢継ぎ早に、出してきた全部を差し上げるというのだ。あまりのさわやかな語り口と、高級車に乗る紳士、と思っている印象から、「エエッ」と返す言葉を失っていた。そして最後に、うちの運転手に、少し飲ましてやりたいので、その飲み代を少々出してくれないかという。やっと我に返って、気づい

て、「来たな」と脳裏をかすめたのだが、「ヤヤコシクナル」といけないと思って、一万円だけ思わず出すと、後二万円くれと言う。ないと断ると、それではオーストリッチのカバンだけ返せという。やっと、その頃になると、正常に目が覚めて、強引に断ると、一万円を持って車は走り去った。車のナンバーを見るのも忘れてしまった。我ながら、脳の、反応の衰えに一瞬、愕然とした。

昼飯をとるところだったので、すぐ側の銀座吉田屋の蕎麦屋に入り、注文の品が来る間、一部始終顛末を主人に話すと、「最近銀座にその手の悪が、うようよしていますよ」一万円の偽ブランド品を見て、「偽物でもマーマーの値段ではないですか」と慰めてくれた。帰り道すがら、外車の高級車が、同じように銀座界隈を走り回っているのが目に付いた。同じ手合いだと、一見して冷静に、今度は見分けがついた。

常日頃、私は説いていた。サービス業であるホテルも企業である。当然利益をも追求する。だからホテルのプライドや企業利益が損なわれるお客さまの振る舞いには、ホテルマンの観察する目が働く。お客さまに気づかれぬように、静かに、素早いまなざしの瞬間、お客さまのすべて、オーバーに言うなら、お客さまの人生を捉えている。さまざまな失敗を重ねたあげくの、高い授業料を払った上での観察眼だ。

「ホテルマンは一瞬にしてお客さまの人生を読み取る」と日頃豪語して、語りかけていた自分に、いささか情けないやら、恥ずかしいやら、何とも言えない敗北の感情に落ち込んだものだ。あの手合いは、きっと「UG客」「招かれざる客」として一流ホテルを大いに利用しているに違いない。ますます高度化した手口の「一見紳士・淑女風」それは即「不良債権発生者」、要注意人物だ。優秀な若手ホ

テルマンが慇懃(いんぎん)、丁重にお断りする眼を持っていることを、切に願うものである。

第6章　ホテルにおける四つのネス

1．日本のホスピタリティー・マインドの祖、犬丸徹三氏と進駐軍 Advanced Army

　第二次世界大戦終結に際し、ポツダム宣言の執行のための、間接統治を行なう目的で、日本国土の大部分に、終戦直後、連合国軍総司令官マッカーサー元帥が、約3,200余名の、先発の軍隊を引き連れて日本国土に上陸進駐することになった。その進駐軍兵士の宿泊施設を準備すべく当時の帝国ホテル社長犬丸徹三氏は、設営の全責任を負っていた。その時の、米国側の事務担当者とのやり取りの一部を、著書の中に下記のとおり述べている。いささか、当時の文語体調で、少々読みづらい感はあるのだが。

　「われわれ米国は戦争中、兵士たちに日本に対する憎悪の気持ちを注入するべく、機会あるごとに努力してきた。これは当然のことである。現在日本に進駐しているのは、貴国および貴国民に熾烈なる敵愾心を燃やしてきた軍隊、兵士達ばかりだ。然るに日本の土地を踏んでみると、概して快適な気候と風土を持ち、また住民も従順にして善良であることが、暫時(ざんじ)明らかになってきた。ここにおいて私は、兵士たちが既成概念を改め、日本に親近感を抱いて帰国すべきだと考え、いま、その具体的な方法を検討中だが、私はぜひ、これを実行したい。其(そ)れについて君はどう思うか。君は日本における第一級のホテルマン。ホテルの仕事を通じて兵士たちが、日本に好印象を持ちうるようになる名案を考慮してくれまいか」とはダベンポート少佐 ─ 後に大佐に昇進する ─ 接収業務事務の実権を、掌

中に握っていたホテルシステム隊長の、犬丸社長に対する発言である。

この言を受けて、犬丸社長は日本ホテル協会を通じて、進駐軍専用ホテル従事者に「日本人は天性清潔を愛好する国民であるとの観念を、進駐軍将兵に植え付けるため、常にホテル内外の清掃を怠らぬように努め、また日本人の持つ高度にして繊細なる味覚を、彼らに認識させることをねらって、料理には特に意を用いることとする」と通達を発した。

これは要するに、常に最良のサービスを心がけなければならないのであって、このことは、**ホテルマンとして四六時中念頭から去らしめてはならぬ性質、「おもてなしの心・HOSPITALITY MINDS」そのもの**である。周知のこととは思うのだが、マッカーサー元帥が連合国軍総司令部を設置すべく焼け野原の都心に残ったビル群を視察のため、犬丸社長を車に乗せ、隣に同席させて40分程、都心を巡回したことは有名な話だ。戦前欧州各地でホテル修行した社長にとって、HOSPITALITY MINDS は身についたお手のもの、おそらく、車中で交わした数々の会話には、最初に、日本人のおもてなしの心を確実に、マッカーサー元帥に伝えたであろう事は想像に難くない。日本人第一号であったに違いない。

犬丸社長は、その他、数多くのメイドを養成し、ホテルのみならず、多くの外国人居住地の家庭に良きハウスキーパーとして送り込んだ。日本人の親切さと西欧人の日常生活、しきたり、マナー等々、まさに、主従の間柄でも、文化交流の社会現象としてお互いに理解し合い、戦時中に教育された敵愾心の既成概念を改め、礼儀正しい善良な日本人の印象を持たせて、かつては、敵国民であった多くの軍人、軍属、民間人を帰国させることができた。そのことは、戦後

の復興と、日米関係、お互いの安全保障にもその一端を、ホテル・サービス産業に携わるものがいささかでもお役に立った、と誇りに思い本懐である。

　『ホテルと共に七十年』犬丸徹三著を年初、久方ぶりに読み返して、ひとしお感慨にふけるものである。

2．高級感とは平面ではなく立体に見る

　帝国ホテルは、1890（明治23）年、フランク・ロイド・ライトのルネッサンス風の瀟洒（しょうしゃ）な設計で誕生した。あれから100余年、日本の歴史の流れを見続け、国際政治の主要舞台となってきた。そして、ホスピタリティー産業界の日本代表であることも間違いない。

　鹿鳴館・華やかかりしころは想像でしかないが、戦後接収時代からの帝国ホテルを知っている私にとっては、現在と違って上・中・下の階層が見えていた混乱の時代で、国連の統制下諸外国の大公使ご夫妻等々が夜会に華やかに出入りする模様はため息が出るばかりで、当時のまるで上流社会の映画を観ているようなときめきを覚えている。荒廃の中に唯一国際的に誇れる日本の文化を、帝国ホテルは世界に示しているようにも思えた。私は帝国ホテルが好きである。

　元・社長犬丸一郎氏は私の大学の先輩でもあり、日本のホテル創始者でもある故・犬丸徹三社長のご長男でもある。早くから海外でホテル修業を積み今日、日本のホテル繁栄の基礎を、身をもって示したと言っても過言ではない。「Mr. Inumaru, Japan's Hotelier」で世界中どこででも知られていた。犬丸先輩に東京の帝国ホテルの客室を案内していただいた折に、女性の化粧台が通常はバスルームの横に附属しているのだが窓際に設置されていたのでその理由をただすと、ひと言「女性は自然の光で肌の手入れをするものだよ」。さすが日本のホテル王、プレイボーイ（この場合は顧客のニーズ、特に女性は何を求めているのかを遺憾なく実感している積み重ねの意）、さり気ない表情でお客さまに対する深い思いをホスピタリティー・マインドの真髄として教えていただいた。

ある年の下期の大学院生セミナー「HOTEL 産業論の研究」の講義も終わりに近づいて、恒例に従ってフィールドワーク（実地調査研究）を実施。今回は特に帝国ホテル大阪を選び、濃人総支配人（当時）に講義をしていただくことにした。宿泊部門の施設をご案内いただいて、最初に気づいたことはそのデザインと施設が他のホテルと比較して次のひと言に尽きることだった──「well arranged in just right position」。

　メイドさんの清掃時に壁面につきやすいキズ、起こりうるあらゆるケースに対応して全部と言っていいほど養生され、かつ見た目にはさり気なくデザインされていた。メンテナンスと作業効率に充分配慮された必要な家具の配置、サイズなどは私の最も大切にしているお客さまへのホスピタリティー・マインド、哲学でもある「安眠はホテルの永遠の課題だ」を無言のうちに具現していると直感した。濃人総支配人にホテルの開業のノウハウはさすが伝統ある帝国ホテルと絶賛したら、「わが社は**平方メートルにはこだわらず立方体にこだわる**」と、こともなげにひと言。バブル期に数多くのホテルが建設され、どれも豪華絢爛(ごうかけんらん)を目指して客室も 15 〜 20 ㎡、さらに 25 〜 40 ㎡と広いスペースへと限りなく平面を見続ける競争が続いた中で立方体とは。さすが、**誰もが気づかず高級感を表現できる天井の高さ、空間の示すその安らぎ**。多くの海外研修旅行でも体得し得なかった輸入されたホテル産業、一瞬にしてノウハウの真髄を見た感じがした。後で大学院生にその感想を聞くと、その醸し出すホスピタリティーの香りは瞬時にして未だ経験の浅い院生にも読み取られたようだ。「格が違いますね」──何らかの説明も教えもいらなかった。21 世紀は IT 革命、自己革命、デジタル化と喧伝されている中で、アナログ時代の伝統と誇りと重みをまざまざと見せら

れたような気がした。説明はいらない。
CUSTOMERS SATISFACTION！！──。

> 部屋の格は床面積ではない。
> **天井の高さ** は. 立方体は高級感を表す

3．「安全第一」選ばれるホテルの条件

　VIPにもしものことがあれば国と国によっては戦争問題に発展し、ややこしい国際問題に発展しかねない。担当官や受け入れ側のホテル、当事国の警備体制、移動手段、交通状態等々、落ち度があれば大責任問題が発生する。そこで最高級のROYAL SUITE ROOMは当然それらの重要性を認識して建築の段階から天災、火災、人災、あらゆる事件を想定し窓は防弾ガラス、天井や床は特別強化されるなど安全な執務室と宿泊設備としての機能は十分満たしている。秘書官や警護スタッフの部屋も続いている。簡単なキッチン設備やバーも備わっている。決して平面図を公表することはない。その他の随行員はそのフロアに宿泊し、エレベーター前には24時間不寝番がつく。安全第一と心得た担当の事務官は約1年、半年前から極秘裏に打ち合わせを行なう。受け入れ側のホテルとしてはそのステータスを名誉とし、多少の宣伝効果を考えトータルで敬意の証しとして何がしかの割引をする。場合によっては他の顧客を断って貸し切りにする。その時は他のホテルも当然満室で、リスクを背負わずフルレートで販売でき、もっと稼げるものを国際協力の名の下にわずかな参加意識をもって犠牲にすることもある。

1．ロケーションが良いこと
会議場に一番近いところを基本的に選ぶ。距離が短ければ短いほど、警備はしやすい。

2．ステータス、国の尊厳を維持できること

国力にふさわしい宿泊設備を選ぶ。国の威信が絡む。

３．随行員と同時に宿泊できること
多数の随行員がいるので基本的には分宿を避ける。

４．食事が衛生的で一流であること
健康上安全清潔であること、下打ち合わせにはルームサービスは欠かせない。

５．来賓（らいひん）と会議食事などが他と隔離されて秘密を保てるほど充分なスイートルームがあること。

６．IT機器が備わっていること
マル秘、事務的な情報機器が多いことから電源そのほかのハイテクを使用できること。

７．ホテル従事者の身元が保証されていること
従業員がサービスに出入りすることがあるので、その身元は必ずチェックされている。

　まあ、ざっと背景はこんなものだが、主役のVIPが事前に報告を受けているにもかかわらず公的と私的立場をわきまえない。一瞬にしてお膳立てを変更すれば、その前提条件は、見事に覆されて一瞬にしてその安全の保証は崩される。**被害は金銭に換えられない。キャンセル料を払えば良いというものではない。無事で良かったものの、もしものことがあれば一国の顰蹙（ひんしゅく）をかう事末代まで、ですぞ。**

4．客商売のポイント4点

　先に述べたフェヤーモントホテルの社長小坂氏は**客商売で一番大切なことは何かをいつも説き、四つの「ネス」を忘れるな**とおっしゃった。すなわち、**カインドネス (Kindness 親切)、クイックネス (Quickness 迅速)、クリーンリネス (Cleanliness 清潔)、ソートフルネス (Thoughtfulness 思いやり、相手の身になって考えること)** の四つであった。

　銀座でデパートの経営もされていた小坂氏は、「店の者が何か失敗をする。そしてお客さまに不快な感じを与えた。そんな場合でもその後始末を徹底的に親切にしたら、かえってプラスにもなし得る。失敗したお陰でというのも変な話だが、かえって喜ばれて良いお得意様になっていただける例も多い」と。

　この言葉は今も私の胸に生きている。省みて私自身が絶えずカインドネスを信条に実行しているかどうか、後進にかつて私が小坂氏から聞いたようにカインドネスの大切さについて語り得ているか、反省することも多いが、ホテルマンにも共通して大切な四つの「～ness (ネス)」を若い頃に教えられたことは貴重だった。クイックネスの大切さ、これについて多くを語る必要もない。ホテルはボーイやウエートレス、フロントに立つ者すべて、軽快で敏捷に行動してこその値打ちなのだ。動作が緩慢で命ぜられても返事も行動もたちどころに返ってこないではお客さまのいら立ちは募る。いつもホテルマンはクイックネスでありたいと思う。

　四つの「ネス」のうち、ホテルマンの日常とぴたりと重なるのがクリーンリネス、そしてソートフルネスである。ホテルはクリーンで

なければならないと何度も綴ってきた。客商売で一番大切なこと、それがクリーンリネスだと言っても良い。例えばネタが新鮮で旨いという評判の寿司屋へ入る。なるほど握ってくれるのはどれも旨い。店の雰囲気もいいしあたりも清潔だ。私は見渡して満足する。そのとき、寿司をにぎっていた板前の姿が消える。トイレへいったのであろう。ほどなく戻ってきてまた寿司をにぎり始める。当然トイレでは手を洗ってきたのであろうが私の目には見えない。だとしたら、その板前はお客さまの前でももう一度手を洗って見せるべきなのだ。

そんなこともなく戻ってくるやいきなりにぎり始めた、となると私のクリーン感覚は受け付けない。たった今まで満足していた店が急に不潔になる。再び寿司を食べようと思わないどころか、そんな店を私が訪れることも二度とない。小さな寿司屋の場合、板前のご主人が支払いを受けたりしている。受け取ったりおつりを手渡したりしている。そのやりとりが終わったらやはりお客さまの目の前で手を洗う、これが基本だ。汚い紙幣を手にした後そのままにぎられたりしたら、私は千円札や１万円札をねぶっているのと同じに思えてくる。お金をなめたりする人がどこにいよう。やはりそんな店へはもう足を運ぶことがない。

あるホテルでこんな場面を見ることがあった。大きな調理場の中で１人のコックが出来上がったスープの味見をしていたのであろう。スプーンですくい、それを飲み、見ているとまたそのスプーンをスープの中に入れている。私は飛んでいきそのコックを大声で怒鳴った。例えお客さまの目に触れないとしても、自分の口に触れたスプーンをお客さまのスープにまた入れるという不潔さが許されていいわけはない。そんなことで一流のコックにどうしてなれよう。気持ちよく安心して召し上がっていただくには、断固としてクリー

ンリネスを守り抜かねばならない。食べ物を扱う人間は本来途中でトイレへ入ったりしてはいけないのだ。汚いものに手を触れてもならない。

そんなことを言っても人間である以上、トイレへいかないわけにはいかない。だったら"清潔に"を"金科玉条"と心得る。床一つとってみてもそうだ。ホテルは靴のまま部屋へ入る。日本とはまるで生活習慣が違う。外国人はだから床に対して実に潔癖だ。

小坂氏も同様で、フェヤーモントホテルでも特に入口に気を配っておられた。雨の日などがことにそうで、お客さまは濡れた傘やレインコートでお入りになられる。だからどうしても入口の近くは、ひどい雨の日などびしょ濡れになってしまう。だから濡れたら拭きとらなければいけないのだ。雨に濡れた歩道から一歩中へ入る。そこが、からからに乾いていたらどれだけ気持ちがいいことか。こんなことが本当のサービスだと、私は小坂氏から教わったのである。

■客商売で大切な四つの「ネス」

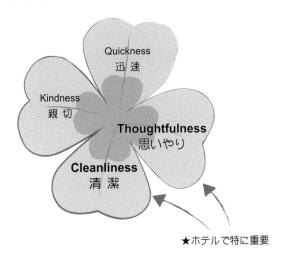

★ホテルで特に重要

5．一番難しい "ソートフルネス"

　ホテルマンにとっての**ソートフルネス（Thoughtfulness 思いやり、相手の身になって考えること）は、四つの「ネス」の中で一番難しいかも知れない。**

　例えば、お客さまが1万円の物を買いそうにないと窺(うかが)えるとき、1万円の物をお勧めしてはいけないのだ。相手の心を察してあげる。すなわちソートフルネスなのだ。今のホテルは24時間営業のパブなどがあるからあてはまらないが、昔はレストランでの開店時間が過ぎるともうホテルでは何も食べることができなかった。そんな頃、夜遅くお客さまがホテルへ帰って来られた。「お腹がすいたから何か食べたい」とおっしゃる。しかしホテルはむろん外へ出ても何も食べられない時間帯なら困ってしまう。

　こんな場合、お客さまにとって料理のうまさが問題なのではない。そこへもってきてちゃんとした料理らしいものを作って差し上げようと湯を沸かしたり、油を温めたり、大騒ぎするのは一見カインドネス（Kindness 親切）に見えても決してそうではない。かといって、こんな時間の手間は面倒だと「もうレストランは終わりました」とお断りしてしまう人間は大変な馬鹿者なのだ。お客さまはお腹をすかせて帰って来られたのだから、とにかくお腹さえふくれればそれでいいという気持ちを持っておられる。だったらあり合わせのもので結構。そこを察して、極端に言うならパンにバターだけでもいいからすぐに持っていくことなのだ。一時間ゴトゴトやって作った立派な料理よりおいしく召し上がっていただけるのである。

　こんな対応の仕方も私の考えではなく、私自身がその昔教わった

ことなのだ。"ソートフルネス"その極意は難しい。**決まり切った場面に合うマニュアルがあるのではない。その場その場の適切な対応である。問われているのはホテルマンの英知であり、賢明さだ。私達が愚鈍であって、どうして賢明なお客さまに満足していただくことができようか。**

　日本のホテル業界にあって最長の歴史、そして最高の権威を持つものと言えば帝国ホテルであろう。開業100年を超えるそのホテルは、大正14年に制定した「帝国ホテル十訓」を今も生かし、社員の日常的心掛けとなっている。以下にそれをご紹介しよう。

　〈親切、丁寧、迅速〉この三者は古くして新しい私どものモットーであります。

　〈協同〉各従業員は所属係の一員であると同時に、ホテル全体の一員であります。和衷、協同、もって完全なるサービスに専念してください。

　〈礼儀〉礼儀は心の現われ、ホテルの品位です。お客さまにはもとより、お互い礼儀正しくしてください。

　〈保健〉各自衛生を守り、健康増進に努めてください。

　〈清潔〉ホテルの生命であります。館内外はもちろん、自己身辺の清浄に心掛けてください。

　〈節約〉一枚の紙といえども粗略にしてはなりません。私用に供することは絶対に禁じてください。

　〈研究〉各自受持の仕事はもちろん、お客さまの趣味、嗜好まで研究してください。

　〈記憶〉お客さまのお顔とお名前を努めて速やかに覚えてください。

　〈敬慎〉お客さまの面前でひそひそ話やくすくす笑いをしたり、

身装を凝視したりすることは慎んでください。
　〈感謝〉いつも「ありがとうございます」という感謝の言葉を忘れないでください。
以上である。
　帝国ホテル社長、故・犬丸徹三氏はかつて次のように語られたことがある。
　「たった一晩か二晩だといっても、人間の一生からみれば大切な何千分の一という貴重なひとコマである。それをお預かりするのがホテルなのだから、料金の高い安いによってお客さまの区別があってはならない」と。

6．スマートに使われていたランドリールームはどこへ？

　そろそろ最終18番ホールの決着もつこうかという時に思いがけず降りだした豪雨。別段焦っている訳でもなかろうが、慌ただしく握り締めたパターが勢い余って余分なカウントを刻むのが妙に恨めしい。

　久しぶりに気の合った仲間が寄り集まっての1泊2日のゴルフコンペ。濡れそぼった頭髪や頸筋をタオルで拭いながら私たちは急いでホテルの部屋へと引き上げた。シャワーを浴びてほっと一息。そばにある濡れた洗濯物の山を眺めながらこのやっかいな代物をどうしたものかとしばし考え込んでしまった。『ランドリーサービスに出そうか。待てよ。シャツやズボンはいいにしても下着を出すのは男といえども恥ずかしい。ではまとめて洗ってハンガーにでも吊して乾かすか。そういえば……』ぼんやりと考えながら私は思い出すともなしに今はなき歴史の生き証人たちが跳梁跋扈していた終戦直後の頃を思い出していた。

　あの頃のホテルを利用していたお客さまはGHQの関係者が中心の、外国人ばかりだった。そして彼らはほとんど例外なく都内のホテルを宿舎として利用していた。そこはホテルというよりもむしろアパートメントだった。つまりそれだけ日常的な場所となっていた訳である。その最たるものが汚れ物の処理だ。もちろん当時もクリーニングサービスは存在していた。だがそれと同時に各フロアにはランドリールームなる簡易洗濯所が設けてあって、ちょっとしたものなら自分で気が向いたときに洗濯ができたのである。広さはちょうど今のベンダーマシーン（自動販売機）の置いてあるスペースほど

だった。そもそも外国人は、ハンカチで鼻をかむのは当たり前だが日本人には驚きだ。その頃の男性はフンドシの時代にブリーフとは驚きだった。

　洗濯機などといった洒落たものがある訳ではない。タライに洗濯板といった簡易なグッズで洗い、乾かし、アイロンを使ってプレスするのである。自分で洗わなくてもボーイに言いつけていたGIも結構いたに違いない。何しろ彼らは、自分の汚れ物を直接人に頼むのが恥ずかしいといった類の差恥心は持ち合わせていないのだ。汚れたらきれいにするのが当たり前というのがその意識なのである。今ほど人がごった返していなくて、ホテルといったプライベートエリアとパブリックスペースとが入り混じった場所を、スマートに利用できる習慣のついた人間だったからこそうまく利用できたことだったのかもしれない。

　それを証拠にホテルが一般庶民のものとなった今では、もうそんな施設はなくなってしまったのだから。「ホテル歴・数十年と言いながらこの程度の汚れ物の処理に戸惑うなんてオレもまだまだかな」幻のごとき昔を懐かしみながら私は、濡れたシャツをゆっくりと絞り始めた。

7．ホテル現代史

　2004年後半は異常暖冬に始まり、豪雨による水害・地震・インド洋を襲った大津波など災害が次々やってきたが、これは地球温暖化による自然現象の異常を警告しているようだ。暗い話ばかりだったがようやく正常な冬らしい暦通りの大寒を迎え大雪警報も流された。「やっぱり冬は寒い」と、その日はベッドに潜り込みながら『帝国ホテルから見た現代史』でも読むことにした。著者の犬丸一郎氏は日本のホテルの基礎を築いた故・犬丸徹三氏を父親に持つ御曹司で、私にとっては大学の大先輩であり、"日本のホテル王"と呼ばれるにふさわしい最初にして最後のホテリエである。今後"日本のホテル王"と呼ばれる人物は出てこないだろう。**ホテル王とは接客業としての洗練されたマナーと教養、そして少しばかりプレイボーイの素質が要求される。そしてその遊び心が顧客の心をくすぐる。**

　さて、一郎氏の歩んだ道はまさにホテルのみならず日本の戦後史そのものを浮き出している。ホテルはその時代の世相を的確に捉えて反映し物語っている。マッカーサーの占領統治下のホテルの接収時代、ジャズ音楽の普及、ディナーミュージック、プロレスなどがそうで、修業はハウスマンに始まってルームボーイ・ブッチャー・ベイカー・朝・昼・夕食係・外国人マネジャーによる衛生観念の植つけ等々アメリカン民主主義、または"Enjoy Life""Take it Easy"とアメリカン・カルチャーの諸々を学んだ。やがて今では懐かしい船旅・民間航空路は未だなかった。古き良き時代のロイヤルハワイアン・モアナ・ハレクラニホテル群を回ってやがてサンフランシスコ・マークホプキンスホテルでの修業が始まる。次いで世界最高の

ホテル学をコーネル大学に学び歴史の運命との出会い、敗戦後の講和条約の締結、日本の代表団一行の宿泊場所、研修第一歩のマークホプキンスでのお世話、数々の人脈との交流・数々のVIPあるいは歴史上のスター達へのおもてなし——貴重な体験は今日の氏の地位を築き上げた。

華麗な青春時代のホテルでの現場経験・蓄積と10年間に及ぶ副社長の経営者としての経験は社長就任以来、235億円という負債の早急な解消に努力を払い、利益率の高い客室稼動上昇こそ経営の基本と心得るなど、下積み時代の蓄積されたノウハウは遺憾なく随所に発揮された。天井の高さや立方体による高級感に始まって女性主導のバスルームの調光設備、化粧台の自然光の取り入れ、明るいインテリア、加えて世界に誇る伝統に磨き上げられたおいしい料理など、帝国ホテルは日本国内のホテルに新しい経営法を発信し続けている。良いサービスの基本は調理師に学ぶ、眼・耳・鼻・口、目配り気配り・聞く耳ご意見に・綺麗な言葉・教養と人格——親しい仲にも礼儀ありでお客さまはお客さまであり決して親しき友達であってはならない。そしてさり気ないきめの細かさ、サービス、料理の味には究極はないと説く。またホテルで気持ちよく過ごすコツとしてあらかじめチップを渡すことであり、チップを媒介としたサービスはホテルで楽しく過ごすための投資だと説く。国内の御三家と呼ばれ、リードしている外資系ホテル、リッツ・カールトン、フォーシーズン、ハイアット、加えてウェスティン、ヒルトン、シェラトンの中でも堂々のトップホテルとして今なお帝国ホテルは君臨しているのは、むべ成るかなである。

最後に、氏のプレイボーイたるゆえんをお教えしよう。直に聞いた話、さり気なく語る、世界の数多く訪れるVIPにおもてなし接

するには身嗜みこそ大切であると、毎年のように洋服をはじめ、身に着けるものはすべてイタリーへ買いにいく。銀座ではない。その旅は50数回、毎年の流行の生地見本が送られてくる。選んで仮縫いされたスーツ、ドレスシャツ、靴下、靴に至るまでイタリー製で取り揃えるのである。これぞプレイボーイたるゆえんである。

ホテル王には
**プレイボーイの素質
遊び心も必要**

☑ 洗練されたマナー
☑ 教養と人格
☑ 綺麗な言葉
☑ 気配り
☑ 目配り
☑ 清潔さ
☑ さり気なさ
☑ きめの細かさ
☑ 研ぎ澄まされた五感

Hotelier
ホテル王

8．ハウスキーピング──縁の下の力持ち
EXECUTIVE HOUSEKEEPER

　本年で戦後70年となる。民主化の昭和史に生きた人々は、社会のそれぞれの分野でさまざまな歴史を刻み、残し、語り綴る。現代ではホスピタリティー産業と呼ばれているその一つ、ホテル産業が宿泊産業・ロッジング産業と考えられていた昭和初期の時代から、生き続けなお健在な人、不幸にして亡くなった方も、その人生は激動の世紀の昭和史そのものの証しとして数多く残し語り綴っている。その著書を読むと自分と同じような経験・体験を語っておられ胸を突かれる思いがし、戦後の昭和は史実になって語る人も少なくなったと実感する。その著書の一つに60数余年間ハウスキーピングひと筋に生きてこられた方がいる。その女性は、今はもういない（平成9年没）。ホテルで最も大切な機能であるハウスキーピングはいわゆる客室係・清掃係・メイドである。戦後は就職難もあってか客室係は中高卒の男子ルームボーイであった。しかし若い男子集団は職場が殺気立ってしまうため次第に中年女性に切り替えていった。朝から晩まで15室ほどの単調な清掃業務に当たるのだが、何よりさまざまな国のお客さまがホテルで快適に過ごせることが基本。そしてお客さまに安眠をと願い続けるハウスキーピングは、その国の風習に従って抱き枕を置いたり、探偵小説本を用意するなど心配りもする。

　ハウスキーピングとして最も大切なのは清潔に気配りすることだ。人間の皮膚感覚や裸眼で確認できるところであれば毛髪はもちろんのこと、一片の埃も見逃すことがあってはならない。床・絨毯（じゅうたん）・壁・ドア・天井・家具・寝具・装飾・機器・備品・事故防止

安全設備などの状態がよく手入れされているか、これらを定められた時間内に手早く丁寧にひたすら今宵お泊まりいただくお客さまの快適な寛ぎの場と安眠を提供できることを願って作業する。前日の宿泊者の痕跡を残してはならない。常に新鮮な自分の宿を求めるお客さまに満足を与えなければならない。国籍・人種・性別によって特有の体臭があるものだ。使用する化粧品によっても大いに客室は影響される。現代はあらゆる消臭剤や芳香剤が揃っているし、客室をリフレッシュするにも機材が揃っている。毎週1回GM自らのインスペクション（検査点検）がある。目の届かない家具の下・ベッドの隙間・壁の桟・ランプの笠の埃・挙句の果てには、洋式トイレの内側に素手でその黄ばんだ灰汁を何のためらいもなく拭い、そこを丁寧に掃除するようにきつく指示する。日本人の感覚では考えられない清潔に関する定義みたいなものを教え込まれたものだ。

　日本の多くのホテルが接収された時代にアメリカンホテルマネジメントが教えた最大の違いは、清潔に関する感覚だとかつての故・犬丸徹三氏は述懐した。事程左様に陰の**最も目の当たらない地味な仕事、でも縁の下の力持ち——ハウスキーピングは最も重要な仕事場であることに違いない**。決して面白くも何ともない職場で、いつもお泊まりになる見知らぬお客さまに快適な安眠をと笑顔で60余年働き続けたルームメイドの女性、客室清掃とは特に才能も技量も要しない、ひたすら誠心誠意お客さまの安眠を願って磨き上げることでもある。宿泊の主人公には滅多にお目に掛かることはない。生前笑顔で60余年、その女性に陰の市民外交官として国際親善に寄与したとして黄綬褒章が届いた。地味な下働きをする多くのホテルスタッフに希望と勇気を与えてくれた笑顔に、今は亡き人々に献杯。

9．あの誇り高きハウスキーパーたちはどこへ

　今どきは自由気ままな旅がはやっているが、それでも添乗員付きのツアーが変わらぬ人気を博していることも事実だ。さもありなん。国内ならまだしも海外と名のつくものであればほんの数日の渡航でもパスポートから始まって携帯品の準備、ホテルの手配、観光地への足の確保から貨幣の交換と繁雑で多忙を究める御仁や旅慣れないご婦人にとっては旅への憧れも消えてしまう大変さである。それを思えば行き届いた旅行社のヘルプは完全で快適な旅を約束してくれる。

　つまり添乗員という一人の係員が最初から最後まで世話をし、引き継がないのでサービスに断層が生じないということである。それは人間関係の構築というヒューマンタッチをベースに、次の旅のセールスや宣伝効果の高い"口コミ"というおまけまでももたらしてくれる。同じことがホテルにも言えるはずである。かつては、くだんの添乗員のごとき役割をハウスキーパーと呼ばれるメイドたちが果たしていた。今でこそ顧客との対応はフロントが一手に受け持っているが、昔はハウスキーパーが常駐するメイドステーションと呼ばれるカウンターが各客室フロアに設置されていた。ベテランの女性が顧客の帰りを待ち、さりげなくキーなどを手渡したものだった。"お帰りなさいませ"の言葉が静かな笑顔と共に発せられるとき、**ホテルは例え、一瞬であるにせよ懐かしい妻のあるいは母の温かさを秘めたふるさとの我が家であったに違いない。**彼女たちは大切な伝言を取り次ぐメッセンジャーであり、取れたワイシャツのボタンを縫い付けたり小さな洗濯物を受け付けたりする文字通り

のハウスキーパーだった。言葉は悪いかもしれないが仕事にすべての自分を明け渡しているかの如き完璧な注意深さを持ち合わせていた。

　いつの日からか、経費節減、省力化、情報機器化、労働条件の改善といった諸々の要素がホテルをあからさまに企業化してしまった。そこにはスマートさはあっても温もりは少ない。企業としては正しいのだろう。サービス業といえども、本来はこうあるべきなのかも知れない。とは言え、いかばかりかの味気無さを感じてしまうのもまた事実である。すべてが機械化している御時勢だから懐かしいのだろうが、見た目にはきちっと整っていても滑り込めば決して窮屈さを感じさせない、包み込むような安らぎをもたらしてくれるあの完璧なベッドメーキングをしていた女性たちの清潔な所作が懐かしい。今よりももっと彼女たちがホテルの表舞台で活躍していた頃のささやかな思い出である。

10. ランドリーには誤解が多い
—VALET SERVICE は総称—

　宿泊客の身嗜みを整えたい——出張ビジネスマンには、ホテルのランドリーサービスは嬉しいサービスの一つであるが、問題点はないのだろうか。洗濯物のサービスの総称としてランドリーという言葉を日本では使ってしまう。実はそうではなく、ランドリーは"水洗い""洗濯人"という意味で、洗濯方法の一つに過ぎない。本来、洗濯にはドライクリーニング (dry cleaning)、プレス (pressing)、水洗い (washing) の3種類があってランドリーは洗濯物、洗濯人を指すのである。ホテルでは外国人客が洗濯物を出す時に、その3種類の洗濯方法を確認しないで受けるととんでもない誤解、解釈の違いでトラブルが生じることがある。日本ではついに定着しなかった言葉だが、欧米では洗濯物の帳票に"Valet Service (バレットサービス)"と書いている。

　バレットとはもともと王あるいは主人の身の回り、ブラシ掛け、洗濯、修理、洗車などを世話する男性の従者・近侍、ホテルではサービスボーイのことを指す。転じてホテルや客船などで水洗物やプレスアイロン掛けなどお客さまの衣服を世話するという限定的な用いられ方になった。だからホテルにおいて最も正確な言葉はバレットサービスであり、その中に3種類の洗濯方法、ドライクリーニング (dry cleaning)、プレス (pressing)、水洗い (washing or laundry) があるのが正しい解釈である。これはホテルが王侯貴族のためのものであった時代の名残という意味合いもあるわけである。もともとホテルにはクリーニング、ランドリーサービスの設備部門があって、客室のシーツ類やタオルなど、食堂宴会のリネン類、背広・ユニ

フォーム・ワイシャツ類など、自前の洗濯物を主として処理していた。それはちょっとした工場であった。その余力でお客さまのバレットサービスをしていたのだが、戦後機器類の老朽化と専門技術者の不足で、今のリネンサプライ会社に依存外注することになった。ハワイの二世で始めたDave & Roy linen supply社が日本に進出したのが初めてだったと記憶する。その後紡績各社が競ってリネンサプライ会社を立ち上げて今日に至っている。

　洗濯物を外注業者に出すということは、仕上がり、品質管理を委ね、保証の意味もありお客さまが出した洗濯物の数と受け取り業者の数との手違いは絶対に許されない。正確に意思伝達するためには衣類の呼称の統一から計らなければならない。日本人の言うワイシャツは"dress shirt"、靴下は"socks pair"、ズボンは"pants or trousers"、日本でいうパンツの意味は"under shorts"パンツやブリーフのことである。このように慣れない英語・米語はよく間違えたものだ。ボタンが取れた、日本人なら糊が効き過ぎた方が良いのに強すぎる、また色が褪せた、洗濯方法の未熟、染み抜き薬品の使用手違い、戦後の失敗談は枚挙にいとまがないほどで、苦情がきてはそのたびに多額の弁済をさせられたものだ。それを防ぐためには伝票の整備が必要になり、米国外資系のホテルの伝票類に学ぶところが大であった。一例をあげると、米国語で"pants"はズボンを意味し、英国語は"trousers"、日本人の英語はKINGS ENGLISHに慣れて戦後入ってきた米国語・アメリカンイングリッシュの語彙の違いには悩まされたものだ。現代ではホテルの帳票はオーソドックスな英語に統一されている。洗濯物はお客さまが伝票に記入してベッドの上に置いて外出することが多く、意思の伝達は伝票のみ、その正確さをきすために、またお客さまの勘違いによるトラブルを防ぐために

ホテルは以下の項目を用意している。
- お客さまの記入の品目
- ホテルの品目
- 点数とホテルの確認内容と異なる場合は、点数を正として取り扱います
- ポケット内のお忘れ物については、その責任は負いません
- 紛失・破損・不満については24時間以内にお申し出ください
- 最高弁償額は表示料金の10倍以内とさせていただきます

　さまざまな失敗と多額な弁償——そのような体験は各国の宿泊外国人客からそれぞれの風習を教えられ、日本のクリーニング業者は育てられた。機器類も近代化して日本人独特のきめの細かさがクリーニングの技術を高めた。日本の業者は、ワイシャツを丁寧に折り畳みビニール袋に入れてそっとベッドの上に置くのだが、畳んだ折り目にもこだわる外国人のお客さまにはハンガーに掛けクローゼットにしまっておくことも教えられた。事程左様にこだわる外国人客のお客さまには、ホテルマンは常に生活環境の違う宿泊客に満足を提供し続けられるのだろうか。

11. ホテルが忘れているマザーズタッチ

　日本の人口が1億2,000万人と発表された頃、世の中には神の摂理として男と女はほぼ半々になると感じたものだ。厚生省の国民生活基礎調査(1987年)によると核家族の占める割合が60.5％、一世帯当たりの子供の数も減少し高齢化が進んでいるという。時代を担う人々が少なくなっているのか、はたまた国際化時代の象徴か、女性の社会進出は近年目覚ましい伸びを示している。1987(昭和62)年の総理府の調査では女性の就職機会については約9割が「多くなっている」と答え、加えて経済的自立が可能になりシングルライフを望む女性も多くなっているとのこと。とにかく政治・経済やいろんな場面に女性が登場している。当時の海部内閣にも女性官房長官の初誕生と女性を抜擢することが時代を象徴する現象となってきた。男女同権が叫ばれて久しい。男と女を同等にすることも素晴らしいことだが、何といっても女性の「本能」ともいわれる母性「母なる愛情の表現」が女性の特長ではなかろうか。幼い頃の母の匂い、母の手の温もりは誰しも人の子であれば、心が切なくなるものである。

女医の温かい手の印象

　少々感傷的になったのも最近体調を崩し、手術することになり病院に約2週間入院する羽目になったからかもしれない。幸い命に関わる程度でもなかったので、この際、同じ語源から派生している病院・ホスピタル、ホテルとの共通点を見出してみてやろうと考えたのである。手術はこの歳になるまで大手術を含め3回ほど経験して

いる。医学も驚くほど進歩していて昔ほどの不安はないはずだが、男は誰でも恐がりやで淋しがりやである。定年後は、それまで仕事、仕事と家をあけていたにもかかわらず、あけても暮れても奥方と一緒でなくては生きていけない人種が多いことにも象徴されているだろう。

　ところで、手術には麻酔が必要なのは常識であるが、麻酔の中でもあの腰椎に打つ麻酔には驚く。なにせ注射器が馬に打つものと同じ大きさと思われるだけでも恐怖でいっぱいになる。かくして手術の時がきた。医師の腕はよく、設備は完璧というものの、どうも不安でたまらない。男性医師の言葉は「安心しなさい。すぐ終わりますから、全然痛くありませんよ」というものだ。50％の不安は解消されるが、後の50％は不安が残る。いよいよ麻酔だ。麻酔医は40代の女性の麻酔科の部長さん。以前にもお世話になって常日頃からよく知っていたのでなんとなく心が落ち着いた。手術台で私の腕に手をかけて**「私がここについていますよ。大丈夫ですよ」とにっこり微笑んでくれた。一瞬、私の脳裏には母の腕の温もり安らかに眠った赤ん坊の夢がよぎった。**

　医師の仕事の一つは、患者の痛みを緩和したり取り除いたりすることにある。発達した科学的な器具を駆使して、点滴やありとあらゆる薬を使って一日も早く健康な状態にしたりするのが目的である。が、今回の手術で感じたことは冷静な医師の判断や科学的な根拠や技術にもまして、患者の心を癒やすのは愛情ということ。あの女性医師の示してくれたあの温かみのある微笑みは、いかなる科学や技術にもまさるものがあると心に強く響いた。病院長の所論(しょろん)の中にホスピタル・マーケティングということが述べられている。「良い医師」「医師の紹介」「設備」「正確な診断」「的確な医療」が依然

として病院を選ぶ基準となっているが、病院もサービス業である以上、医師や看護師の態度や言葉遣い、また、受付事務や待ち時間の短縮、コンピューター化、患者接遇マニュアルの作成とその徹底教育の必要性を強く訴えている。さらに病院長や、それぞれの専門医は日常あまり慣れすぎていて、患者さんの真の悩みや病気の本質を見逃していないか。若い看護師さんからちょっと笑顔で声をかけられたらその一日が楽しくなるという患者の思いを忘れていないか。社会的地位とか職務に関係なく医師は単純に病気を治すことではなく患者とのより良い人間関係を作ることが大切だと教えている。そして心地よいサービスをすることも。ホテルが忘れた"母の思いやり"サービスの基本はお客さまを楽しませ、嬉しい思いをさせることである。ハッピーな思いをさせることである。

Customers Satisfaction is our First Concern.

ヒューマンタッチ＝人間の温かさ
ホテルが忘れた母の思いやり

12. 番頭さん ——にじみ出る、気配りと思いやりと心遣い

　人類は古今太古の時代から東奔西走、食糧を求めて移動する。日本国は山岳や丘陵が多く平野部が少ない。移動する人類はやがて西洋では狩猟民族、東洋では農耕民族と大きく二つに分かれてくる。物を求めて移動する。物々交換、商人の旅、宗教上の旅、冒険の旅、療養湯治の旅、余暇活動の旅、必然的に移動する旅人の癒やしの場、憩いの場、もてなしの場として、やがては宿泊施設の誕生となる。それは日本では旅館であり、それを取り仕切る「番頭さん」が生まれてくる。「番頭」とは商家の雇い人の頭、お店の万事を預かる手代のトップ、旅館で言えばオーナーである。女将さんの男の代行役、銭湯で番台にいるもの、また広く三助なども指したと広辞苑は説明している。

　遠方から親しい友人が訪ねてきた。神戸市内のホテルでおいしい昼食をおもてなしと共に満喫する。久方ぶりの上天気なので気分よく、近くの六甲山頂にドライブとしゃれることとなった。六甲山ホテルでコーヒーだけでもと思ったのだが、あいにく「ケーキバイキングのトップラウンジでしかコーヒーのサービスはありません」と言われた。仕方なくお腹は一杯だったが「まぁ、いいか」とそこで一服することになった。午後2時30分頃だった。山頂から眺める下界の景色は素晴らしかった。時間が遅かったせいもあって名だたる阪急商法 ——非情にまで利益を追求する。どのリゾートホテルにもありがちな人員の極端な省力化の結果、ラウンジにはサービススタッフはいなかった。後片付けのできてない食べ残しのテーブルを横に眺めながら、そこにはお皿に乗った乱れたケーキ類、乾き

きったサンドウィッチ類、中華饅頭など散漫として残り物を食べる感じである。前々からそんなに評判のいいホテルではなかったので、やっぱりそうかとむしろ納得し怒りたくもなかった。紳士は決してこのような場面には感情を表してはならない、自分にふさわしくない所には二度と来ないだけである。お天気と頂上からの眺望が心を静めてくれたのかも知れない。キャッシャーカウンターで「お一人様2,500円＋消費税125円の合計2,625円（当時、消費税5％）です」と言った途端、あまりにも二人連れの老人が紳士風に見えたのか一瞬キャッシャーは躊躇しながらも、「遅くお越しになられましたので1,000円＋消費税50円の1,050円（当時、消費税5％）で結構です」と言った。フルチャージはできないと思ったのだろうか。しかしメニュー不足で行き届かなかったので申し訳ありませんでしたと平身低頭詫びる「番頭さん」の姿はそこにはなかった。阪急系は利益追求型で厳しいと前々から理解し納得していたからサービスの悪さにもあまり腹立たなかった。

　次いで、同じ電鉄でも阪神系の六甲オリエンタルホテルに向かった。山の下の方の駐車場に車を停めようとすると上の方から盛んに手を振っている人がいる。どうしたのかと思いながらエントランスに近づくと、そこにはお客さまに便利な空いた1台分のスペースがあり駐車を誘導してくれたのだ。「親切な人だなぁ」とふと胸の名札を見るとA氏ではないか。「Aさん」と声を掛けるとびっくりしたように「これはこれは、大先輩ではないですか。本当にしばらくぶりです」。とっくに定年でお辞めになっていたと思っていたのだが、「番頭さん」に早速案内されたトップラウンジでの下界の景色、よく整えられた中庭の花々を眺めながらいつ見ても雄大な神戸、大阪湾を見渡す光景には心を癒やされ旅人をホッとさせる。色々とお

話を伺っていると最後にお目に掛かって以来十数年近くになろうという。その間に都市ホテル、リゾート旅館、そして六甲オリエンタルホテルと数多くの長い貴重な接客業の経験を積まれた。もうベテランの域に入っていたと見た。その長い間には心臓のバイパス大手術を受けて生死をさまよい無事元気になられたとのこと。ここが最後のお勤め場所と今日生あることに深い感謝と生きる喜びを満身に表していた。お客さまに喜んでいただけることを人生最後の、いや最大の誇りと生き甲斐だとしみじみ語ってくれた。その姿は本当に心からこの職業の地位「番頭さん」を楽しんでいるようでもあった。姫路市にご家族はおられるのでほとんどがホテル住まい、24時間勤務みたいなものである。朝から晩までお客さまに接し、お話を聞き、ゆったりと寛げるように最大の努力と気配りをされている、そしてそれが最大の喜びだと満身から表している。高齢者の宿泊客——**90歳のお婆ちゃまが車椅子で1人ゆっくりと寛ぎ休めるのも「番頭さん」の気配りと思いやりの心遣い、安心感があるからだ。**A氏はホテルの代表権を持った専務である。今期黒字決算になりますと胸を張って答えた。リゾートホテル経営の難しさは、身をもって知っている私には古き良き時代の「番頭さん」の心意気を見た気がした。そして六甲山頂から眺める大阪湾、神戸のどの美しさよりももっと爽やかな景色を見たかのようだった。

13. Hotel hospitality ホスピタリティー
—— Quality of hotel life

　古代より旅人は商用であれ宗教行事であれ、癒やしや療養、治療などさまざまな目的を持って移動してきた。そこには体調を崩したり疲れきって一飯の宿を求めさまよう旅人がおり、その土地の人達は異郷の人々に対して親切に治療を施したり一杯のお茶をもてなしたりした。それを「おもてなし、ホスピタリティー、ホスピタル、ホテル」などと呼び病院やホテルの共通語源ラテン語 "hospitale" の原点となる。

　サービスが生まれる——宿泊施設、ホテルのおもてなしとは一体何なのだろうか。医療制度の改革見直しが叫ばれて病院を始め医療施設のサービスのあり方、医者・看護師・看護助師などの患者への接し方を改善して学ぼうとする機運が高まり、多くの場合ホテルの接客法を一つの参考に対象として求められることがよくある。本格的な高齢化を迎え病院を身近に感じる年齢になり、誰しもが病院——hospitale との接点がますます深まる今日この頃、ホテリエとしては自然と病院や医事従事者の hospitality とはいかにと関心を持って見つめ聞きながら、近代化される病院や医師・看護師の意識革命が求められ、介護制度も徐々に充実してきたと実感している。そこで患者に対するホスピタリティーはいかにあるべきか、ホテルのホスピタリティーサービスとはその範として講義してほしいと要請されることが多々ある。いささかホテルとしては面映い気がする。「人に仁と徳」を施して生命を救うという尊大な使命を持ち、結果として糧を得る知的職業の前者と、へりくだって「お客さまは神様」と崇め奉って生活しているホテルのサーバントの後者とは根本的に大

きな違いがあり正反対である。そこで病院や医師・看護師のホスピタリティー・マインドはかくあるべきだとかを述べることは難しい。したがってホテルのサービス、おもてなしとはこう考えているとお話しした方が知的レベルの高い医療関係の従事者は自己の身に振り返って、これからの同じ語源ラテン語の "hospitale" のあるべき姿を組み立てることができると考える。ホテリエとして病院通いやお見舞いに訪れて気付くことは、医師から看護師・看護助師に至るまで患者に対する機能回復にかける懸命の努力が生死にかかわるだけにホテルのお客さまに対する接し方とは比較にならず、24時間絶え間なく監視を続けているその姿は感動でしかない。それ自体はホテリエから見れば例外はあるとしても、満点に近く深く頭の下がる思いである。私自身お泊まりのお客さまに寛ぎ、安らぎ、安眠を提供することがホテルの永遠の課題だと言い続けているが、大きく分けてハードとソフト面で考える。

ハード ——施設や機器類は、冷暖房 ——エアコン、音・臭い —— 換気・湿度、光 ——カーテンの遮光性、色 ——電球の照度や壁紙の精神安定色とこだわる。ベッドの硬軟、通気性、2種類の枕といったこだわり、バスルームタオルの供給、アメニティのこだわり等々快適に過ごせることを目指す。一方病院側は環境とかそれどころではない。二の次であるのは至極当然であろう。「生か死か」をさまよう患者さんを正常な健康体にするかが最大の目的であり緊急の課題である。ホスピタリティーなどかまっていられない部分があるのも理解できる。

最新の発達した機器類、医薬品の向上は目を見張るものがあり多くの患者が救われていく。だが医療従事者も一人の人間で、その育ち、環境、個性が出てくるのは当然である。それぞれが患者と接す

る技術は個々まちまちであり、つまりそれが個性でもあるわけだ。もしホスピタリティーとして求めたり期待したりしているとしたら、その点、医療従事者と患者と身内との人間関係かも知れない。不安を抱く患者本人や看病する身内にとって医療従事者の一語一語は一喜一憂に値する。また医療従事集団は最高の医療施術で対応するため一見冷酷でもある。だがその中にあっても"quality of life――生きる価値観・人間性のある生活"が国際的な潮流として医師や医療機関、福祉関連から重要視され、見直しが始まって多くの改善が行なわれてきた。**物やその量の豊富さで考えるのではなく精神的な豊かさ、満足度、生命の質で考える方向へと進化してきた。そんな中でホテリエとしてももっと"Quality of hotel life"を今後より一層考え直さねばならない**ことが多々あると感じている。

14. 手代まつや源助
~その柔軟な発想力とその行動力~

ふとしたことから、手代の「まつや源助」の話を小耳に挟んだので、正確に思い出すべく早速、資料館や古典籍室などの書物を調べてみた。少々長くなるのだが、史記によれば話はこうだ。(注：手代とは頭の代理・番頭と丁稚との中間職)江戸時代後期(1800年～1867年)には旅が庶民の間で盛んになり、街道筋に旅籠も増えてくるのだが、一人の旅客の宿泊を断る宿や飯盛女を置く宿も多く、強引な客引き、知らない人との相部屋、賭博の誘惑、挙句の果てには法外な料金を請求するなど不埒な宿主が多く、安心して泊まれる宿選びに難儀する人々が多かった。大阪は、玉造で綿打ちのための唐弓の弦師とする旅商人「松屋甚四郎」の手代「まつや源助」は諸国を行商していたが、その体験上、誰もが安心して泊まれる旅籠の組合を作ることを思い立ち、1804(文化元)年、旅宿組合として「浪速組」を結成した。「松屋甚四郎」が講元、「まつや源助」が発起人となり、三都にそれぞれの世話人を置いた。(注：綿打ち唐弓の弦で煎餅布団などの綿を打って柔らかくし、ふかふかにする布団の再生職人)旅館組合「浪速組」は、後の1841(天保12)年には名称を「浪速講」と変更している。全国主要街道筋の真面目な優良旅籠を指定し加盟宿には目印の看板をかけさせるとともに、旅人には所定の鑑札を渡し、宿泊の際には提示するようにした。

その後、東日本とりわけ東北から関東地方の旅籠に普及させた「東講(あずまこう)」と京都・江戸・大阪に世話人を置き、三都の協力で結成された「三都講(さんとこう)」など、明治初期までに34種ほど拡大組織された。主人と手代という身分の違いに捉われず、素

直で柔軟な発想と行動力で築き上げた「講」のシステムは、旅先の火の用心見回り、夜は燈火の消えぬよう油の継ぎ足しなど、疲れ果てた行商人達に安息を与えただけでなく、旅籠間の健全な競争を生み、質の向上に大きく寄与した。ざっとこのように記述してある。

　我が国初の協定旅館組合・ホテル協会・旅館連盟の前身、ホテルチェーン化の発想の原点、ひいては現代のフランチャイジーシステムまでもが、ここにあったのかとはいささか驚きである。「**都市が変わる。ホテルが変える**」**という論説は私の永遠の持論。都市の活性化は旅する、移動する人々の集積いかがによるものと考えている。**単なる小売業や流通業、嘗ては市場が賑わい、集客の中核であったのだが、**24時間活動するホテル産業ホスピタリティーは、第三次産業が取って代わって都市の再生を担う時代になってきた。**全世界を相手に一定のサービスレベルを提供する巨大ネットワークを築いたスターウッド・ハイアット・ヒルトン・インターコンチネンタル…それぞれのホテルチェーングループは旅先の安心、もう一つの我が家「a home away from home」を提供した。

　「エエッ」とその原点が手代「まつや源助」の柔軟な発想力その行動力とにあったとはまさにちょっとした驚きである。

15.「朝ドラ」に学ぶ
―― 研ぎ澄まされたホスピタリティー・マインドの究極…芸妓

2008年に放送していた、NHKの朝のドラマ「だんだん」は、双子姉妹の一人が、京都の祇園で舞妓になって芸妓になるべく修行をしていく物語である。芸妓舞妓の、めったに触れられない裏方、裏面を、少々覗き見られるのが、なんとなく興味深く、表方、表面を、若き頃、歌舞練場での日夜の研鑽(けんさん)の舞を、観賞し、京を満喫したことを思い出す。心温まる「朝ドラ」を毎朝楽しんでいた。

芸妓と言えば日本舞踊(立方)、常磐津、清元、長唄、小唄や三味線、太鼓、笛、鼓、鉦、(地方と)などそれぞれ勉強習得、お稽古を毎日のように積み重ねていく。漸く、宴席、酒席での場で、お酌をすることが出来る。そして、かねてより日夜研鑽した芸事を、ご披露、その座の賑わいを取り持つ。ここで芸妓について解析するほどの者ではなくそれほどの旦那ぶりでもない。今様に言えば、宴席、酒席でサービスをする女性の職業と理解している。もっとも「幇間(ほうかん)」と言う男芸者もいた。幸い最後に残った一人の幇間芸を観賞した一人でもある。惜しいかな現代では途絶えて後継者はいない。

私の趣味はゴルフに、ドライブに、ちょっと変って清元、小唄を少々たしなむ。その同じ清元、小唄のお弟子仲間に大阪の北新地の綺麗どころが、ズラリとご一緒している。普段は、ただただ普通人として対話、接してその生活を垣間見ている。職業人として生きる彼女等、芸妓のその日常生活振りは、お稽古事に涙ぐましいほど、全身全霊を打ち込んで、努力研鑽している。

戦後は訪れる外国観光客に、日本を代表する生活文化の一つとしてその存在は、知れ渡ってきた。「芸者ガール」と呼称され、なん

となく軽薄なイメージがわく。どうしてどうして、一流の芸妓になるには、厳しい芸の指導から、行儀作法、しきたり、接客術等々、先輩、お師匠さんから毎日語り告げられ、教え込まれる。側で見ていても、想像以上に厳しいものである。お客さま、主として殿方だが、酒席でのおもてなしは日本古来の礼儀作法、しつけの極意そのものである。

　何事も、その道で一流になるにはそれなりの厳しい、弛まぬ地道な努力訓練、練習の繰り返しが必要である。この年の夏に、小唄の浴衣会や、小唄の勉強会懇親会が行なわれ、偶には気分転換とばかり湯浴みをかねて郷土料理でもと参加する機会があった。

　楽しみの一つは会が終わっての例の懇親会、思わぬ人の、隠し芸のご披露である。お膳の上には、その土地の新鮮な旬のものが「花板さん」の腕にかけての料理が並ぶ。お酒が妙に和食に合う。程良い頃になると、余興余技として、今流行のカラオケが出始める。上手く歌う人もおれば、愛嬌で下手な人もいる。少々座がしらける事もある。一瞬、80歳過ぎの元老妓、一本の扇子を持って立ち上がる。

　昔取った杵柄、腰の据わり具合、手首の鮮やかに流れるような動き、目線の方向性、すべてが極まって、若さが蘇る。素人の、宴席のお客さまの心を「アッ」と奪ってしまう。「ウン」さすが、鍛え上げたプロの技、齢には関係ない。色香さえも漂う。宴席を引き締め唸らせ、見事に座を取り持つ。拍手が起こる。さすがの、「ホテリエ」も「ハッ」と息を呑む。一瞬、**真の研ぎ澄まされた出来事。一点の曇りもない見事な「ホスピタリティー・マインド」の究極を見た気**がした。「勉強会」は盛大で大満足であったと、皆が心に刻んだに違いない。

16. 街角風情——生活臭はむしろお手のもの

　定年退職、少子化、熟年、1970年・高齢化社会、1994年・高齢社会、2007年・超高齢社会、後期高齢者、メタボ、サラサラ血液、納豆食、青み魚、善玉悪玉コレステロール、ヒアルロンサン、コラーゲン、介護、介護福祉、リハビリ…まだまだ有る、枚挙にいとまない、これらの日常の言葉、文字は、誌上に連日踊りまくっているように見える。音でも訓でも更に視覚からも、日本の世の中が、報道どおりの高齢者社会になってきたことを実感、思わせて認知させるに充分に足る語彙のイメージである。

　私の住む住宅街は駅前開発されて、百貨店もあればスーパー、商店街、レストラン街、銀行に至るまで何でも揃っている。北には六甲山系があり南は瀬戸内海に面している。国道2号線、43号線、阪神高速道路、湾岸道路、神戸と大阪の中間地に位置する。日本屈指の高級住宅地と言われている。生活するには超便利なところだ。朝10時に一斉に開店する商業施設。早朝の街角のミスタードーナツ。中を覗くと先を急ぐ出勤前のサラリーマン、OLの朝食風景、よく見かける普通の光景だ。次いで遅まきの朝食客が集まってくる。定年を終えた熟年層だ。かつての栄光の時代のブランド衣装。流行遅れにも見えるのだが、元気な人もおれば、失礼ながら少々お年を示す不自由そう方も見かける。おおむねは、お一人様だ。黙々と新聞を読んでいる。話し相手はいない。いかにも洋風でオシャレな第二の人生を楽しんでいるようにお見受けする。街に良く似合っている。やがてゆっくりと商業施設、百貨店スーパーの中を運動がてらに散策する。冬には快適な暖房、夏には心地よい冷房エアコン。理

にかなっている。時折見つけて好みの旬の食材を買う。一人前の総菜を取り揃える。家に帰って食事の支度をする。慣れない手つきで、けがせぬように慎重に包丁を使う。思うようにいかない。在りし日の妻を思い浮かべる。「気が付かなかったなあ。」女性の家事の苦労を。毎日毎食献立を考えるだけでも大変だ。今さらながら女性の有難みを知る「感謝」。

世の中は猛スピードでハイテク化する。ITを駆使して料理総菜のレシピを見る。最も簡単な男料理を不器用に作る。無事に今日も終わる。どこにでもある日常の平均的高齢社会風情である。ふと思い返す。そうだ、**ホテルマンは定年退職後の単身暮らし向きだ**と。若いときから**ホテルはもう一つの旅先の家庭として、生活に不可欠なことを業務として取り組んできた**からだ。部屋の掃除からベッドメーキング、洗濯、アイロンがけ、お風呂、トイレを磨き上げ、ちょっとした電気製品のメンテナンス取替え作業、キッチンでの鍋皿洗い料理にも下ごしらえの手伝い、見よう見まねの料理作り、素材の選び方、味の舌見、テーブルの後片付け、グラス類の磨き、何から何まで家事一切はホテルで訓練修行済みである。加えて一流の味覚は覚えさせられている。定年後の一人暮らし、生活臭には慣れてむしろお手のもの。ホテルマンには何の戸惑いも抵抗感もない。

典型的な老人社会を具現しているこの我が街の風情を肌で感じていると、ホテルマンで良かったなとシミジミ思う昨今である。

17. 戦後 64 年語り継がれる証言
―― 2009 年「Clean と Sanitary」

　1945 年 8 月 6 日広島、8 月 9 日長崎への 2 発の原子爆弾の投下によって、日本国政府は無条件降伏、ポツダム宣言を受諾、12 月 8 日戦争終結、終戦、敗戦となった。現代日本の人口の 4 分の 3 が戦後生まれ、戦争を知らない世代、4 分の 1 が戦争体験者、健康な昭和世代も残り少なくなってきた。私もその後者に含まれる。

　現代、数多くの不正確な戦争認識、批判が多い中、多くの 4 分の 1 の生存者は、口重く閉ざされてきた心の中も、ようやく今のうちに正確な体験談を語り継がねばとする雰囲気、歴史を語り継ぐ義務感と環境が整ってきた。後世に語り継がなければとの、正義感が高まってきて、終戦記念日を機に多くの人々が語り始めた。NHK では、戦争証言アーカイブも放送されている。さすが NHK との声も高い。そこで私もと思い戦争体験を一つだけ語ろう。

　有明海上空にたった一機 B29 が、真夏の太陽の中銀翼を輝かせながら北へ向かって飛行していたのを、15 歳であった少年は見た。次の瞬間ピカッと光った。驚いてすぐ傍の蛸壺防空壕に飛び込んだ。瞬間ドーンというものすごい爆発音による地響きがした。空には見たこともない真っ赤な「モクモク」としたキノコ雲、新型爆弾。広島に次いで 2 発目、長崎だ。それは今までの知識にない、聞いたこともない「原子爆弾」と発表された。少年は今までの張り詰めた気力が一瞬「スゥー」と体から抜けた。これで戦争は終りだ、敗けたなと直感した。2 発の爆弾で戦争は終りを告げた。事実である。現代の民主主義世論はそう正直に発言して、不謹慎極まりないとクビになった落選政治家もいる。

歴史の認識はその当時、時代の正論目線、哲学で判断すべきだと信じる。歴史認識もさることながら、先ずは戦後のホテル体験を語りまとめてみたい気にもなってきた。その内のたった一つ。東京を始め多くの都市が焦土と化し破壊された事はご承知の通りであるが、それでも残された数少ないビルの中から、いくつかの接収された建物は占領軍の援助指導もあって国連軍家族、軍属外国人民間人に対する宿泊施設、ホテルとして最出発した。帝国ホテルもその一つであった。アメリカ人総支配人によるホテルのマネジメントは多くの教訓を残した。初めて、身近に、主として接するアメリカ人、他の多くの西欧人、戦意を高揚させるためお互いの国を罵りあった標語の一つ「鬼畜米英」どころか親切そのもの、「gentleman」、かたや「JAP 野蛮人」と罵られた日本国民は優しい礼儀正しい国民だと思われたに違いない。

　文化や国際人の家庭内の生活を直接垣間見ることになるホテルマン。アメリカ人総支配人 GM、ホテルの最高殿堂コーネル大学出身の経営運営手法、は身をもって体験することになる。roomboy であった私は、GM の必ず毎週一回、午前 10 時以降全客室の総点検を受けることになる。当時、bed は木製の木枠にマットレスを載せてあった。先ずそのマットレスを外しその下の綿ぼこりを点検し綺麗に掃除をするように指示される。そんな木枠の隠れた下など関係ないのにと思うのだがそれでは掃除の仕方は不合格。トイレの便器に指を突っ込んで裏側の黄ばみを指摘する。今では防臭剤、漂白洗剤、ゴム手袋等々の道具が揃っているのでそれほどの抵抗感はないのだが。清潔に関する考え方の違いだ。お客さまのためには清潔へのこだわりだ。よく外国映画で子供が絨毯の上に寝転がるシーンがある。不潔だなと日頃思っていた。だが毎日バキュームクリーナー

で毎日汚れを吸い取る。定期的に洗剤でクリーニングする。家族連れが平気でシーツを絨毯の上に敷き毛布をかぶって寝る。なるほど清潔に保っているのだなと納得する。**Clean と Sanitary は占領下のホテルに残した最大の教訓である**とは帝国ホテル社長、故・犬丸徹三氏の述懐でもある。

第7章　ホテルのセキュリティ

1．テロと観光産業

　2001（平成13）年9月11日、米国のワシントンとニューヨークを突然襲った同時多発テロ事件は、一瞬にして自由と平和を覆すほどの衝撃を全世界に与えた。加えてアフガニスタンに対する空爆は政治経済情勢を混乱させ、炭疽菌問題は社会を不安に陥れている。しかし観光産業は平和。余暇とお金があってこその"tourism"である。連日のように海外旅行者のキャンセルが75万人以上、業界の売り上げ減が1,200億円以上で売り上げ総額は四分の一減と伝えている。

　WTO（世界観光機構）によれば1999（平成11）年の日本の海外旅行者数は1,700万人、来日した外国人数は440万人。ちなみに他国の観光客数は、1997（平成9）年でフランス6,700万人、アメリカ4,800万人、スペイン4,300万人、イタリア3,400万人、イギリス2,600万人である。またアジア全体の海外旅行者は1997（平成9）年で8,800万人、2010（平成22）年には2億3,100万人、2020年には4億3,800万人と推計される。

　いずれもテロ発生以前の数字であり、海外向けの航空業界・旅行斡旋業界・大手ホテル業界は空転直下の顧客減少、つまり経営の根幹を揺るがすほどの激変ぶりに頭を抱えている。そこでこの度、ホテル・航空・鉄道・旅行斡旋などの業界が集まって急遽その対策を練るため、来日外国人旅行客の獲得増加策を討議検討する「日本ツー

リズム産業団体連合会」が設立された。

　鉄道業が民営化されお客さま中心主義になってきたものの、JTBは好況に甘んじ取引先に15％のコミッションに5％のF&Bを要求し、企画書・販売ツールは年間10万円のPR費を請求。さらにオーバー・ライディング・オプション（集中層客費）3％を要求する。航空業界は高額な運賃を設定し、競争相手が現れると慌てて値下げに踏み切る。恒例のストも顧客の迷惑は考えない。ホテル業界はタリフレート（表示価格）では売れないので、多種多様なパック商品で合理的にと称して安売りをごまかしている。まるで二重価格であり正直者がばかを見る販売手法である。

　散々関連の下請け業者を泣かせておいて、バブル期を放漫経営してきたその様は、顧客から見ればダイエーの崩壊現象を彷彿させる。"For the customers, Guests are king"の合言葉はどこにいってしまったのか。

　先の日本ツーリズム産業団体連合会なるものは政府に対する単なる圧力機関なのか。その反省もない経営者のおごりには腹が立つ。敗戦直後に外貨獲得の目標を得て外国人客には税制優遇措置、つまり設備の整備や業界育成のための低金利補助金制度などさまざまな助成措置が取られてきた。しかし経済大国にのし上がるや、喉もと過ぎれば熱さを忘れ平和ボケ。ひとたび下落すれば、すぐにお上頼みは日本の文化か？新しい世代はこの不況下の中でも時代のニーズに合ったIT商法を生み出し、新しい企画商品や顧客とのコミュニケーション、新しい顧客づくりで売り上げ増を達成している観光業界も少なからずあるというのに…。Tourism産業界に新しい風を吹かせるべく世代交代を切に望むものである。

　中曽根康弘、鶴見俊輔両氏の最近の言葉を当てはめてみれば、日

本の観光業界、特に未熟な経営者達は"乗せてあげている・泊めてあげている・斡旋してあげている"といったおごりを反省すべき時期にきている。

なるほど"泊めてもらっている・運んでいただいている・面倒をみてもらっている"と顧客層からどう見られているか考えたことがあったのだろうか。自らの経営姿勢を見失っているとしか思えない。Terror は卑劣な行動だとは思うが、成熟社会・物質文明社会とは何であるか、あるいは精神文明社会は何であるかと近代人間史に一石を投じているのではないか。

■「観光」という言葉の起こり
「観国之光、利用字賓于王（国の光を観るは、もって王に賓たるによろし）」
中国古代の『易経』
本来は他国の輝かしい文物を視察する意であるから国際的なもののみを指した。また、「観」は「みる」と同時に「しめす」の義をもあわせもっているので、受入国からみれば国威発揚の意味を有した。

■「観光」の定義
「観光とは自己の自由時間（＝余暇）の中で，鑑賞，知識，体験，活動，休養，参加，精神の鼓舞等，生活の変化を求める人間の基本的欲求を充足するための行為（＝レクリエーション）のうち，日常生活圏を離れて異なった自然，文化等の環境のもとで行おうとする一連の行動をいう」
（内閣総理大臣官房審議室編『観光の現代的意義とその方向』大蔵省印刷局、1970年

【観光行動成立の条件】
1．余暇時間があり
2．金銭に余裕があり
3．情報が収集され
4．交通、移動、通信等の情報、媒介機能が完備し
5．魅力、企画力のある対象があること

＋ 安全

2．香港の百万ドルの夜景を見ながら

　久しぶりに訪れた香港の街は、旧正月を前に大変活気があり賑わっていた。市場にはニワトリやアヒル、グース、また魚介類がところ狭しと並べられ、正月用品を買い整える人々が忙しく動き廻っていた。その光景は日本の築地市場と似て、非常に活気のある雰囲気だった。ショッピング街も一斉に年末のバーゲンセールに入り、輸入ブランド商品も20％から50％のディスカウントセールで、特に日本人旅行客が多く利用し、偽物すなわちコピーを売る店もそれはそれなりに稼ぎ時といわんばかりに商戦のしのぎを削っていた。

　もちろんのことホテル群もどこもかしこも世界各国から来る観光客、買物客、ビジネス客の団体客でいっぱいで、ホテル業者もホクホク顔だった。同業のよしみ、ご同慶のいたりであります。香港ガードマン大活躍！しかし、外から眺める年末の華やかな光景の裏には、なみなみならぬ影の努力をしているホテルの部署があることを忘れてはならない。各ホテルともこの時期になると保安部、いわゆるセキュリティのガードマンが活躍する。お客さまに安心して宿泊していただくために24時間体制を張っての勤務、日頃、表には出ないが、その目には時には狼の眼のように鋭く、あたりの危険や怪しげな人の臭いを感じ、時には羊のようなやさしい眼差しをもってお客さまをお迎えする。

　この時期の香港では、中国大陸、タイ、マレーシア、インド、シンガポールなどからの他民族がそれぞれの親戚や友人を尋ねて渡り込んでくる。加えて、暮れは誰しもが金銭的に厳しくなる。当然、金銭目的のロバリー、つまり窃盗が横行する。そのためにセキュリ

ティ部隊が最も緊張する時でもある。

この日も私の訓練生の1人であるセキュリティオフィサーすなわち保安部長が、レストラン街を巡回中に4人組に襲われているお客さまを発見。急遽、格闘の末2人を取り押さえ、2人を取り逃がした。そして、香港ポリスに2人を引き渡す事件が発生した。元消防隊で、柔道の黒帯を許された隊長は体力に自信もあり、辛いケガもなく済んだ。調べによると賊（ぞく）は、トビ道具を所持していたということ。まさに香港という国際犯罪都市の片燐を見たような気がした。

たまたま深夜の12時頃非常ベル、火災報知機がなった。誤報かと思ったが、念のためドアを開け、廊下に出てみると、4～5名、ホテルのガードマンが駆けつけていた。原因は日本人観光客のOLがヘアードライヤーのボルテージを間違えて、240ボルトにプラグを差し込んだので発煙し、煙感知機が作動したとのことでヤレヤレだった。

バスルームのコンセントには240ボルトと120ボルトのプラグがビルトインされているとの説明があったが、ウッカリ見過ごしたらしい。たまたま、もう一つの出来事に出会った。一見、アルコホリック、俗に言うアル中らしきアメリカ人が客室で500ドルというアメリカドルの大金を盗まれたと苦情を訴えている。よくよく話を聞いてみると、夜中に女性の訪問があったと話し始めた。どうも訴えが曖昧になってきたので、とうとう香港ポリスの出番になって一件落着。

そう言えば、昔アルコホリックでノイローゼ気味でストレス解消のためのお客さまの行動パターンがあった。よく似ていると思い出した。これらの事件やロビーの片隅でいきかうお客さまや従業員をみつめていると、昔のホテルのパターンが脳裏に蘇ってくる。最近

の日本のホテルの概念が、宿泊を中心にした施設を提供するといった概念からコミュニティゾーンあるいは社交の場、触れ合いの場、あるいは国際交流の場など日本人独特のマーケット開発による市場の変化に対応して、ホテルの概念が変化しつつあるのだが、果たしてこれで良いのかとも思う。特に、最近では円高の傾向も手伝って、外国人客が減少し、ホテルではマーケットをローカルに、すなわちドメスティックエリアにいる人々に活路を求めるようになってきた。ブライダルマーケットとか宴会、社長交代パーティー、つまり俗に言うF&B部門に力を入れてくるようになった。日本の場合には売り上げの6割以上が宴会であるという現象から、ホテルの施設は大宴会場、大宴会場へと走っている。そこで、私はホテルとはいったい何であるのかという疑問にかられたのだ。

ホテルはまず宿泊客のためのもの

たまたま香港のホテルを見ていて、ふとホテルは何が主流なのかと振り返ることになったのだ。香港のホテルはフロントの予約から始まって、チェックインの時も個人の予約は非常に厳しく、何らかのギャランティを要求される。例えば、支払いはクレジットカードなのか、コーポレートなのか、あるいはエアーライン払いなのか、あるいはバウチャーは持っているかなどマニュアル通りの正確な体制で行なわれる。予約が完全であれば、お部屋はきちんとブロックされており、しかもチェックインもスムーズである。特にVIPあるいはフリークエントトラベラーとなればコンピューターで厳しく顧客管理されており、ノーレジストレーションでアシスタントマネジャーやコンシェルジュがストレートにお部屋に案内してくれる。

また客室の中にはフルーツバスケットがスタンダードでサービス

されており、バスルームのアメニティも揃っている。あるホテルでは、「フォーゲットサムシング」、「何かお忘れものはありませんか」というカードが置いてあり、「もしお忘れ物があればフロントにお申しつけて下さい。すべての物は用意されています」とある。

　最近では、外国のホテルでもスリッパやバスローブが常備されるようになった。また、室内の立ち入りが頻繁である。昔から、ハウスキーパーがお客さまのためにいつでもクリーンな状態にするため、お客さまが退室すると部屋の状態を点検し、新しいリネンと交換したりメイクルームする。また、冷蔵庫やミニバーの類もセットする。さらに、夜になればメイクベッドという出入りの頻繁さ。古き良き時代のオペレーションのマニュアルが確実に実行されている。ロビースペースが客室の割には狭い。それは従来のホテルは宿泊客のものであり、訪問客や一般の外来客のためのものではないということだ。従って、狭いのが通常である。もちろん日本のホテルのようにF&B関係のウエイトが大きくないので、ロビーはもちろんパーキングスペースもそんなに広くない。必要がないからである。サービスについては最大感心事ということで、フロントクラークに始まって、レストランのウエーターやウエートレスに至るまで、**マニュアル通りのサービスで余分なサービスはない。その裏には、マニュアルが完璧であることも忘れてはならない。**

　マネジメントも欧州の、特にローザンヌあたりのホテル学校を出たヨーロッパ系の人が90％で彼らのその働きぶりは日本人以上にモーレツで細かいところまで厳しく管理している。

　そのようなことを思い出しながら、日本のホテルはマーケットの変化、マーケットの開拓という理由もあるが、とかくするとF&B優先型のホテルであり、本来の宿泊という概念を忘れがちになって

いるのではないか。もしホテルの宿泊客をメンバーとするとF&B部門のお客さまはビジターである。売り上げが良いからといってメンバーをおろそかにする事が果たして良いのだろうか。せざるえない現実の板ばさみもあるが。最後に経営者がもう一度ホテルの原点に立ち返ってホテルとは何ぞやと考え直すことは必要であろう。そして、いま力関係でホテルのエグゼクティブオフィサーとなっている部門の諸君よ、もう一度反省する部分があるのではないか。

　なぜなら、ホテル戦争といわれている昨今では500〜600室の大型ホテルが林立している。これだけの客室のボリュームをいかに埋めていくのか。客室はどうなるのか。ホテルはどうなるのかと不安に思う。これが、香港での短い旅での私が感じたことである。ホテルの主要部分にF&B出身者が多くなり、それがホテルの主流であるかのごとくいわれているが、本来は宿泊するお客さまに快く安心できる客室を提供しているからだ。進みいくとF&B部門がホテルだと思いこんでしまいがちになるのではないだろうかと、香港のホテルから100万ドルの夜景を見ながらホテルを思う。

3．Mr. Obama 初来日　東京でのお宿は
オバマ大統領—Barack Hussein Obama Jr.

　アメリカの歴史上初の黒人大統領バラク・ハッセン・オバマジュニア氏が11月13日（1泊2日）23時間のスピードで日本初訪問をした。国家元首は、東京・赤坂の迎賓館に通常は宿泊されると思っていたのだが、この度は短期滞在で非公式とあってかアメリカ大使館に近い、ホテルオークラに泊った。ホテル業界にとっては、どこにご宿泊いただけるのか、どのホテルを選ばれるかは重大な関心事である。なぜならば、名誉だけではない。今後の経営の優劣を決するからだ。

　トップを目指すホテルは初期設計、開業の段階からVIPの宿泊に関しては、常に受け入れられるように、あらゆる角度から充分な検討をしている。その設計の良し悪しが選定の大きな要素、基準になる。選ばれるその基準は何と言っても「安全第一、警備しやすいか、設計上安全か」が重大な選択権を左右する問題である。警備担当当局はホテル側から提供された設計図面を見て何時間もかけて警備方法を秘密裏に練る。もちろん接遇するホテルスタッフの経歴身元も調査点検される。

　時のVIPがホテルに泊ることは、そのホテルが最高、最高級ホテルの「ホスピタリティー（HOSPITALITY）イメージ」「安全安心感（SECURITY）」「清潔（CLEAN-SANITARY CONDITIONS）」ホテルの重要な「経営三大要素」を満たしているとの内外への評価、お墨付きをもらうことになる。今後のそのホテルの経営にも大きく影響することは言うまでもない。一流と言われるホテルは必死になって採算度外視してでも、何が何でも、アメリ

カのみならず各国家元首の宿泊滞在獲得に狂奔する。そのためかつては、東京のホテル御三家は社長に外交官特に大使公使経験者を迎えたものだ。

　ホテルにとって外交官大使公使経験者は最高のホテルのセールスパーソンだ。過去においては、元駐ロシア大使、元アメリカ大使、元イギリス大使、今で言う官僚天下りでもあるが社長に就任をしていただきその実力を遺憾なく発揮していただいた事もある。特にホテル業に関してはその過去の豊富な経験によるイメージアップ、VIP顧客誘致活動、セールスプロモーション、プロトコール教育、嗜好品の選択、人脈との接遇、元外交官ならではの実力は充分に発揮される。打ってつけのホテル社長人事である。

　現時点では最大級超一流ホテルと呼ばれる日本のホテルは、帝国ホテルは米国、東南アジア諸国、ホテルニューオータニはロシア、中国系諸国、ホテルオークラは米国と明確に色分け区分されるようにその実績を積んできた。正確な日時は忘れたがニューヨークの超一流高層ホテルに泊まった時のことである。朝8時頃館内放送が一斉に流れた。英語ではあったが明確に聞き取れた。「Attention please Attention please」「宿泊客は指示があるまで室内に留まるよう」に室外に出ないようにと繰り返し英語放送が流れた。一瞬ギクッとして、何事かと思って窓から下を見下ろすとホテルの周りには消防車が集まっている。一瞬火災かと目を疑った。非常階段を確認しなければとドアをソット開けるとエレベーターの前に警備員が立っていた。アッそうか国連開催中だ、VIPが泊まっているのか。消防車は反VIP国家元首に対するデモ隊に放水するための待機状態か。VIPがホテルを離れ無事国連本部までの緊急処置だったのかとやっと胸をなでおろした。日本のホテルは戦後建てられたのでVIP用

エレベーターは別になっている。このような事態は起こらない。

　国連本部のあるニューヨークではよくあることだと納得した。それにしてもオバマ大統領ホテル滞在中は何事もなく地味な舞台裏での日米信頼関係を得たホテルスタッフの手馴れた陰の「HOSPITALITY, SECURITY, CLEAN」な、お仕事に拍手。

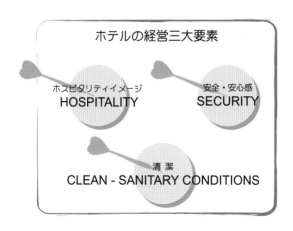

第8章　ホテルの仕事

1．バーテンダーの時代よ、今いずこ

　酒は百薬の長。酒は涙か、ため息か。酒はいつでも人生に艶を与えてくれるものである。人々の「生活」のやり方を売るという部分をもつホテルにとっても、酒を提供するバーの存在は欠かせない。あの、人々がただ生きることのみにあくせくしていた戦後の一時期でも、ホテルのバーは人生という荒波から身を守ってくれる停泊港のようにしっかり存在していた。しかし、時の流れとともにホテルのバーのあり方も微妙に変化してきたように思える。今回はホテルの中の酒場をテーマに、少しレトロに走りすぎるかもしれないが、私見を述べてみたい。

老練なバーテンダーはいずこへ？
　アルコールを嗜むスタイルは、その人の個性が強く反映するものである。ほろ酔い気味で友と語り合うのが好きな人もいれば、高歌放吟路線でストレス解消のためという人もいる。短い時間、止まり木で暮らしの句読点を打とうという趣味の持ち主だっている。基本的には、酒場にいれば人生のあらゆるステージが垣間見られるといって、過言ではなかろう。男や女、年齢や職業によって酒の楽しみ方、好まれるアルコールの種類が違って当然なのだから。ただし、終戦直後から昭和30年代の中頃まで、いわゆるホテルがバタ臭さの代名詞的存在であった時代のバーは、典型的なスタッドバーだっ

たように思う。スタッド（牡馬）つまり男たちのための酒場である。とくに女性は入りにくく、私が青年ホテルマンだった頃は、外国人女性からエスコートして欲しいとよく言われたものである。**女性1人で入ると、特殊な職業と見られるからだ。**ホテルの酒場は男たちだけがいける特権的な世界と見られていた。薄暗い照明、木目の重厚なカウンター、世界の洋酒の数々。それは、酒を知っているもののための空間だったといってよい。コーヒーショップの華やかさ、メインダイニングルームの重厚さ、和食堂や中華などの飲食施設も重要なテーマではあったが、それ以上に酒場がそのホテルのもつステイタスをより端的に表現していたように思う。**ロビーやメインダイニングルームが、そのホテル特有の社会的なステイタスを明示しているのに対し、ホテルバーはインフォーマルな意味でのステイタスを具現していたわけである。**

　インフォーマルというのは、決して酒を崩れたスタイルで楽しむという意味ではない。そこへいけば、昼の世界ではない夜の世界の、本音を素直に語りあえる雰囲気がある。という意味だ。そして、そんな夜の紳士協定を支えていたのが年季のいったバーテンダーの存在であった。ある部分、ホテルのステイタスは彼らが担っていたといってもよいのである。現代のダイナミックな都市空間であるホテルのバーとはちがう側面があった。それにしても、だ。カウンターの背後でシェイカーを小粋に振る静かなバーテンダーの姿。ダイスの妙技でお客さまを唸らせ、カードの多彩なゲームでお客さまと機智あふれる対話を楽しませるバーテンダー。彼らはいったいどこへ消えてしまったのだろう。町には今でも古典的なバーがいくつも残っているから、そこへいった人もいるのだろうが、かつては確実に1〜2名は、そのホテルの格付けと売り上げを握る名人バーテ

ンダーがいたはずだ。

　現代のホテルの人事管理体系の中で、職人芸の要素が強いバーテンダーがバーテンダーとして生きつづけることの難しさはよく分かる。その部分だけ人事異動が固定化しては澱みが発生するし、昇進の道もなかなか開けにくい。また、一個人がそのパーソナリティでホテルの人気を支えるというのも、今のホテルの組織維持のためにはうまくないかもしれない。しかし、ホテルに「あのバーテンダーあり！」というロマンチックな感慨がなくなってしまっては、寂しいことである。ラウンジ化でホテルの金城湯池にもっとも、酒の楽しみ方がこの10年くらいで大きく変わってきた背景は無視できない。ホテルのバーがロマンスグレーの紳士だけという時代はとっくの昔に終わって、今はヤングカップルや女性だけのグループが目立っていることでも分かるように、誰でも気軽に利用できるのが、ホテルバーである。それはそれなりに、人々の生活の楽しみの幅が拡大してきた意味で、大いに歓迎すべきことである。

　今のバーの利用客を見ていると、酒自体のブレンドの妙や、カクテルの持つ"技あり"のパフォーマンスを楽しむ感じより、友人・知人同士のコミュニケーションの媒介項としてアルコールを嗜む傾向が強いように思う。バーテンダーや従業員との交流よりも、そちらが先である。つまり、ホテルの酒場自体がA fine and a private place（心地よく秘密めいた場所）であることよりも、コミュニティスペースであることを要求されていることになる。これも時代の流れである。

　そのいきつく先は、バーのラウンジ化であろう。そして、昔流の酒場はメインバーとして残し、ラウンジとの2本立てで構成するのが現代シティホテルの基本になっている。バーラウンジの強さはい

くつもある。その第1は密室的なバー空間を最上階や眺めのいい所に持ってくることによって、景観という付加価値をつけることで、新たな魅力を創出できた点。第2は広いスペースで客席数を多く取れ、短い時間で一気に売り上げが取れる。第3はカジュアルな料理と接客で客層の間口が広がって、フルマーケッティングのメリットが生かせる。そして第4に生演奏や歌手のライブがいれられて、そのエンタテイメント性をテーブルチャージという形で請求できる。ひと言で片付けてしまえば、ホテルのバーラウンジは大きな稼ぎ所になってきたのである。小ぢんまりしたバーでは賄いきれない客数を捌け、しかも利益率が高い。というのもテーブルチャージは粗利益の塊（かたまり）みたいなものだし、サービスも年季を要求されずアルバイトで対応できるからだ。食事もスナック中心でレストラン連動により、それほど無理なく提供できる。飲みかつ食べ、しかも楽しむ。

　客単価も上がり、収益性も悪くないのがバーラウンジであろう。特にテーブルチャージの存在は無視できない。居酒屋チェーンなどの外食産業組でも客単価の10％かそこらを占めるテーブルチャージ（あるいは突き出し料とか、名目はいろいろある）が、その企業の年間の経常利益確保に大きくはね返っているのが、現実なのである。ある製菓メーカーのトップの方と話していて、こういうことを聞いたことがある。細いプレッツェルにチョコレートコーティングしたポッキーという商品があるけれど、あの商品の利益は、チョコレートのかかっていない数センチの分で出てくると言うのである。あの部分はポッキーを持つためのつまむスペースという点でお客さまの便宜も考えているわけだが、逆に考えると、その部分のチョコレートコーティングを節約できる分が利益になるのだという説明だった。で、その会社のノウハウは細いプレッツェルに均等に薄く

チョコレートをコーティングするその製法特許というわけなのである。なるほど、と感心した。言ってみれば、バーラウンジのカバーチャージはポッキーのチョコレートがかかっていない部分なのである。

　ホテルの酒場がコミュニティスペース化することによって、文字通りの"金城湯池"となった理由がお分かりだろう。酒場はホテル文化の象徴。繰り返すが、ホテルのバーがラウンジ主力の割り切ったいき方に傾くのはいただけないと思う。シティホテルはいろいろなモノやサービスを売るわけだが、それぞれの**品質だけが問題なのでなく、「売り方も売る」と言うのか、ホテルならではの「売る」スタイルも一つの文化だということを忘れたくない**ものである。

　かつて、ホテルの酒場は文化の感触に溢(あふ)れていた。人なつこくて、でも出過ぎない。本当に心地よく時の流れを楽しめる場としての酒場とそこを住み家とするバーテンダーの方々が、ホテル文化の精髄であるべきだ。夢よもう一度、ではないが、ホテルの酒場を1回原点に戻してみることも、これからのホテル間競争には必要なことではないか。ホテル歴40年の老兵のノスタルジアだけの話ではないと思うが、いかが。

2．総支配人 PART.1──取締役総支配人は悲しからずや…

「取締役総支配人」──名刺にそう刷りこまれている。恐らくホテルマンにとって、長い人生で得られる最高の肩書きだろう。ホテルは今や巨額の投資を要する事業であり、一介のサラリーマンがとんとん拍子に出世してオーナー社長におさまることは、残念ながら、ありえない。となれば、サラリーマンとしてのホテルマンが上りつめられる最高の地位は、ゼネラルマネジャー（GM）＝総支配人ということになる。

私はよく人生を心電図に例える。鋭いペン先が心臓の鼓動を伝え、山あり谷ありの折れ線で綴っていく。小刻みな振幅で比較的順調な線が描かれているかなと思うと、次には大きな振幅を示す、心電図を見ていると妙にセンチメンタルになるのだ。単調なホテルの仕事の繰り返しのなかで、時に高潮した波が来たり、不意に心拍がゆるくなる低調期が訪れたりする。確かに、「取締役総支配人」に任命されることは人生の一ハイライトシーンではある。だが、その後に描かれる人生の心電図は必ずしもテンポが整った順調なものではないということも、私には分かっているつもりだ。時に、肩書きのなかで何の違和感もなくつらねられている「取締役」の三文字と「総支配人」の四文字が相反発しあい、ジレンマを生み、彼をして悩ませることもある。

名誉欲がない、と言えば嘘になる。でも、肩書きが邪魔で窮屈になることもあるのだ。平社員のホテルマンに戻り、現場で働きたい、思いきりお客さまにサービスしたい、という気持ちにかられたりもする。欧米系 GM は 24 時間営業だ。

つまり、「取締役」という言葉に集約される経営全般（マネジメント）の責任と「総支配人」に代表されるホテルオペレーションの長としての責任、この二つが同居しているところに、日本のホテルGMの"心電図"が複雑である原因が潜む。良い、悪いというのではない。日本的なGMの型である**「取締役総支配人」に魅力は十二分にある。ただ、ホテルとして一番大事なオペレーションを彫琢し磨きあげていこうとすればするほど、「取締役」としての責任が全うできなくなるジレンマがある**と言いたいのである。このことは、欧米系のGMの概念とわが国のそれを比較することで、容易にあぶり出されてこよう。

　欧米のホテルGMはふつう会社の役員（ボードメンバー）ではない。○○取締役の肩書きはあまりつかないのである。総支配人は株主から経営を委託された役員が、そのホテルの運営上の最高責任者として任命する。ホテルというビジネスを単なる財務諸表の上でなく現実に動かしていく上での責任者なのである。このことは何かというと、GMが問われる最後の数値責任が営業利益（GOP）にあることの裏返しだ。GOPの概念は米国と日本では若干会計管理上の手法の差があるため、正確に対照されるものではないが、ここでは簡単に、金利・償却・家賃前の利益と言っておこう。実際にお客さまからお代をいただき、それに要した直接の費用（人件費とか食材費など）を差し引いたプロフィットである。借金の金利であるとか償却、家賃といった営業の状況に関係なく支出された費用のコントロールは、本来、オペレーション（営業の現場）の長であるGMの力が及ぶところではない。従って、責任も問われない理屈だ。これに対し日本型「○○取締役総支配人」となると、これで済まされない。決算書のボトムラインまで責任を持たされるのが日本型のGM

だ。通常、経常利益まで過求される。家賃の交渉もやらなければならないのが、日本のGMなのである。もちろん、このことは大変なことである。しかし、逆に一つの事業の全体を統括する立場にあるという緊張感もまた"男の本懐"なのだから、心がちぢに乱れるわけなのである。欧米系GMはまさにオペレーションのプロである。営業最前線のトップとしての誇りと矜持は我々日本人には考えられないほどのものがある。GOPという責任を全うするために、彼らは全身全霊をこめて仕事にあたる。

　例えば、彼らはホテルの中に住むことが当たり前である。家族ともども住み込む。いじわるな表現をすれば24時間営業である。一日の始まりも終わりもすべてホテルの中である。プライバシーがあるようでいてないに等しい。つらい仕事だ。ただし、住居費は無料。食事も3食付きが当然で、少量のアルコールも認められているようだ（館内施設での飲酒）。

　GMの年俸は4～5万ドル、邦貨で500～600万円。安いように思うが、この待遇を考えると実質収入は倍以上になるだろう。日本のGMが年俸1,000～1,500万円あったとしても、ここからどんどん生活費が差し引かれていくことを考えてもらいたい。さて、彼らはGOP管理上、売り上げ予算と実績の比較には厳しい。売り上げとは一気に上げていくものではなく、年々徐々に上げていくというスタンスである。我が国のホテルのように、稼げる時に目一杯稼ぐ、という考え方をとらない。稼いだ分だけ翌年の予算達成が難しくなるからだ。その代わり、年々10％ずつでも売り上げを伸ばし、GOPを確保しつづけていくことを重視する。その方法論で、GM個人の体質が出てくるから、結果として個性的なホテルが生まれるのである。地に足のついた運営を心がけているわけだ。

ある意味でGMの最大の仕事はお客さまとの接遇であり、そのために、24時間待機している。もちろん、何から何まで自分で処理はできないので、補佐役として有能な秘書がつくことも認められている。会社の経営上、セクレタリーは無用な見栄と片付けられてしまう日本の経営風土とえらい違いである。かわいそうに、日本のGMは秘書すら持たせてもらえないことが多い。彼らは秘書の助けを借りて接遇に専念し、ホテルの"価値"（企業としての価値ではない！）を高めるために、自分色にホテルを染めようとする。役員会もその努力を評価する。もちろん、高給で遇することもあれば、"You are Finished"（お前さん、クビだよ）のひと言もあるが。モーニングを着ていられない！

　私の知っているある日本人GMが、ホテルの基本は接遇にありと考え、顧客のグリーティングのためにモーニングを新調したという。パリッとしたいでたちで送り迎えする。当たり前のことであろう。だが、彼はせっかく新調したモーニングを着ることが、1週間に一度あるかないかだと言う。着たくないわけではない。着られないのである。

　彼は「取締役総支配人」である。マネジメントの全般を見渡す役目を持つ。ホテルのオーナーや銀行のお偉いさん、関連取引業者が、「取締役」としての彼に会いに来る。モーニングを着ていては、館内で座って彼らのお相手ができない。メインダイニングルームでモーニング姿のまま夕食のお相手を務めていては、ホテルのお客さまに失礼だろう。

　私はホテルマンにおける「右脳」と「左脳」をテーマとした連載を以前したことがある。**右脳とは感情をつかさどる「もてなし」の心、左脳とは金利だ、償却だと複雑に動く「算盤づく」**。日本型のGM

は会社役員として、どうしても左脳をフル回転させなければいけないのである。そうでなければ、もてなしのプロとしての「総支配人」の資質まで疑われてしまうのである。**この両面を併せ持つことは、実に難しいというのが私の実感だ。総支配人としての職務を全うしようとすればするほど、取締役としての左脳がブレーキをかけてくる**。一方で、銀行とわたり合い、オーナーと家賃をめぐってしのぎを削ることにも、ビジネスマンとして男の血が騒ぐことも認めざるを得ないから始末に困る。かくて、今日もワードローブに吊るされたままのモーニングを見て、彼、一人の日本人GMの"心電図"は怪しい動きを示すのだ。

総支配人（日本）

●取締役
●自宅から通勤

GMに明日はある

●名前だけ社長兼務も有りうる

●セクレタリーがいない
●年収1500万円〜2000万円

総支配人（海外）

成績次第
二軍落ち
明日はない！

●役員でない
●ホテル内住居をもつ
　三食付（家族共）、アルコールも可
●営業利益までの責任
●予算を作成し、達成しなければ責任を負う
●人事権をもつ
●全職種に精通している
●定期的にインスペクションを実施する
●秘書業務を行うセクレタリーをもつ
●年収4万ドル〜5万ドル
　（但し、住居・三食付）

3．総支配人 PART.2──悩める総支配人

　1949年、日本はGHQの管理下にあった。空爆破壊からまぬかれたビルを急遽ホテルに改造し国連関係要員、軍家族、軍属、各国大公使館員、バイヤー等々の宿泊施設とした。米国人総支配人のもと多くの日本人スタッフが採用されその運営に当たっていた。私もその一員としてホテルの実務を一からボーイとして学ぶことになった。近代的経営「合理化と省力化」American Hotel Managementの「マニュアル」のもとに欧米、主としてアメリカ人宿泊客を通して自由民主主義国の文化、風習、習慣、生活様式を体験しつつホテル経営学・運営術を習得することになった。やがて接収されていたホテルは、帝国ホテルを始め日本人直営によるホテルの経営・運営に任されることとなった。

　1964年の東京オリンピック、1970年の大阪万国博覧会へと多くの外国人を迎えるために続々と大規模、高級ホテルの第一次、第二次建設ブームの到来となりサービス産業に携わる人口は今から考えれば粗製濫造的に急激に増加した。またホテルの建設ラッシュは広範囲にその利用人口を拡大した。先に述べた創生期のホテルスタッフの先人達は、私を含めて業界の頂点として大いに活躍した。が、1990年頃に突然襲ったバブル崩壊の不況の波はかつて経験したことのない形で例外なくホテル業界にも押し寄せてきた。幸いにもその多くの先人達は、年齢的にその過酷な困難に見舞われることもなく、定年を迎え退職後はその道のコンサルタントとして第二の人生に踏み出していた。そしてその後を引き受けた団塊の世代に至るまでのホテルの運営に携わる総支配人は、苦戦し続けた。そしてはか

なくも倒産、廃業へとホテル業界始まって以来のショックに打ちひしがれた。世代交代によるマーケットの変化、特に IT 産業の革命時代にもたらした社会構造の変革はホテル業界のみならず政界、金融界、産業界ありとあらゆる分野に激震をもたらした。

　長引く不況下にあってホテルの総支配人はあらゆる英知を絞って低料金に始まる商品開発、ブライダル戦略と数々の価格破壊の商品開発を発表してきた。東京オリンピックに激増したホテルの数は競争激化にしのぎを削っていた。まさに食うか食われるかである。小泉政権（当時）の掲げる構造改革は金融不安、デフレ、株価下落等々ホスピタリティー・サービス産業にも容赦なく襲いかかってきた。この頃から「勝ち組と負け組」「外資系ブランド力の強み」「経営と運営の分離」「左脳と右脳」と本来ホテルのあり方はかくあるべきとばかり叫ばれてきた。だがバブル崩壊と IT 産業のもたらした顧客マーケットの移動は「法人需要から個人需要」へとその戦略と戦術の変革を余儀なくされた。科学と技術の進歩をし続ける現代の社会は昔の名人芸にみる「味の極値」はすべてコンピューターで分析細分化され大量生産、冷凍化される時代に突入してきた。名人芸によるにぎり寿司はその存続をも問われ、今や回転寿司のハイテク化された勢いには将来勝てそうもない。インスタント食品・レトルト食品・電子レンジの調理器具の発達は職人の腕を必要としない。そのものの価値観が現代のニーズなのだ。かつての価値観は想像をはるかに超えて変化している。高齢社会になると昔のあの古き良き時代のあるべき姿が脳裏に染み付いた過去の体験の価値観と現代と未来の方向性を模索する若き世代の価値観とは全くかけ離れ相入れることはない。

　先人達、総支配人のホテルの繁栄ノウハウはもはや異質の価値観を

持つ現代のホテリエの未来に掛けてのホテル経営・運営の指針や重要課題にはなりえない。世代交代した箱根リゾート旅館のかつてない賑わいの静かなブームの現象は何を意味するのか。世代間のズレは政界を始めすべての業界に台頭し始めてきている。ホテル業界にもその経営学・運営術はやがて歴史の1コマとして徐々に変革に動いているように思えてならない。

・ニーズの多様化
・価値観の変化・・・
・お客さまも経営者も世代交代
・経済状況の変化
・社会の変化

経験したことのない社会環境
＝これまでの繁栄ノウハウは通用しない？

4．総支配人 PART.3
──行動する支配人が携えていたあの七つ道具は

　ホテルの管理上のモットーは安全（この場合の安全は犯罪などの人為的なもの以外から身を守るという意味である）と防犯である。この二つはどちらも大切だが、ご存知のようにこれらは相反するもの。結局どちらかにウエイトを置くことになるわけで、結果どうしても防犯の方が優先されることになる。なにしろ安全第一に考えれば部屋のドアにロックなどするべきではないし、逆に防犯に重点を置けば二重、三重のロックができればそれに越したことはないということになるわけだ。

　ホテルはいつも"安全と防犯"という二つの大きな柱の間を微妙に揺れながら調節を取り、顧客へのサービスに努めてきた。そして現在ホテルのドアは防犯主体のオートロック形式が主流を占めるようになっている。さしたる問題もなく平穏無事に枕を高くして眠っていたわれわれの上に突然あの大地震が襲ってきた。1995年1月17日。──未曾有の大災害であったにもかかわらず京阪神のホテル、旅館といった宿泊施設では一人の死者も出すことがなかったという。また、大したパニックに陥ることもなかったらしい。当たり前とはいえ実に素晴しいことだ。だがロックされたまま開かなくなったドアをこじ開けるための工具が、手近に数多くなかったために思いのほか手間取ったという話を小耳に挟んだことも事実だ。

　昔の総支配人は、マスターキー以外にも総支配人の七つ道具なるものを背広の隠しやズボンのポケットなどに忍ばせていた。ペンチ、ドライバー、ハンマー、ネジ、万能ナイフ、ボンド、ハサミ。もちろんすべて小ぶりのもの。各部屋を見回りながら緩んだり外れたり

しているネジがあれば締め直し、曲がっている取っ手があれば真っすぐに直したものだった。わざわざ施設営繕係の手を煩わせるほどでないと思えば自分の手で直す。そのための七つ道具だ。その震災のとき多くのホテリエがこんな道具を持っていればかなり迅速に対処できたのではないかと思ったのである。もっとも今は物が良いのでそんな道具も必要ないだろうが。だとすればせめて各階に何点か工具を揃えるとか、ふとそう思ったのだ。もちろんあの状況の中でこのことを考えてみれば今のホテルマン達は立派だった。岡目八目である。悪しからず。それにしても昔は本当によくネジが緩んだものだった。しみじみと思い返してみればしゃれたズボンのポケットからさりげなくドライバーを取り出して軽いジャズなど口ずさみながらベッドの脇のライトのネジを締め直していたGMのあの姿がひどく懐かしい。何よりも彼は行動する男だった。

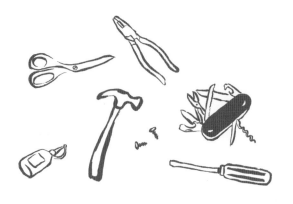

5. ルームサービスの心得
——深夜、注文を待ちうける忍耐の報酬

　洋画を見ることは、その国の文化、風俗、習慣、歴史や国民性、ものの受けとり方、考え方を学びとれることができて楽しいことである。だが、一方ではわれわれ日本人には全く理解できない面もあるし、時にはそこに描かれるライフスタイルの"輝き"に魅了されることもある。

　私も洋画ファンの端くれで、1日に2本も3本も続けて見歩いたことがあった。いろいろな場面を思い浮かべるのだが、豪華な寝室でベッドにいたままで朝食を摂る場面などは特に思い出が深い。主人がバトラーに命じてブレックファーストを運ばせる。銀器にエッグやベーコン、フレッシュジュース、コーヒーが盛りつけられている。主人はふかふかのピローに身をあずけて、面倒くさそうにフォークを手にとる。なんて贅沢なのだろう。朝食を寝室で食べることが素晴らしくロマンチックに見えて、憧れたものだ。やがて、ホテルのボーイとしてルームサービス係を命じられた時に、映画のワンシーンを脳裏に浮かべながら、折目正しいサービスをしようと考えたものである。

　ルームサービスはホテルで味わえる最高の贅沢だろう。今回はこのルームサービスについて雑感風に話をまとめてみたいと思う。外国人は朝食、日本人は夜食、私は外国人が多く泊まるホテルで勤めていた時期が長かったからか、ルームサービスというとまず朝食を考える。後で触れることになるが、わが国の場合は夜食の需要発生が多くて好対照だ。これには歯磨きの習慣の違いが根底にあるのではないか、と私は睨(にら)んでいる。われわれ日本人の多くは歯を磨いて

から食事をする。その点、向こうでは食事が終わった後が当り前だ。つまり、ベッドでルームサービスの朝食を摂るのは、彼らにしてみれば歯磨き前のことでこれは別に抵抗がない。その点、日本人は目を覚ましたら、眠い目をこすり歯ブラシを持つパターンで、これではベッドで朝食という習慣づくりは難しそうである。確かに昔気質の日本人にはいただけない朝食のあり方だけれど、礼儀や格式を気にしないで、パジャマのまま我が家のような気楽さで、他人の目を気にせず朝食が摂れるのは素晴らしい気分だ。朝食時のルームサービスの発注量が増えてきた時に、初めて日本のホテルでも利用のされ方が上手になってきたなと感じられることだろう。もちろん、提供するホテル側は大変なのだが…。

　ルームサービスの発生は朝食を除くと、夕刻か深夜になる。夕刻はアイス・バケットやソーダ、ウォーターが主力。仕事を終えて、部屋でちょっと一杯、すこし召すパターンだが、これだけでは、ほとんどお代をいただけない。このあたりはルーム備えつきのミニバー、または製氷設置場所へのセルフサービスで対応するのも仕方のないことだろう。日本人の場合は日本茶の要求があり、昔はこのルームサービスの注文が多かった。本来はコーヒー、紅茶同様、お代を請求してもいいのだが、一度やったら「バカヤロー」と怒鳴られて、結局は無料になってしまった。今では、湯沸かしポットと日本茶のティーバッグというスタイルで、何とも味気ないことになってしまった。

　もっともルームの中にいろいろなものを備えつけて、簡単なものは何も人を呼びつけてまでしてもらわなくても良い、という我が国のスタイルもそれなりに便利で、これはアメリカ方面に"逆輸出"している考え方ではないだろうか。エンバシースイートとかマリ

オットスイートといった、オールスイート型のホテルなどはこういうスタイルである。ということで、わが国のルームサービスの主力は夜食ということになる。酔っ払って部屋に戻って寝る前にちょっと食べたいという要求である。これはかなり密度の高い要求で一流のシティホテルを自認するなら、絶対に応えてあげたいもの。うどんやラーメン、お茶漬け、おにぎりセットのようなものでも構わないが、これがあることによって、そのホテルの気配りは明瞭にお客さまに届くと思う。

　私の経験では大阪のPというホテルの夜食メニューにあるお茶漬けなど絶品だと思う。鮭茶漬けなのだが、鮭の切り身が厳選されている感じで実においしい。お仕着せでなく、心がこもっている。私など時々、あのお茶漬けが食べたいという理由だけで、Pホテルに泊まりたくなる程だ。こういうサービスを持ち続けているだけでも、このホテルの奥ゆかしさ、ホスピタリティマインドの真摯さが感じとれるではないか。"かまど"の火を守る忍耐。しかし、それにしてもだ。ルームサービスのオペレーションコストはたいへん負担になる。部門別単独収支で考えれば、マイナスが常識である。私の知る限りでは、ルームサービスで年商1億6,000万円売っているところもあれば、1日10万円、月商300万円程度にしかならないところもある。売り上げの基準値を設けるにはデータが揃いにくい。客室数の多さは当然関係があるし、外国人客比率が高ければそれだけルームサービスが多くなる。もっとも、売り上げが大きいからといって、即高収益にはならない。人手がかかるし、売れれば売れるほどオペコストがかさむものだ。それでもなおルームサービスを、というのはそのホテルが持つ「哲学」の問題だからだ。このことは結語にしたためるので、今は、ひとまずおいておこう。ルームサー

ビスに必要とされる知識をアトランダムに拾っておくことにする。

まず営業時間だが、やるのであれば最低でも朝7時〜午後2時、午後5時半〜10時の体制は取りたい。できれば夜は午前2時までひっぱりたい。日本人が夜食を欲しがるのは深夜12時をめぐる前後2時間だろう。そして、願わくば24時間ルームサービスである。国際級のホテルであろうとするならば、相手にすべきは世界時間であり、日本という一地域のローカルタイムではないはずだ。ルームサービスの勘所はスピードに尽きる。朝食などは時間が切迫しているケースもあり、特に大事。それでなくとも、温かいものを温かく、冷たいものを冷たくの大原則はルームサービスとて例外ではない。もちろん、中には調理に時間がかかるメニューもあるのでオーダーを受ける時に、きちんとお届けに要する時間を言うことだ。時には、お酒でご機嫌になってオーダーしたことをそのまま忘れるお客さまもいるので、ルームサービスのオーダーを受ける人はそのへんの口調や雰囲気をよくヒアリングして、メモを取っておくくらいの感覚が必要だ。

ルームサービスは基本的にワゴンで運ぶ。だから、ワゴンがすっと通れる幅でドアがつくられているべきだが、案外そうなっていないようだ。

ホテル建設計画の時から考えておかなければいけないことだ。私自身の感覚では、ドアの幅は最低75cmないと、ワゴンをうまく部屋の中に入れられない。悩みはルームサービスで用いた銀器の紛失である。新婚さんが記念にと持っていかれるケースは多い。トレイの裏に食器の数を書いてチェックしているから、どちらのお客さまが何を持っていったか判明するのだが、よほど悪質なものを除いてチャージするわけにもいかず、頭の痛い話だ。ルームサービスが特

別チャージ10％をとっていても、ワリに合わないのはこういう所にも理由がある。それにしても、ルームサービスの需要発生はいつ起きるか分からない類のものである。ストーブの火を落とせない。調理の人も誰か一人待機していなければならない。この夜勤手当や什器の紛失、食材のロスなどを考えれば、ルームサービスは赤字のかたまりである。合理化した時には最初に切られる部分ではある。でも、だからこそ、ホテルにとってルームサービスを持つ、持ち続けることが、そのホテルのホスピタリティー度を示す指標となるのだ。**赤字覚悟でも、お客さまのために"かまど"の火を守りつづける。そういう哲学こそこれからのホテルが他のホテルに勝ち得る究極の"戦略"なのだ**、と私は思う。

 そしてもう一つ。いつ発生するか分からない数少ない注文を深夜1人でじっと待ちつづけるルームサービス係よ。君のその忍耐こそホテルの本物の評価が懸かっている。これもまた素晴らしい仕事なのだ。人々が寝静まる深夜、辛抱強く待ち続けるルームサービス係の君にこそ、栄光よあれと思う。

6．その昔、名マネジャーはよきマイスターでもあった

　1995年。あの震災で打撃を受けた芦屋の街も復興の槌音（つちおと）も高く次第にかつての活気を取り戻しつつあった頃。私の自宅のマンションもやっと修復が終わり、半年近く続いたホテル住まいから解放される運びとなった。少しずつ手が入れられて居住可能になっていく工事を眺めながら家造りに携わる職人たちの中に脈々と続いている子弟制度のようなものを見るにつけ、私はそこにある種の感動と羨望を感じてしまった。

　ペンキ屋はペンキ屋で左官屋は左官屋でそれぞれが各々の仕事のプロフェッショナルである。経歴や所属ではなくその腕と息を詰めるような勘所が何よりも技術を磨き、彼を一人前の職人として世に送り出す。弟子たちは自分の能力に応じて与えられる作業を懸命にこなしながら親方の仕事を、そのノウハウを身につけようと観察を怠らない。職人の世界で昔から伝統的な「技術盗み」に余念がないのである。しかも若者はどこにでもいるような今様のそれではないか。髪を染めてアクセサリーをつけて流行の風情にニッカポッカ様の作業服に地下足袋。一見、チャランポランな若者が、それでもその出で立ちからは想像もできないような真剣な眼差しで親方の指示を仰いでいる。

　考えてみれば昔の仕事はどれもこれもそうだった。ホテルの現場も例外ではなく、このマネジャーあってのこのホテルといわれるようなホテルでは、新人たちも彼を目指して日夜奮闘していたものである。**嘆かわしいことに昨今のマネジャーといわれる親方たちは、技のノウハウを磨き部下のスキルアップを望むよりもむしろ己のサ**

ラリーとポジションのアップを求めてさすらっている。接客のプロを目指すニューフェイスたちも過不足ない仕事で満足している。確かに表向きはキチッとしているが、さすがと頷けるような何かが欠けている。**上が上なら下も下**。失礼かもしれないがそう思ってしまう場面があまりにも多い。

　なんとはなしに物思いにふけっていると、例の真面目なチャランポランたちが木片や壁紙の切れ端などといったそれぞれのゴミを白いドンゴロスもどきのプラスチックの袋に入れて各自の持ち分にしたがって処理しはじめた。指定された場所に廃棄にいくのだ。遠くなっていく若者の後ろ姿を見送りながら"ホテリエたちよ。接客のスペシャリストを目指せ"と願ったのは、やっと自宅で暮らせるようになった安堵感が生みだした単なる感傷なのか。"老兵は死なず、毒舌をもって健在なり"とは、あるいは加藤流の事実上のリタイア宣言なのかもしれない。

7．Executive housekeeper
―― トイレの掃除からはじまるホテルのおもてなし

　ホテル産業が日本に定着してからわずか100年足らずである。1964年の東京オリンピックを契機に、観光外客誘致のためその宿泊施設の充実を図るべく日本国中あちこちで、ホテルの建設ブームとなる。日本の経済の復興と共に第一、第二、第三、第四、第五、第六次ホテルブームともてはやされ発展し続けた。ホテルが人々の日常生活に身近となり、良くとけ込んで、今日に至っている。当然新しい第三次産業サービス産業の台頭、スピードある成長ぶりは、その運営する人材の需要と供給のバランスを失って、粗製乱造型、ホテル間のソフトの引き抜き合戦が始まり、ヘッドハンティング、いわゆるスカウトなる言葉もこれに端を発している。

　ホテルは若い企業だからやむを得ないとしてもホテル企業の人材の定着率は悪くなる。新しいホテルが建設開業すると、転職による地位と収入の向上を追求する若者たちが、あたかも、最もアメリカ的な近代民主主義社会現象、時流に乗って最先端をリードしているがごとく職を移動する。旧来の日本的終身雇用の形態からの転換期でもある。

　戦後アメリカンマネジメントの流れをくむ日本のホテル経営は、その組織を良く研究し、なかにExecutiveなる重役の呼称以外に末端の役職名があるのに気付く。英和辞書を見るとExecuteとは職務、計画、命令などを実行する、遂行する、達成するとある。またExecutiveとは行政長官、企業の役員、経営者、重役、と書いてある。いかに重要な地位を示す単語かがうかがえる。ホテルの組織上の各部門の英語名は、以前からなぜか客室部門のみにExecutiveなる重

要性のある呼称がhousekeeper家政婦、メイド、の上に付いている。日本では客室課長と呼んでいる。長い間なぜ客室課長の英語の呼称がExecutiveなのか不思議に思っていた。なぜ一客室部門の長だけにExecutiveなる重々しい肩書きが付くのだろうか。英語学の専門家でもないが。英語圏の人は、日本的解釈の重々しいニーアンスは浮かばないのかも知れない。

　Executive officer、Executive directorと言えば会社の経営者を意味すると理解する。重要部門の上位ランクを意味している。ホテルには宿泊部門「Room division」、料飲食部門「Food and Beverage division」、総務部門「Administrative division」がある。どれを見ても通常の英訳解釈である。その中にたった一つ重々しく「Executive housekeeper」なる役職名がある。最も重要なホテルの商品の一つである客室の清掃整備を担当する部門長名である。

　先日、『帝国ホテル流おもてなしの心』（朝日新聞出版）客室清掃整備係50年、一般に言うルームメイドを50年ひたすら続けてきた小池幸子さんの本を読んだ。さすが日本のホテル界の代表帝国ホテル、一つの道を磨き働き続けた人がいるものだ。そう言えば昔ウエートレス50年、白髪のバーテン歴50年のサービスマンにお眼にかかったことを思い出す。かの有名な村上総料理長も然り。アメリカ的転職に転職を重ね地位と金を得た現代の多くの人々、一方で**脈々と下積み時代の長い年期を経て、磨き上げる中小企業に生きる多くの技術者、日本の企業を支えている神業の職人、それにも匹敵する多くの人材がホテル業界に生き続けている**事を知り誇りに思う。これからの若い人の教訓にもしたいものだ。

　毎日毎日、「たわし」に「へちま」、洗剤、素手で磨き上げる便器の内外部、ホテルのおもてなしの源流は、ここに始まるのだと改め

て認識する。ホテルの Executive「重役」にも匹敵する「Executive housekeeper」とは、よくも一部門に名付けたものだ。今も縁の下の力持ちで働き続けている多くの下積みのスタッフに、心より敬意を表す次第です。

Executive housekeeper
　　企業の役員・経営者・重役に用いられる
Housekeeper は Executive が付くほど重要なのだ！

第9章　ホテルの経営

1. ホテルマンは都市の"魂"たりうるか
　"魂"の供給源としてのホテルマン

　東京にディズニーランドが出来て年間多くの人々が国内から東南アジア地区からと集まってくる。本四架橋や、JR遊休地、その他の跡地にさまざまな都市開発プランが計画されてくる。大阪にも関西国際空港の建設によって、泉南地区が騒がしくなってきた。人を集めるプラン、コンセプトはますますダイナミックになってきた。人々が集い動き流れ始めると都市が変化してくる。その変化の重要な要素として、現代にあっては、ホテルが一つの核となって大きな役割を果たすと、私は固く信じている。関西国際空港周辺には多くの都市計画が描かれる。大手の建設業者や、不動産業者等々が新しい町づくりを目指して競争を始める。過去の成功事例、アトランタや、ダラスの都市づくりが、ニューヨークのスラム街の再開発プラン、そのデータなどがコンピューターにインプットされて更に煮つめられる。新しい都市づくりのコンセプトは夢がいっぱい、そして美しい。その中でホテルの果たす役割が大きくなる。人を呼ぶハードプランはアイデアがいっぱい。だが『仏を作って魂を入れず』になってはなんにもならない。で、魂はどこだと、ホテルの経験者が探し求められる。ホテルマンは、需要が増えれば増えるほど、自己の力をわきまえずに"つて"を探し求めて、われこそは魂の供給源とばかり売り込みに走る。やがてA氏に、B氏にと白羽の矢がたつ。果してこれらのホテルマンに、ホテルを企業として成功させる能力が

あるのだろうか。この場合、成功とは事業として経営収支を合わせる数字上のことである。ホテルのチェーンを持った企業がノウハウを提供しましょうという。本当にノウハウがあるのだろうか。ホテルマンのノウハウとは何なのか。ノウハウはどこにあるのだろうか。

同じ場所で両隣に同じタイプのレストランがきれいにオープンする。一方にはお客さまが列をなして入る。片一方にはお客さまが全然入らない。なぜか。一方にはレストランを運営するノウハウがあり、片方にはそのノウハウがないからだと考えざるを得ない。ではレストラン、総括的に言えばサービス産業のノウハウとはいったい何であろうか。もしもホテル業がサービス産業の集約された代表であるとすれば、そのノウハウとは、ひと言に要約すればヒューマンキャピタル、ヒューマンリソース(Human Capital, Human Resource)、つまり人間投資（資源）に他ならない。どれだけ多くの人間資源をどれほど多く持つかがホテルを成功させるノウハウだと考えられる。それも同じ方向性を持った、人間投資が望ましい。

お金をかければ立派な、豪華なホテルが建つ。同時に優れた人間資源に投資しなければホテル事業は失敗する。

人間投資（資源）の五つの要素

人間投資（資源）の持つ重要なファクターとは、一つは「マネジメント」、一つは「経験」、一つは「技術」、一つは「創造」、一つは「品性」。マネジメントとは、長い経験によるマーケティング、すなわち、現在のポジショニング(Present Position)と将来の方向性(Future Direction)、数字による管理能力と、知識と知恵のデータをもってお客さまにそれぞれの分野においていかに満足を与えることができるかのシステムを合理的に作り上げる能力をいう。技術は、接客の技術、レストランサービスの技術、宴会サービスの技術、調理の技

術、そして大事なことは顧客をいかに接待しリピートさせるかの技術を言う。

　経験とは、内外のVIPをはじめ、ホテルのお客さまにふさわしくない人種を含めてそれぞれの経験から始まり、技術の分野でいかに長くたずさわってきたかを言う。俗に言う体験、身体で覚え、心で把んだものの蓄積だ。創造とはお客さまに充分な満足感を与え、なおかつ先んじて新しい満足感を与える感性である。変化の激しい現代社会にあっては常にクリエイティブな姿勢が強く求められる。最後に品性であるが、お前はどうかと問われると、自ら恥じ入る次第だが、所詮トップの経営姿勢と言うか品性はホテルのすべての分野ににじみでる。心の品性とは物質で培われるものではない。いかに家庭が金持ちであっても、あるいは貧しい環境であろうとも、心の豊かさはその家庭の教育によって、家訓によって、まず備わってくる。ついで、学校教育、あるいはホテルでの各職場教育により、それぞれ磨き上げられて人格としてにじみでてくるものなのだ。金や地位に目のくらんだホテルマンははたして良い品性の持ち主と言えるのかどうか。ホテルのゼロサムゲーム的状況の中から以上五つの要素は私の考えるホテルのノウハウの分類であるが、えてして体験のみがノウハウと思われがちであり思いがちである。が、もう少し詳しく考えてみたい。

　マネジメント機能の二つとしてのマーケティングは、高経済成長期にあっては、市場開拓や、顧客創造の歴史を綴った。企業間の努力によってそれは相乗効果を生み、ホテル産業を今日の繁栄にまで成長させてきた。オイルショック以来、低成長期に移行し、円高、株価暴落の現象と共に、ホテルの宿泊部門、その対応が変わってきた。従来、外国人旅行客、ビジネス客、団体観光客等に頼ってきた

ホテル業界は、同じパイを奪い合うゼロサム競争を強いられる。まさに顧客争奪合戦の様相を呈して、契約ファームレートダウン、団体エージェントセールスレートダウン、各種客室料金割引券の発行といった、およそマーケティングという言葉からはかけ離れた手法による集客活動がなされている状態だ。顧客の創造どころか、ホテルのイメージをダウンさせていはしないか。ここで振り返って、ホテルの宿泊部門の各種商品企画を見ると、年末年始宿泊プランに始まり、受験生プラン、ディスコプラン等々、最近では大阪のホテルが先鞭をつけたパーソナルコンピューターやワードプロセッサーのマスターを目的としたOA実践宿泊講座プランなど、時代を背景としたマーケティングプランが送り出されている。低成長期の現代ほどホテルマンの綿密なノウハウが要求される時代はない。他産業、特に生存の厳しい流通業界の中でも**ファッション業界の生き方をよく見習い、ホテルマンの感性に訴えて新たな市場喚起のためプランニングを期待したい。**

これから期待されるホテルの諸機能

　ホテルの持つ本来機能の宿泊、料飲、宴会の三大機能は、時代の変遷、価値基準の移動、市場ニーズの共有化から細分化、個有化へと向かいつつある。ホテルは今後ますます次の機能性を担わねばならなくなっていこう。

1. 国際交流空間
2. 社交空間
3. 演出型空間
4. 高次元文化空間
5. 学習空間

6. 高齢者空間
7. 都市空間でのアウトドアヘルシー
8. 追憶空間
9. 特定テーマ空間
10. 高次元ビジネス空間

への移行に対応する諸機能である。

このような時代の流れとともに、これからのホテルマンの真の意味のノウハウがまさに桧舞台に立つ時代と切に思う次第である。これからはホテル産業がサービス産業の中核となり、一層基本になっていくことは疑いを入れない。都市生活を満喫しようとする人間に一番近い産業だから。では上に挙げたホテルの諸機能性、その展開はどのようなものになっていくのか、現況や見通しを描いてみたい。今後のテーマでもある。

■都市の中枢機能としてのホテルの空間

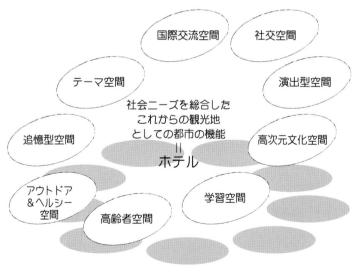

2．ホテルオークラ神戸への頌辞
——「勝つための条件」を携えて神戸に渡来

　日本の貿易港の一つとして栄えた港町、神戸。昔から外国人の船員や商用客でエキゾチックなムードが漂う街である。その神戸市にメリケンパークシティ構想があり、その中心にホテルが建つと聞いたのは、確か1983（昭和58）年ごろだっただろうか。

　ご承知のように、神戸市は北に六甲山系を控え、南の海に向かって発展を遂げた街であり、その夜景は香港や函館に匹敵するほどのものだ。都心であり、山や海のリゾート地という両方の利点が兼ね備わった街である。1990年代の前半、神戸は大阪と並んでホテルラッシュであった。六甲山系の麓には新幹線の駅があり、新神戸オリエンタルホテル（現・ANAクラウンプラザ神戸）がそのシンボルとして建っている。その近辺の北野異人館通りには全国から数多くの若者たちが集まってくる。もう少し南に下って、市の中心街は、三宮、元町、中華街がつらなり賑わっている。老舗のオリエンタルホテルも改装を終えて再出発をしている。更に、南に下るとポートアイランド。埋立地に無人のポートライナーを走らせ、新興の開発地としポートピアホテルが建っている。1991（平成3）年、ホテルゴーフルリッツがオープンした。そのちょうど中間地点がメリケンパークシティと位置づけられている。繁栄のシンボルとして、同年の6月に世界のホテルオークラが東京から進出してきた。

　関西復権に伴い、進出してきたホテルはここ10数年間の間に南のホリデイ・イン南海大阪（現・クロスホテル大阪）を初めとし、ホテル日航大阪、大阪ターミナルホテル、ヒルトンホテル大阪、大阪全日空ホテルシェラトン（現・ANAクラウンプラザホテル大阪）、

都ホテル大阪（現・シェラトン都ホテル大阪）、ホテルニューオータニ大阪（現）と大型ホテルが軒並み顔を揃えた。

真打ち登場の波紋は？

　ホテルオークラの進出はどちらかと言えば、真打ち登場ということになったであろう。かたくなに東京を守り、ブランドイメージが高いオークラが神戸に進出してきたのだ。運良く私もオープニングのレセプションに招かれたので、深い興味をもって出席した。

　玄関までのスロープや正面にでんと大きな滝が流れ、「さすが」とため息をつくばかり。ロビーは東京のオークラとまったく同じイメージである。さらに、宴会場からは日本庭園が広がり、植木等にも年輪を感じさせ、伝統と格式を重んじたオークラズウエイを感じる。レストランやバーは東京の店と同じ。客室は重厚な感じで小物一つ一つをとっても、白を基調にブルーの文字で品質も良く上品に仕上がっている。少し違うのは海に面しているからか、リゾートホテルとして、カジュアルにカラーコーディネイトされていることか。東京のオークラを神戸という立場に合わせたイメージが強い。こうしたレセプションとは結婚式の披露宴と同じく、新しい顔を知って貰おうという意味で、大変重要なパーティーである。また、それだけに招かれたお客さまは高い関心をもって施設やサービスを見るものである。

　人間がすることであるからさまざまな評価は当然である。経験や年齢、職業とそれぞれの立場によって多種多様である。それらは性格によって大きく分けると三つのタイプになると考えられよう。Aタイプは何が何でも感激して褒めるグループ。素晴らしい、素晴らしい、を連呼する。

Bタイプは何が何でも批判的な態度をとり、あら探しをするグループ。ダメだ、ダメだ、という。
Cタイプはそう言えばそうねと言う。どっちでもよい、無関心のグループ。関係ない、関係ない、という。

　私はどちらかというとBタイプかなと思っている。

　ホテルオークラ神戸を見せていただいた時の各タイプの感想をできるだけクールな目で述べてみよう。もちろん短時間なので、的を得てないのかもしれないが。まずタイプ別の評価としては、

●Aタイプ
・東京のホテルオークラのデザインをそのまま神戸に再現した。素晴らしい。
・東京のホテルオークラのハード面、一説によれば300数十箇所を可能な限り改善した。
・1㎡当たりの投下金額が高いから、それなりに高級感があり、さすが。
・今までにない高層ホテルであり、どの角度からも景観が良い。
・玄関が宴会場入口と別々になっているのが良い。

●Bタイプ
・東京のオークラのハードをそのまま持ってきただけで、ダメだ。
・高層階のホテルのオペレーションのノウハウを持っているのだろうかと思われる節がある。
・世界上位のホテルとしてはまねごとが多く独自性がない。
・関西圏の神戸市の良さを無視している節がある。
・東京本店に対する支店のコンセプトは何か。不明確でダメだ。

●Cタイプ
・人にはさまざまな意見や評価があり、どちらの考えもそう言えばそうだし、所詮どうでも良い。関係ない。
・タイプ別意見は参考までであるが、どうであれ、何らかの形で印象づけがあれば良いのである。
・数多くのオープニングレセプションに出席・ご招待する立場になったこともあるが、振り返ってみれば、オープンのレセプションの評価、評判がいかに大事か、その後の経営上、運営上の結果をみれば分かることである。人間資源が素晴らしい！

それにしても思い出すのは、今は亡きホテルプラザの鈴木剛社長である。開業準備万端相整って、いつでもオープンできると満を持して待っているのに、さらに開業を1カ月遅らせて、念には念を入れ、毎日毎日リハーサルを行なわせた。その間の「ロス」は長いこれからのホテルの評価に比べて、たいした金額ではない、とおっしゃられた。今にして思えば、第一にホテルパーソンとして頭の下がる思いである。第一印象の大切さを教えられた。

ホテルオークラ神戸で一番印象に残ったのは「人」である。
オープニングレセプションに招かれて、出席してみると、「イヤァー君、この新しい立派なホテルに転職したの。おめでとう。頑張りなさい」「いや、○○君も、○○君も、○○担当部長としております」「そうーよかったね！」と、必ず5名や10名、いや、それ以上昔の部下が転職しているものだ。もちろん、それらの部下の性格や技能も充分熟知している。ホテルオークラ神戸では、一つもその場面には遭遇しなかった。皆無と言えば嘘になるかもしれないが、聞いた限りにおいてマネジャークラス以上50名は全員東京のオークラか

らの出向で新卒300名の中、半数以上は東京本店で充分に教育をしてきたということだ。地元のホテルマンが給与目当てやポジション目的の自薦他薦が多い中で、頭数だけ揃えようという経営者、とにかく形だけ整えて早くオープンしたいという思いが横行する中、ホテルオークラ神戸は立派なものだと感心した。かつて私は述べている。「同じタイプの同じホテルが同じ地区で建つ。一方は繁盛し、一方は暇である。なぜか。それはノウハウの違いだ。要約すれば、**ヒューマンキャピタル、人間投資、人間資源だ。しかも同じ方向性を持った人間資源をどれだけ多く持つかが、そのホテルを成功させるノウハウだ。**お金をかければ豪華なホテルは建つが」と。

ホテルオークラ神戸は25年間に蓄積したホテルのノウハウを、しかも同一方向性を持った人間資源を持って関西にやってきた。私の持論である「勝つための条件」がある。関西のマーケットがどうであれ、阪神間の顧客層がどうであれ、関西風のフランス料理がこうあるべきなどは一切関知せず、ひたすら東京で成功した世界上位ランキングのサービスのノウハウをそのまま神戸に移植すれば成功すると私は思う。かたくなに東京ブランドを守り通すか、神戸ブランドを創りあげるか、私は一ホテリエとして楽しみだ。

全オークラスタッフ、特に神戸のスタッフに、心から敬意を払うとともに栄光あれと祈るものである。

■ホテルが勝つための条件

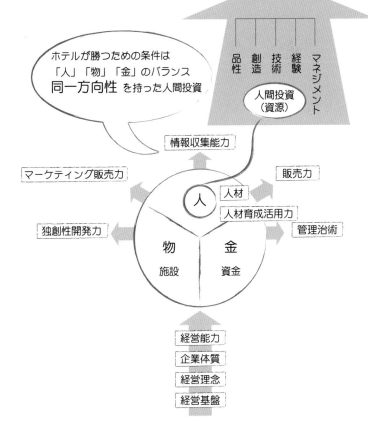

3．ホテルのアーケードを考える

　ホテルは旅行客の宿泊の場を提供する施設であるという概念から、日常・非日常の人々の生活のコミュニティゾーンであるという概念に変化しつつある今、ホテル内にあるいろいろな施設のミックスもまた変化を余儀なくされている。例えば、シティホテルに当たり前のような顔をして存在しているショッピングモールにしても、細かく見ていけば変化が発見できるのだ。まして、このゾーンはホテルの中でも最も開放的な空間であるだけに、「世間の波」にもまれやすいのである。むろん、――ホテルマンが流通部門のあり方について語るのは大それたことだとは承知の上だ。ここでは、同じサービス業、すなわちお客さま相手の商売という点で許しを乞うて、ホテルの中のショッピングゾーンの問題を考えてみたいと思う。

ステイタスシンボルから日常性へ

　昭和20年代から30年代の後半（1940年代半ば〜60年代前半）にかけて、ホテル宿泊客は100％といってよい程外国人観光客・ビジネス客で占められていた。だから当時のホテルのショッピング施設は、真珠のネックレスや貴金属、東洋的なエキゾチックな骨董品や浮世絵の版画などを扱っていたものだ。シルクの衣料や、カメラなども人気があって、それらのセールスマンが数多くホテルに出入りしていた。

　1964（昭和39）年の東京オリンピックを契機に、よく言われる第一次ホテル戦争になって、大型ホテルが続々出現してきた。当然、新しいホテルづくりのコンセプトがホテル先進国であるアメリカか

ら輸入された。その頃のアメリカの一流ホテルは、一階の周囲に大きなショーウインドーをめぐらしていて、百貨店と見まがうばかりのものだった。そのカラフルさに、アメリカっていう国はなんて金持ちの多い国なんだろうと、ため息を何度もついたものである。それは、ホテルが贅沢な空間の象徴だった時代色の反映だったのだろう。

しかしながら、その華麗さの裏側にはホテル経営の論理が働いていた。今さら繰り返す必要もないが、ホテル経営には莫大な投資がかかる。オープンしてから安定経営にもっていくまでの苦労は並大抵のことではない。資金回収の苦労を少しでも軽減すべく、ホテルが賃貸業の方向を模索し始めたのも、この頃のことである。それまでは、旅行客のためのちょっとした便利なおみやげ店というレベルであったのが、ここへ来て、"アーケード"と言われる計画的に利益を出せるスペースに読みかえられたわけである。商品を扱うリテイラーの側も一流ホテルの中に店を持つことのステイタスに意味を大きく感じ、敏感に反応してきた。事実、日本のシティホテルでも、一流ホテル内の店は、そこにありますよ、というセールストークを武器に高級住宅地などへ外商に出かけて、かなりの売り上げを図ってきたものだ。ホテル内アーケードではウインドーショッピングされるだけでも出店する意味があったわけである。

日本ではその後国民所得が上昇しそれにつれて全国民の80％が中流意識を持つようになった。平均化された日本人は、従来特権階級の「ハレ」の場であったホテルを自由に使いこなす術を覚えてきた。ホテル側もそれをお客さまのニーズとして捉え、事業の中に「受け皿」をつくってとりこもうと考えた。**現代のホテル内アーケードは、かつてのようにステイタスシンボル的な店を並べるだけではダ**

メで、小規模ではあるけれどユニークな商店街、百貨店にならないといけないと思う。大家であるホテルならではの洗練された選択眼でテナントミックスされたアーケードづくりが成されないと、喜ばれないはずだ。

物販はホテルより難しい！

　私も小さいながらホテルGMとして、ショッピングアーケード経営にタッチしてきた。そのわずかな経験からも、物販店経営の難しさはホテル経営の比ではないと痛感している。その少しばかりの経験の中からではあるが、私なりにホテル内ショッピングアーケードについての諸問題を列挙してみたい。

● ショッピングアーケード（モール）は、第一に集客ができるか、が大事。基本的にはいかに集客するかが最大の課題となるので、基本コンセプト、ターゲットの設定がとても難しい。同じレベルの店の大集団による相乗効果が威力を発揮する。もっとも、面積の少ないホテル内であるから、ワンストップショッピング的なモールをつくることはなかなか難しいのだが。

● 坪効率という考え方

従来、ホテル経営の中でレストラン部門の経営指数は客数、客単価、客席数と回転率、時間帯別の吟味などで判断されるものだが、物販の世界では一坪当たりの売り上げ効率を尺度にとる。私の体験では、ショッピング部門とホテル内料飲部門の坪当り売り上げを比較すると、物販が料飲部門の約1.5倍だ（ただし大都市圏のホテルでの話）。なおかつ、料飲部門はお客さまの滞席数の問題があって、自ずと売り上げに限界がある。最高でも坪当り30万〜40万円売れば目一杯といったところだ。物販には限界がない

といってもよい。私自身、2.5坪、9時間で250万円売るという試みをやったことがある。

● 出店の保証金と敷金

賃貸をやる場合の出店保証金、敷金には前受金のメリットがある。建設資金などイニシャルコストの金利負担軽減効果が大きい。

● 動力費と共益費

モールのテナントが全額負担し、実費計算するのだが、ホテルとしては僅少ながら手数料的な利益が入ることもある。

● ホテル側のテナント管理費

これはほとんどホテルとしての人件費は必要としない。販促費、修繕費はテナントもちだし、内装費も向こうの負担である。

● 階層別効用費率

物販はやはり1階か地下1階である。オフィスを入れる場合は上層階でかまわない。土地代の高いところでは、料飲業種だと家賃も稼ぎきれないのが実情だ。

● テナント管理の専門家

テナントの入れ替え、ミックス、販売指導などに専門家を用いた方が良い。流通機構の複雑な体質にホテルマンは対応できない。

● ホテル客とショッピング客

これは分けて考えた方が正解。ホテルの宿泊客のターゲットは日本全国であり、世界が相手だ。モールは宴会に来た人も含めて地元発生の顧客と考えるべし。

● テナントの入れ替え

モールを成功させる最大のコツは、気にいらないテナントを入れ替えることだ。売り上げの悪い店や、商品・商法が全体のイメージに合わない場合は、速やかに退店させて、いつでもフレッシュ

なモールでいることが大事。穏便に退店させるのはたいへんな仕事で、内装の買い取りや営業保証（契約期間の残り）の問題などホテルマンの手にあまる。ゆえに、先述のごとく専門家が必要なのだ。

●家賃交渉

2〜3年に1回は家賃改訂の時期が来る。これも案外技術が要求されることで、実績が上がっているなら、家主側もテナント側もハッピーで問題が少ないが、そうでない時は両者の言い分が食い違って大変な交渉になる。偏見とうけとめられると困るのだがテナントが女性オーナー経営者の場合などは困難が倍化する例が多い。

●店長の良否

ホテルのレストランも同じだが、物販の世界でも店長の良否が売り上げを左右するものである。良い店長はその地区の競合店の商品構成やお客さまの動きをよく研究している。それが自店の商品構成や接客に反映して好成績につながる。ホテルマネジャーに見習って欲しい人も多いのだ。

以上、ホテル内のショッピングアーケードの問題についてアトランダムに触れてきたが、成功させるコツはと問われれば、次の諸点にまとめられよう。

迷わず良い専門家を置く。

・ホテルのイメージや地域特性に合ったテナント選び（良い店長のいるテナント優先）
・売り上げの悪い店舗は迷わず退店させて、いつもリフレッシュ
・店舗の改装は全体の統一イメージで

・情報発信地として認められるように常にイベントを行なっていく

ホテルを愛する"通"は、ショッピングアーケードを見ただけでも、そのホテルのオペレーションや事業の理念の高さを感じとるものである。その意味でも、ホテルは総合産業化してきているのだ。

■ホテルのアーケードのあり方

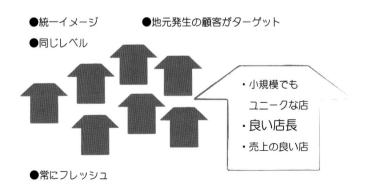

4．ディナーショーの代わりが見つからない！

1964（昭和39）年の東京オリンピック開催を境目として、東京を中心に国際化時代に即応した施設の拡充や人材の養成、交通網の整備、国際的レベルの宿泊施設や同時通訳を備えた大宴会場や大会議場の新設や増設が叫ばれ始めた。当然、世界的なコンベンションを誘致する営業も盛んになり、必然的にホテルもそれに応じて最低1,000名以上が一堂に会する大型宴会場を持つようになった。

日本のホテルは総売り上げ高の中、室料売り上げが約20〜30％、料飲売り上げが60〜70％、その他が約10％の比率が一般的パターンとして多くの経営者に理解されてきた。宴会主導型のホテルが日本では、一般的な考え方となっている。今日においては、新しいホテルづくりをする時一つの目安としてハード面をその売り上げ比率のスライドで考えるまでになってきた。確かに料飲部門の中でも、特に宴会部門の占める売り上げの比率はそのホテルの経営の成功の一つの重要なポイントと考えられているし、そう信じている経営者は少なくない。

ホテルのクリスマスの起源

ホテル経営の成功の秘訣として、料飲部門、特に宴会部門のあり方について論議するものではない。外国のホテルでは依然として総売り上げ額の60％以上は室料売り上げで占められている。が、日本では宴会場の利用の仕方が千差万別の目的で使用され、その利用方法が増加し変化すればする程ホテルの概念が変化移動し、コミュニティの場あるいは社交空間などと論ぜられるようになってきた。

お客さまがホテルの宴会場の空間を、結婚式であれ、展示会であれ、同窓会であれ、法事であれ、さらには社長就任披露パーティーであれ、それぞれの目的でご利用いただいている間はホテル側もハッピーではあるのだが、一旦オフシーズンというか、外国人のクリスマスの休暇期間、今でこそホテルも潤っているが、日本人のお正月前のような時期になっては、宿泊からレストラン、宴会場に至るまで閑散としてホテル側にとっては大問題となっているのも事実だ。そこで窮余の一策としてホテルが自らのイベントとして提案する商品は、現在でこそ数多くのものがあるけれど、昭和20～30年代の頃は、クリスマスパーティーしか考えられなかった。ホテルが商品として顧客に提供した第1号商品でもあった。クリスマスパーティーなるものが、いつの頃から定着したかは定かではないが、帝国ホテルの故・犬丸徹三社長が長い海外での修業期間中に迎えた異国の地で味わったクリスマスがきっかけだった。クリスマス期間中の楽しさが忘れられず、日本に帰国されてからは自らクリスマスパーティーを催し、皆で楽しく過ごされたと聞き及んでいる。

　ご承知のように、サンタクロースによるプレゼントあり、それらのことから物販業界の商業ベースとなり、ホテルでもそれにあやかって俗に言う昭和元禄時代、誰しもが忘年会ばりにクリスマスパーティーを企画しお客さまを集めた。当時は、タレントを入れることは余りなく、めいめい食事を食べて飲みあかすことにつきて、トンガリ帽子やレイや仮面やクラッカーなどで騒ぎまくり、お帰りにクリスマスケーキをと、まるでキャバレーなみのホテルの演出もあったものである。やがて浮かれ気分の時代も過ぎてホテルの経営者が「ソロバン」をはじいてみたら、クリスマスのイベントは赤字でペイしないことに気付き、またチケットを売るのに苦労したこと

もあって、数年間各ホテルとも、クリスマスパーティーをやめた期間があった。

タレントショーへの変質

　関西に大型ホテルが新しくできて、1970（昭和45）年の大阪万博景気もあって東京のホテルの動勢にお構いなしに、タレントを入れたショー付きのクリスマスパーティーが復活した。関西は関東と違って、いわゆるハレ着の場、女性のファッションを誇示する場がない。で、ホテルが唯一の場として位置づけられ、それを狙って復活したパーティーは大成功になった。やがて全国的に普及していった。当時は普段、ワンステージ50万円のショー用のタレントでも、この時とばかり200万円、300万円いや500万とふっかけてきた。

　それに俗に言うアゴ・アシ付き、取りまき連中の分まで入るからホテルはたまったものではない。また、クリスマスメニューは大体ターキーと決まっているから、それを中心にどのホテルでもパターンは一緒である。従って、料理の質も落とせない。そうなるといきおいタレント経費込みの値段でチケットを売らなければならないから、1人2万円を最低2万5,000円、3万円、3万5,000円との相場がまかり通る。これらのチケットを販売しなければならないセールスも大変である。人気のあるタレントの切符は売りやすいが、色褪せたタレントとなると、これが予想どおりサッパリである。パーティーの成功失敗はメインのタレントの善しあしに大きく左右されるので、パーティーの企画の段階でのタレントの争奪戦には涙ぐましい努力がある。

　おまけに大型宴会場を持っている大型ホテルはクリスマスシーズンになると、25日を最終としてその前の1週間程パーティーを続

けなければならないから、その企画は非常に慎重を要し、大がかりである。タレントのエージェントもここぞとばかり人気タレントと売れないタレントを抱き合わせにして、値段を交渉してくる。そこで、ホテル側は何としても収支のバランスを合わせようとするから割り当てられたチケットの枚数はどうしても完売しなければならない。となると、売り手のターゲットは本来の姿からはなれて取引先の業者となってくる。取引業者も一ホテルのみの取引でなく共通しているから、各大手のホテルから強制的に集中的な購買の依頼をうける。そこはそれなりに年間予算として200万や300万は組み入れてある。従って、その分だけはちゃんと納入原価に組み入れてある。又、その年間予算のせめて半分でもいい、できれば全額と思うから、回収策としてディスカウントチケットがさらに下請け業者へと出回る。

　ごくわずかな実質的な料金を払ったチケットを持ったお客さまが当日やってくる。すなわちその日のお客さまが持っている大部分のチケットがディスカウントチケットか又はちょうだいしたチケットとなる。果たして現実にこのようにシステム化しているこのパーティーの企画で一体誰が一番得をするのだろうか？　もちろんホテルの経営者も知らないわけではない。1年間お世話になったお客さまにホテルは赤字覚悟で利益を還元するのだという美辞麗句があったとしても、人気タレントだったらいざ知らず、暮れになってくると忽然と現れてくる色褪せた昔懐かしいタレントの救済のための場なのか。

　もしかしたらホテルの宴会場が懐かしのメロディの復活の機会としての大きな犠牲を払っているのではないだろうか。前にも申し述べたように、一時クリスマスパーティーを騒々しい商業化に乗せら

れた企画と知った経営者が中止という英断をしていた時代があったのだが…。第一にホテルが自ら企画で宴会場を売らなければならない現象が出るとは情けない。社長交代披露パーティー、結婚式、展示会、その他の諸々の利用方法に支えられてきた大宴会場が仮に自らホテルで企画した商品で販売し、埋められないことから、大型ホテルの悲劇が始まるかもしれない。また、クリスマスパーティーが「女性のハレの場」の提供であるならば、現代に則したシアターレストランがまた復活しても良いのではないだろうか。

　海外のあるホテルでは、宴会場が階段形式になっており、一番後ろのお客さまでもステージが良く見える。さらには手すりまでついており、まさに食事とショーを楽しむようにつくられている。これから将来的に本当に人気のあるタレントのみで、本当に正しい価値ある料理を食べる「ハレ」の場がそろそろ復活も良いのではないだろうか。

「ザッツエンタテインメント」にふさわしい本物の"ショー"を楽しむ場面がそのうち現れてくるのではないだろうか。私はホテルを情報の発信地として位置づけている。自分たちの企画の商品で宴会場を売るのであれば、必ずお客さまが適正な料金で楽しめる場を提供することこそが求められるものと信じてやまない。しかし、それにしても1週間程度で億単位の売り上げを取れる商品がクリスマスパーティー以外にあるのだろうか。

5. "ニッパチ"でも稼ぐ話

　1964（昭和39）年の東京オリンピック開催を境目として、日本のホテル業界は一斉に大型宴会場を新設・増設した。日本のホテル業界の売り上げ部門別比率は一般的には宴会主導型で、その割合は60〜70％となっている。外国のホテルと違って売り上げの大半を料飲食部門が占め、それに頼っている日本のホテルの収益構造ではどうしても宴会部門の売り上げのウエイトは無視できず、また、経営の重要な一つのポイントとなる宴会部門で稼げると信じている日本の経営者は少なくない。特に年末年始は閑散期で集客の最大イベント季節とあって、営業活動の活発な時機到来。となると一年間の売り上げ総決算とばかりに大掛かりな企画が組まれる。日本独特の現象でもある。

　一般的に二八（ニッパチ）と言われ、一年の中でも年末年始と2月・8月は営業の閑散期と長きにわたり唱えられてきた。業界では8月の夏季対策はプールを新設し、スタミナ料理でもてなして集客する。冬季対策としては年始年末イベント、受験生プランなどで隙間を埋めてきた。「シティリゾートホテル」と名付けられたゆえんでもあり、種々商品化する努力をしてきた。

　ニッパチ（2月、8月）対策はそれなりに定着、成功している現状である。オフシーズンというか外国人のクリスマス休暇期間から正月に掛けてホテルは閑散としてくるのは必然的なことである。そこでホテルブームに乗って多額の投資をして造った大宴会場をいかに効率的に活用するか－そこには自ら創作するイベントでしかないと先輩諸侯は考えた。ディナーショーはホテルが自ら提案できる一

大商品であり、ホテルのソフトの商品化企画の事実上の第一号でもあった。

　昭和20〜30年代の頃は、レストランのクリスマスディナーの提供であったが、やがて大宴会場の活用が始まった。売れっ子歌手を主体とする歌謡ショーにディナー付きとあって年末年始はタレントも引っ張りだこ。普段は値下げしてでも仕事を埋めるプロデューサーやプロダクションも、この時期だけは強気で一歩も値下げには応じてくれない。前項「ディナーショーの代わりが見つからない」のタイトルで述べたことがあるのだが、今回はペニンシュラ、コンラッド、ヒルトン、マンダリン、リッツ・カールトンと新しく東京に進出してきた外資系ホテル群が一体この閑散期をどう乗り切るのか興味を引いた。

　元来、クリスマスシーズンは家庭団欒のターキーディナーでサンタクロースの贈り物を楽しみに家庭で温かく過ごすものだ。そして正月はおせち料理を囲んで楽しく過ごすものなのだが、いつの間にか商業ベースに乗せられてドンチャン騒ぎになってきた。ホテルのクリスマスディナーショーは3万〜5万円が相場で、そのチケットを500〜1000枚売り捌かなければならない。追っかけファンならいざ知らず、今時そんな高価な遊びをする人はあまりいないから、結局は取引業者へ押し付けることになる。業者も心得たもので年間各社から押し付けられるチケット代をちゃっかり予算組みし、仕入値段に組み入れている。取引業者はさらに下の取引業者へと半額にしてでも売り捌く−商人はただでは起きない。知ってか知らずか、ホテルの経営者はともすれば手間が多く、決して黒字にならないイベントをやめようともせず打ち続ける。

例えば一日2公演×10日間とすると、

3万円×500席×2回×10日＝3億円
5万円×1000席×2回×10日＝101億円

　ざっと3億〜10億円にならんとするお金がその期間中に動くのだ。経営者がそれを無視できないのも分からないではないが、進出してきた外資系ホテルは現時点で特別な企画はない。静かに過ごす年末年始もホテルらしいと思うのだが、長年日本でマネージしているヒルトン東京のようにいずれは日本化するのかな。

6．いいホテルの10ポイント

　どんなホテルが信頼でき、高級なのか。その見分け方はいくつもある。せっかくお金を払って利用するのである。不愉快な思いを味わいにホテルへいくようなバカなことはやめた方がいい。そこで、良いとされるホテルの条件をいくつかお示しし、お選びになる際のお役に立たせていただこうと思う。

安全と清潔
1　そのホテルが日本ホテル協会のメンバーであるならまず安心して良い。あるいは政府登録ホテルであり、そして消防訓練の行き届いたマル適マークがあるかどうかで安心の度合いは一層高まる。しかしホテルを選ぶ場合、このようなことを念頭に置いて決めたりはしない。普通は次のような方法だ。
2　基本的にはルーム数が多くてスイートルームを持っているホテルは優秀だと思っていただいて良い。
3　レストランが複数あり、バーも備えられている。加えて駐車場もあるホテルのグレードは高い。
4　新しいホテルがダメだということは決してないが、ホテルは無駄に歴史を重ねているのではない。創業以来、数10年というホテルにはやはり安定した信用がある。
5　有名チェーンホテルのメンバーだということは信頼を寄せるに足る材料だ。
6　フロントやベルボーイの応対が心地良いホテルはやはり一流だ。真っ先に電話交換手の言葉遣いがあろう。言葉の中に笑顔の

ある丁寧な日本語を話せない人間のいるホテルは優秀とは認めないのだ。洗練された物腰の従業員に溢れるホテルはやはり一流と言っても良い。

7　ホテルの生命は清潔ということだ。不潔感や薄汚れた感じのホテルは決して一流ではない。

8　ホテルのよろず承り所、アシスタント・マネジャー・デスク（フロントの前に普通はある）のあるホテルは安心できる。

9　ルームサービスのあるホテル。大体は時間が決まっているのだが、中には24時間ルームサービスを行なうホテルもある。深夜であっても食事はむろんコーヒーでもお酒でも運んでくれる。ただし、サービス料が加算されるのでその心づもりはいる。

10　空港バスの停留所があるホテル。単に便利だけではなく、そのホテルのグレードが高いからこそバスはやってくるのだ。以上述べた10点がホテルの善しあしを決める目安であろう。

　しかしながらこの10点に適わないからといってダメなのでは決してない。例え小さくとも行き届いたサービスで知られるホテルもある。ビジネスホテルであっても実に洗練されたサービスや従業員を多く持っているところもある。

　先の10点は一応の目安であって決定的なものではない。要は、あなたがお泊まりになって気に入るか入らないかであって、これほど確かな判断材料はない。東京へよく出張する私の友人の唯一の楽しみは、違うホテルを泊まり歩くことだという。順番に利用しているうちに自然とホテルの格、内容への評価が定まってくると言っている。**実際にあなたの目で見たホテル、それが決め手になる**のである。

7．大型ホテルの崩壊現象 PART.1

はじめに：

　1949（昭和 24）年、まだ大学生の頃からホテル産業に携わって 50 数年になった頃、その長い間の経験と知識は「都市が変わる、ホテルが変える」＝ホテルが流通業に変わって都市活性化の中心推進役であるとの持論を確信した。しかし 20 世紀後半からの未曾有の不況の波は例外なくホテル業界にも襲ってきた。20 数年前から「大型ホテル崩壊現象」を業界に警告してきたが、皮肉にも自分が携わった「ホテルプラザ」が創業 30 周年目にして廃業に追い込まれるのを見ることになるとは。次いで、東京第一ホテル、ダイエー 7 ホテル、大阪国際ホテル、大阪堂島ホテル…とその数 40 数社に及ぶ倒産。1964（昭和 39）年の 239 軒 22,083 室からバブル経済に乗って 1998（平成 10）年には一挙に 7,944 軒 595,839 室、35 年間で 27 倍というホテルの急激な増加の推移を示している（参照：「週刊 HOTERES」全国ホテルオープン情報）。

　そこで、なぜ都市活性化の最先端を担っていたホテルが潰れるのかという疑問に答えたくなってきた。そのためにはホテルとは、という前提条件の理解から始めなければならない。少々話は長めくが感ずるところを述べてみたい。まずは一体そもそもホテルとは何なのか——原点からその本質を考えてみたい。

HOTEL とは：

　戦後復興の波に乗って観光産業界は猫も杓子もホテルという冠を付け乱立した。そこで前提として 1949（昭和 24）年に『国際観光ホ

テル整備法』を施行し、「国際観光の振興に寄与することを目的とし外客の宿泊に適するように造られた施設で洋式の構造及び施設を主とするものを云う」の定義に基づくものをホテルと呼び、法的な解釈による位置付けがなされた。当時は当然ながら日本人客はホテルに宿泊することは経済的に不可能であったので外国人客に適合する施設、サービスを満たすものでなければホテルの概念から外された。その一方では…。

Home away from Home：

「旅先のもう一つの家庭」——男女を問わず一家の稼ぎ手であるご主人様を朝会社に送り出し、帰宅するまで家庭の主婦(夫)が家の中を掃除し、ふとんを干したり、お風呂やトイレを清掃、洗濯をしたり、一本つけた食事の用意をしてご帰宅を待つ。家族の間でも"親しき仲にも礼儀あり"で1日の労をねぎらう——家庭円満である。

同じようにGMを中心にして24時間365日、素早く、休みなく、旅先のもう一つの家庭的な寛ぎと温かみ、団欒を、清潔、思いやりをホテルは組織的に提供する。一家の主が生計を支えているように、お客さまがホテルの営業を支えているのである。お客さまは「神様」である。「GUEST IS KING」「GUESTS ARE ALWAYS RIGHT」と先駆者が言われているゆえんでもある。Serviceという言葉の語源はSlave-Servantである。階級社会の遺物ではある**が社会が進化して人権、人間性、個性が尊重される時代になると言葉もServiceからHospitality——もてなす・歓待する・待遇するへと進化し、Customers Satisfaction (Staff Satisfaction) がHotel-Managementの最大の基本として、"HARD(装置)＋**

SOFT (Hospitality Mind Staff Satisfaction) ＝ Customers Satisfaction" が最も重要な HOTEL 経営の経営要素として現代でも生き続け、永遠の課題として Hoteliers には受け止められている。21世紀は IT と HOSPITALITY の両産業が並立する時代なのである。

■Hotel-Managementの基本

8．大型ホテルの崩壊現象 PART.2

　前頁に引き続き、「なぜ都市活性化の最先端を担っていたホテルが潰れるのか」について私なりに考え、記してみたい。

HOTEL 事業の特性：
ａ．物質的な面
生活必需品の提供．備品と消耗品・施設の使用機能．性能．空調温湿度・給湯温度・F&B の提供
ｂ．人的な面
属人的労働集約付加価値産業・Satisfaction．Speed．Kindness．Thoughtfulness．Cleanliness—needs の複雑多様化は機械化へ
ｃ．機能的な面
情報サービス・IT 化、satisfaction の完成面
対人サービスが顧客の評価を上げる率が、高い経営体としての特性
※ａ＋ｂ＋ｃ＝ホテル商品の完成＝ホテルのグレードを表す。

ホテル産業経営上の基礎認識事項：
　ホテル産業を経営するに当っては規模の大小を問わずその特徴を念頭に入れ再確認する必要がある。
・投資額の 80％以上が建築費・設備費で固定化する
・物理的な耐用年数は残存するが一方では流行に対する経済的老朽化も早い・資本回転率が低く回収期間が長くなる（7 〜 10 年）
・設計の良否が商品計画、販売計画、利益計画にまで及ぶ（運営の経済効率化）

- レンタブル比は商品構成、売り上げ限界、部門別売り上げ構成、利益予想まで決まる(生産部門面積と非生産部門面積比率=45:55が望ましい)
- 立地の良否は集客、売り上げ計画に影響する
- 人的資源の良否が損益に大きく関わる(プロフェッショナル人材育成)
- ホテルの性はエクステリア・インテリアともにフェミニンである
- ブランド力を持たないホテルはxxx風などのテーマが望ましい

外国と日本のホテルの収益構造の違い(数字は例)

	日本	外国	社会変化による影響
宿泊部門	20%	50%	高い
料飲部門	30%	20%	低い
宴会部門	40%	20%	低い
その他	10%	10%	——

日本はF&B依存型原価が高いので利益率は低い:欧米は宿泊主体性で原価は低く利益率は高い——以上のようになる。

■ホテル事業の特性

このバランスが 存亡の鍵 を握る！

(物質的な面) ＋ (人的な面) ＋ (機能的な面) ＝ ホテル商品の完成
　　　　　　　　　　　　　　　　　　　　　　　　　ホテルのグレード

■日本のホテルの収益構造（概ね）　　■海外のホテルの収益構造（概ね）

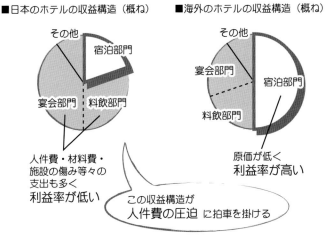

その他／宿泊部門／料飲部門／宴会部門

人件費・材料費・施設の傷み等々の支出も多く
利益率が低い

その他／宴会部門／宿泊部門／料飲部門

原価が低く
利益率が高い

この収益構造が **人件費の圧迫** に拍車を掛ける

給与に見合った仕事をしているか…
本人の自覚・教育体制・管理するシステムが必要

9．大型ホテルの崩壊現象 PART.3 ①

　色々とホテル経営上の特性と基礎認識事項についてソフト面（右脳）・ハード面（左脳）の両面から問題点を指摘し述べてきたが、ではなぜバブル崩壊を機に多くのホテル群が倒産したのかを、残念ながら私が手掛けた大阪のホテルプラザ崩壊の事実を検証しながら考えてみたい。

　もちろん、どんな企業であれ事業が行き詰まるのは取締役全役員の責任であるのは言うまでもないが、中でも代表取締役の全経営責任であるのは論を俟たない。ホテルプラザの初代社長である鈴木剛氏（元・住友銀行頭取、朝日放送社長）はホテルの計画を立てるに臨み、先に述べた PART.1・PART.2 のホテル経営の一番の留意点及び事業の特性を元銀行のトップとして充分に熟知していたのは間違いない。そこでホテルを建設開業するに当たって以下の経営並びに運営方針を立てられた。PART.1・PART.2 の事項と比較し考察すれば崩壊の原因は見えてくるはずである。

　まず、ホテルの設計者は30代の若い柔軟な発想のできる人材を選んで一緒に世界中の一流ホテルを視察。それぞれの経営者に問題点の指摘と運営のコツを申し立て成功の秘策を調べ上げた。そして多くの経営者・運営者 GM から面接アドバイスを受け、その結論として新幹線理論を全面的に打ち出した。すなわちホテル経営・運営の旧来の陋習閉鎖性を発見し、それを打ち破るべく広軌の路線を敷いてスピード化・近代化を計って旧来の狭軌の路線を走らない──と結論づけた。分かりやすく言えば、とかく卑屈になりやすいサービス側とお客さまとの関係を、接客業種は低いと思いがちな社員に

誇りと自信を持たすべく新しいホテル経営論を教育し続けたわけである。

次にプロの人材を全国から集めることと、若きその道のやる気のあるエキスパートは40歳までを指名スカウトしたが、結果的に部門長は38歳までと血気盛んなプロ集団を築き上げた。近年勝ち組・負け組と叫ばれているが、経営と運営は別という問題点を明確に初代社長までは理解していた。しかし2代、3代……と社長職を引き継ぐたびにその区別は見失われていった。これは多くの倒産ホテル企業が示している通りである。また、その経営上の危険性を充分に承知し決して初期投資を過剰に掛けず、しかも大阪ではもちろん世界の一流国際級ホテルを"シルクの美しさよりも木綿着のセンスの良さ"にすることを目指した。この時点ではホテルの経営の重要さは元銀行家として充分に承知していた。

さらに、**ホテル業(HOSPITALITY)は所詮人と人とのふれあいの場であるということを大きく取り上げ、ボトムの質向上のため従業員教育には最大の投資を惜しまなかった。**ホテル業界でこれほど熱心に力を注いだのはホテルプラザが初めてであり、社員のやる気・生き甲斐論を盛り立てた。先にも述べた能勢の大阪青少年教育センターでの缶詰教育、つまり社員・従業員の自己の職業への誇り・やる気・生き甲斐はその後、ホテルプラザの伝統の礎になった。

10. 大型ホテルの崩壊現象 PART.3 ②

　大型ホテル崩壊のメカニズムを私自身の経験を踏まえつつあらゆる角度から検証しているわけだが、今回はPART.3の第2章という位置付けで引き続き述べてみたい。

　日本のホテル事業の特性は大収入源のF&B部門にありとして、特に膨大な施設を持つ宴会部門には特別な思いを込めた。つまり最高の素材を用い最高の価格で勝負するというもので、決して安かろう悪かろうの商法は取らなかったのだ。それゆえ当然ながら料理の評判は上々であった。先に述べた外国のホテルと日本のホテルの収益構造の相違点を思い出して参考に見てもらいたいのだが、ホテルプラザ初代社長である鈴木氏は多くの国内一流ホテル経営者（その多くはホテルのプロ経営者ではなかったが）から、「F&Bこそホテルが儲かる部門である」と耳にたこができるほど聞かされていた。そしてホテル経営の本質はこれだと信じてしまったことこそ、つまずきの始まりであると見ている。言い換えればここが大型ホテル崩壊論を唱える私と大きく経営論が分かれるところである。

　一見華やかに見える宴会部門の売り上げは総収入の6～7割になるが、その一方で人件費・材料費・施設の傷み等々の支出も多く利益率は低くなる。多くのホテルの経営者はその華やかな現象のみに捕らわれ一つ一つの損益計算を忘れてトータルで捉えがちになり、お客さまは神様であり華やかでありその奉仕者は決して華やかになってはいけないというサービス産業の鉄則、その収入で生活していることの大切さを忘れてしまう。確かにF&B部門の売り上げ数字は大きく高度成長期には大いに儲けさせてもらったのは事実で

あったが、**ホテルはあくまでも利益率の高い地道な宿泊産業中心主義であり、飲食産業ではないとの確かな認識を経営者が失った瞬間から崩壊現象は少しずつ始まっていた**のだと筆者は訴えているのである。日本で展開する外資系のホテル群は日本のホテリエ達に勝ち組・負け組の差を示すかのごとく無言の教訓をたれているが、結果的にこの不況時代でもリーディングホテルとして歴然とその存在感を誇示している。

　ホテルプラザは親会社が朝日放送であったことからあらゆるマスコミに対して、常に最新情報を発信していた。当時はコミュニケーションの重要性が最も大切なキーワードであったが、どの経営者もマーケットの変化移動の対応を察知する力、最も大切な将来の方向性を洞察できる能力には欠けていた。それがつまずきの第２弾である。当時、数多く持ち込まれてきたチェーン展開の話は絶対に聞き入れなかった。未成熟の本体に更に大きな投資を計る愚挙は冒さないためである。その点において初代鈴木社長は正しかったのだが、その後に続く歴代の経営者はミスを安易に冒し、事実上崩壊の第３弾の序幕は始まったのである。（例：ホテルプラザ淡路島）

11. 大型ホテルの崩壊現象 PART.3 ③

　ようやく「大型ホテル崩壊現象論」も終焉に近づいてきた。そして多くの企業がそうであるように、人件費の高騰が赤字の主原因であり崩壊へと繋がる。ホテルプラザも例外ではなかった。多くの識者がすでに指摘しているように、ホテルプラザの過剰な人件費が経営を圧迫したことは間違いない。ではその原因は。

　ハード面の競争激化の結果、顧客の需要と訓練されたサービス要員供給のバランスがまず破綻した。これは業界全体に言えることだが、**特にソフト面での育成された人材の供給不足は根本的な問題としてホテル経営に多くの過ちをもたらすこと**となった。1964（昭和39）年ホテル数239（客室数2,083）が35年後にはホテル数7,944（客室数595,839）、なんとホテル数で33.2倍増、客室数にすると約268倍増加した。優秀なプロの人材育成に時間と金が掛かるのは自明の理である。ハードの急速な高級化に伴いソフトのプロの精鋭は一朝には育たなかった。すなわち仏を作って魂を入れず──見せかけだけの人材が多く、頭数だけ揃えるのに精一杯だった。つまりそれは次第に第四弾崩壊現象に繋がる一つの大きな原因であった。

　ホリデイ・イン南海をオープンするため中国の料理のコック長を誰にするかに迷っていた。相談を持ちかけた関西一の大コック長は「報酬が20万円のコックは20万の仕事、50万円のコック50万の仕事、100万円のコック100万の仕事」。つまりそれぞれのレベルのコックはそれぞれの顧客を満足させるのに充分な蓄積された技量を持ち合わせるのだが、需要と供給のアンバランスは20万円のコックが30万を取り、30万円のコックが40万を取り、50万円のコッ

クが60万を取り、100万円のコックが110万を取る——つまり人件費の高騰に繋がり、慣れっこになった供給側はますます報酬を吊り上げる。値打ちもなく実力の伴わない技術は徐々に顧客の集客能力の不足を露呈し、不採算の部門として転落の加速度を早めた。

　1953（昭和28）年で大卒の初任給はサービス産業が8,000円、銀行・商社などで1万〜1万2,000円であったが、いつの間にか給与だけ一流になってしまった。当時ホテルプラザは朝日放送、マスコミの出向社員、銀行出身者、一流企業出、新卒社員などいわゆる経験者プロとの混成部隊であった。当然開業の時点では人件費の割合は先輩他社の実績に見習い常識となっている対収入の25％以下に抑える経営努力を重ね、5年目にしてようやく事業を軌道に乗せた。その後はご承知のバブル期に乗って売り上げは上昇に次ぐ上昇となった。ホテルプラザの業績が軌道に乗ったと見るや銀行とマスコミ出身の経営陣は先に述べた一流企業とサービス産業の賃金格差の是正、現場プロの哀願に徐々に格差を縮めることと相成ってしまった。このことこそが第五弾崩壊現象の始まりであった。ホテルプラザ初代社長の故・鈴木剛氏が**"古来のホテル経営者のマネジメント術は旧来の陋習"と断じたその瞬間、崩壊に向かう過ちを犯してしまったと筆者は断じている。**

　ホスピタリティー産業の経営術は実はお客さま至上主義の表れであり、それを見失った瞬間崩壊は始まった。

12. 求められる構造改革──「のれん」か「フランチャイジー」か、和食産業フランチャイジー化計画

　2001年8月2日付の日本経済新聞「私の履歴書」欄に村上信夫顧問（帝国ホテル元総料理長）の貴重なお話が連載された。さすが見習い小僧からたたき上げられてきた氏の、常に前向きな性格と並々ならぬ努力の人生論・体験談は、他産業に携わっている多くの読者層に感銘を与え、大きな反響を呼んだ。

　「名人・先輩・親方の味の秘密は決して弟子には教えない」。300人余名いる調理士仲間の競争の中では盗み取るしかない。拳骨の飛び交う師弟間の古風な教育の中で何とか味の秘密を鍋底から舐め取るしかないが、それさえも洗剤が入っていたりしてなかなか口にはできない。しかし戦時中、出征をする前に餞別としてそっと秘中の技を教えてくれた、根は優しい先輩達でどうせ生きて戻れないだろうと安堵感からと述べておられる。さて、貴重な正統派フランス料理の技術を日本に輸入というか導入というか持ってきたのは、何と言っても帝国ホテルの貢献が大であった。言うなれば今日の洋食調理技術の原点でもある。それにしても常々惜しいことをしたなと思うのは、もし日本人、つまりは当時の犬丸徹三社長にフランチャイジー・システムなるものの合理性と智恵があったならば、現在の日本の洋食レストラン業界は、大げさだが帝国ホテルがフランチャイザーになっていたのではないかとつくづく思うことである。

　なぜなら、日本におけるフランス料理を中心とした洋食なるものの多くは日本式にアレンジされたもので、その基本はすべて帝国ホテルから教え伝えられたと言っても過言ではない。日本ではのれん分けといって元祖、本家、先代が息子に、あるいは一番弟子に同じ

屋号を使わせていつまでも親方は権威の座に収まり、のれん分けされたその弟子は常に親方を敬い、盆と暮れにはそれなりの付け届けをし、常に同じ一家一族で伝統の味を守って後進に伝授されてきたものだ。考えてみればその美徳・伝統は政治の派閥もやくざのしきたりも、善しにつけ悪しきにつけ最も日本的な伝統文化、感情・人情・恩・義理などの精神文化、いや社会構造そのものではないか。

　アメリカでは合理性に基づき、のれん分けの場合フランチャイザーとフランチャイジーのビジネス対象になり、ブランド名の使用とそのノウハウを提供する代わりに、ロイヤリティなるものでその関係を合理的にチェーン化してお互い発展させてきた。

　その関係においては主従関係もなければ恩や情もない。互いの営利のために協同で競争に勝ち抜くためのビジネスライクの発想のみである。当時の小泉内閣が「社会の構造改革なくして経済の発展はない」と叫んだが、色々と日本のサービス産業も外資系ホテルチェーンの方に人気があるのは、今後の日本の業界の構造改革・体質改革の必要性を示唆しているのかも知れない。

　一ホテルの料理長が日経新聞に連載されるとは洋食調理業界も比較的サラリーマン化しているのだが、和食調理業界の部屋なる上下関係の仕組みもいずれ崩壊・改革しなければないのかと考えさせられる。

13. 不況の中で勝ち抜くために

　日本経済は底打ち状態にあると言われ始めているものの、長い不況の波は日本のあらゆる産業界に多くの苦難と試練を与えてきた。ホテル産業界もここにきてようやく勝ち組と負け組がはっきりしてきた。バブル期に他産業から流れ込んできたホテル群、ホテル経営はそんなに難しくはない。他産業から流入してきた多くの経営者は、どの企業も経営は同じだと言っていたのだが…。いったん不況の波がどっと押し寄せると潰れるべきホテルは潰れ、生き残るべきホテルは残った。このあたりでもう一度ホテルの存続とは、を考えてみたい。

　HOSPITALITY INDUSTRY──私はホテル産業に50年近く携わってきたが、その長い間には好景気もあれば不況の時代もあった。何となく4年に一度の周期にくるとよく言われていたこの波、繰り返し好不況を経験し乗り切ってきた。過去は不況になると人々が東奔西走して直に面と向かって商談し訴えたものだ。人が動けばホテルが忙しくなる。世間が不況だとホテルだけは慌ただしくなる──それが今までのパターン、実感であり結果であった。ところが日本の近代交通機関の進歩や高速交通網の整備、さらにIT技術の目覚ましい進歩を遂げるにつれそのパターンは一変してきた。1泊のビジネス客は交通機関の進歩により日帰りになり、さらに通信技術の進歩は流通、予約に留まらずあらゆる要件を手紙、電話、電報、テレックスに始まってFAX、E-mailと加えてテレビ討論で充分なコミュニケーションを図れる時代になってきた。いちいち飛び回って仕事をする時代ではなくなってしまったのだ。

ますます宿泊産業は不利になる。20世紀末から訪れた不況の波は未だ日本経済の底打ちを低迷している。2001年1月から2002年5月までのホテル・旅館業の倒産件数は163件、負債額6兆486億3,400万円と業界紙で報じていたが、特に大阪を中心とする関西圏のホテル業界はつい先頃までもろに不況の波を被って消費低迷に喘いでいた。USJやFIFAなどのイベントにようやく一途の光を見出したが、先に述べたように倒産件数は163件を優に超え私鉄グループは構造再編、外資系の運営ノウハウとの提携等々、大きく業界は新しい再編へと胎動している。競争の激化、需要と供給のアンバランス、顧客の激減はホテルマンにとってはまたとない挑戦の機会であった。HOSPITALITY MINDを奮い立たせ、管理面では経費をすべてカット、贅肉の切り落としとも言うべき人員の削減、営業面では商品・メニューの見直し、価格の低減、ブライダルへの戦略、集客のための各種のブッフェ企画等々を立てた。そして顧客へのニーズ、トレンディーな商品企画は徐々に売り上げの回復へと向かった。ホテルの経営と運営、特にホテル運営は現場を体験し熟知しているプロでないとダメだと言われている。こうすればこうなるサービス精神。ホテルマンの顧客の求めるマインドを一瞬にして読み取る、見抜ける力こそHOSPITALITY産業の勝ち残れる条件ではないだろうか。

14. いにしえ旅館と若い世代の着眼点

　暑さ厳しかった約 20 年前の夏の終わり頃。久し振りに家内と母親との 3 人で箱根ターンパイクを走った途中で、目的地である塔ノ沢一の湯温泉旅館への道順を尋ねた。

　地元の年配の方が「一の湯は今、有名になって大変繁盛しています。先代が息子に経営を譲って新しい運営方針で成功し話題になっています。箱根も世代交代が始まって、この不況の中で温泉旅館の経営が変わりつつあります」と話してくれた。そうか、日本のリゾートホテル、温泉街はお客さまの減少でどこも業績が悪化、経営陣は打つ手はないものかと悪戦苦闘している。そんな中、「評判です」の一言で俄然(がぜん)興味が湧いてきた。

　夕暮れ時やっと旅館に到着した。早速、部屋の前を流れる川のせせらぎの音、窓から眺める木々の緑、心地よい山間の新鮮な涼風、部屋付きの露天風呂、すべてがさわやかな安らぎ、今風に言えば"都会で疲れた心身のヒーリング"——満足。一泊二食付き 1 人 1 万 2,000 円、今どき贅沢も言っておれない。安い料金の方がいい。夕食は牛肉のシャブシャブ、野菜たっぷりの鍋を主体に家庭料理風の付け合わせ、朝は干物にみそ汁、海苔に梅干…値段から考えてこれで良いのだと納得した。仲居が「毎日おかげさまで満室です」といきいきと答えた。道順を教えてくれたおじさんのことも思い浮かべ、ここでプロとしてはその原因を突き止めなければいけないと心が弾んだ。冷蔵庫は出し入れ点検の手間を省くため空にして、代わりに持ち込み結構ととにかく省力化に努めている。一般的には旅館は空間よりも地元の素材を生かした数々の目玉商品、懐石料理を主とし

て一泊二食付き3万5,000円などとして込みこみ表示で販売する。

　ホテル式の料金提示は宿泊基本料金のみで、朝食付きと夕食料金を別立てている。
Aコース…餅・稲庭うどん・先付け小鉢炊き込み御飯・野菜たっぷりのしゃぶしゃぶ鍋、Bコース…Aコース＋揚げ物、蒸し物、または煮物の組み合わせ、とチョイスさせ1人9,800〜8,800円（税サ別・ダイニングルーム使用・部屋だしだと別途1人3,000円追加）。

　旅館は従来1人一泊二食付き3万5,000円とかで部屋代と食事代を分解して販売はしない。温泉旅館経営者の悩みと言えば、宿泊客が土・日・祝に集中してウイークデーは空室が目立つこと。そこで新しい世代は明瞭に分割表示し、かつ大衆料金に設定したわけだ。若き世代の顧客はすぐその政策に反応し、箱根の高級温泉に入って自己のレベル価格で優雅にストレス解消。つまり環境を楽しむのが主であって料理が主目的ではなくなった。そう言えばある大学院生が、「高い料金のバイキング料理に群がるお客さまを見て、私にはコンビニのおにぎりの方がよっぽどおいしくて安いのになぁ」と言っていた。ITの驚くほどの進歩によって若き顧客の目はホームページに向かっている。自己の要望に即応える価値観を見出し、そして選択する技術を確立しているのだ。

　一の湯のホームページを見てみると、なるほどその世代に応える商品を訴えている。気ままに出かけた旅先で心安らぐ時季に出会う、便利に・気軽に・安いことを基本コンセプトに無料友の会募集、数々の特典、イベント情報を流すなど常時顧客とダイレクトに接触交流、意見を組み交しつつ改善に努めている。

　経営者自身の若き世代の流れに即した対応策は、満室になる結果をもたらした新しい着眼点にあった経営法だと納得した。

15. 大型ホテルよ、お前はいったいどこへいくのか？

　ホテルは、宿泊場所を提供するのが本来の目的である。例えば、古里を離れて各地を旅する商人や観光、バカンスで憧れの土地を訪れる旅人たちを、まるで我が家のように温かく迎えるのが何よりもホテルの使命であった。ところがふと気が付いてみると、ホテルはいつの間にか旅の疲れを癒やす、寛ぎの場所ではなくなってしまっていた。むしろ心持ち体裁のいいレストランや結婚式場に様変わりしていたのである。一体に日本人は飲み食いや接待が好きらしく、そのことはどうもわれわれ国民の特徴の一つとして世界中に知れ渡っているらしい。

　つまり会社の接待や社長交代などの企業の行事、結婚披露宴などのいわゆる宴会に、ホテルは喜々として場所を提供して収入を上げているのである。我が国のホテルの売り上げは、その約7割前後を料飲部門が占めて成り立っている。そして本来の部屋の売り上げは残りの3割前後。これが諸外国の場合だとまったく逆で、ホテルは正常にその機能を果たし、宿泊がメインになっている。大型ホテルの崩壊現象と言われるこの状態は、1964年の東京オリンピック以降の高度成長期に端を発して、バブルの頃に全盛期を極めたようである。そして相変わらずパッとしない景気や天災、人災の相次ぐ沈滞ムードの中で企業の自粛が続く今日、ホテルの料飲部門の低迷は著しい。

　"あの頃は良かった"とバブルの時期を懐かしむ連中がいる中で、逆にホテルが本来の業務からどんどん離れてしまい、それにもかかわらずホテルとして成り立っている現状を憂えていた有志たちは、

あるいは昔のようなホテル本来の状態に戻ることができるのではないか、厳しい中にもある種の光明を感じている部分もある。

　さもありなん。ホテルは人を泊めてこそ初めてその本質を全うするのである。宴会も結構。コンベンションも悪くはない。披露宴も今の御時世ならばなくてはならない売り上げの一つになるだろう。だがそれらは何もホテルでなくてもできるのである。元々はホテルの"売り"ではなかったのだから。**ホテルだけが提供できる宿泊というプライベートタイムをもう一度見直す時期にさしかかっているのではないだろうか。**

　何だか気の利いた面白味も軽妙な洒脱な語り口もなく随分と真面目一方になってしまった。だが、愛するホテルよ。お前がこれからどうなっていくのか。たまには俺もそんなことをことさら真面目に考えたりもする訳だ。そしてできることなら、勇気あるホテリエの再構築に期待をかけたい。

16. Streamline of the Hotel Management

　月刊誌『WEDGE』2001年2月号の田口弘氏「ミツミ社長」の巻頭言を読んだ。

　社員が自らの発想で予算を立て、売り上げ目標を予定通り達成し、会社の収益に大いに貢献、その結果実力で勝ち取った所得が社長の給与より上回った。今話題の新しい企業の組織論、構造改革の発想、考え方を述べたものである。ビッグ・バンと言われているこの時代に、減量経営をしなければならない多くの企業がある中で、ホテル産業もその体質改善に迫られていることでは例外ではない。教えられ、考えさせられるところが多々あった。

　同氏の言葉をホテル経営の言葉に置き換えると「ホテル経営の構造改革を進めれば、どうしても従業員が犠牲となる。本来、お客さまにどれだけ良いサービスが提供できるかでホテルの存在価値は決まるはずだ。お客さまにとって新たな付加価値を生み出す最も大切な最前線の従業員をいかに活性化させるかで、ホテルの競争力は強まる。ホテルの構造改革も従業員中心であるべきだ」ということになる。

　さらに田口社長は「プロダクトアウトからマーケットアウトに時代が変わったということだ」と言われている。つまり、「絶対に物が不足していた時代には、企業が供給者として主役であった。しかし、これだけ物が溢れかえっている時代ではその立場は逆転、消費者の求める物を提供しなくては企業として生き残っていけなくなった。

　そのためには「まったく新しい付加価値を生み出すための人材が

求められるわけだ」「従業員の奮起と自立を促す環境を整えることだ」「成功すれば成功しただけの報酬が返ってくるといった公平な評価システムをつくればおのずと人は育ち、会社は儲かる」と言っている。

　ところでホテル業界のリストラ政策はどうだろう。

　振り返ってみればホテルは1964（昭和39）年オリンピックの年に239軒22,083室、推定労働人口7万人弱のサービスプロ従業員群から平成10年は、7,944軒595,839室、推定労働人口180万人のサービスプロ従業員群に拡大した。建物、ハードは豪華で高級な巨大なホスピタリティー産業となったのだが、最も大切な中身の魂、ソフトの補充・育成がその数の成長に追いつけない。当然技量は落ちており人材の育成に時間が掛かる。需要と供給のアンバランスは歴然としており、いわゆる粗製乱造もやむを得ずといった状況だ。

　一例を挙げるならば、調理師の技術は一朝一夕にして成らないため、駆け出しでもよいからと二流コック群が急遽かりだされ数合わせで集められる。やがて一流ホテルの冠を戴き人手不足の結果、実力と技術に見合うことなく寡少価値によりポジションも収入も良くなり、本人もその気になったのだが、所詮その価値に見合うお客さまを集める技量もマナーも不足がち。100万円のコックが100万の仕事、50万円のコックが50万の仕事といったような報酬に見合う成果は上げられない。バブル崩壊後は、その大きなつけが回ってきた。収支のバランスを合わすため、例えば未熟なプライスメニューでやっと息つく有様。それよりもバブル期の非現実的な高い給与を即その力量に見合ったレベルまで、それこそ減量するように最初に手を付けるべきなのに、ホテルの経営者も他の産業界の経営陣と同じようにまず最も大切なお客さまとの接点、サービス要員の削減に

手をつけた。アルバイト・パート・配膳人の削減に踏みきったのは良いとしても、ボトムラインサービス、スタッフの縮小は、お客さまに跳ね返って当然サービスは低下する。ホスピタリティー産業の最先端をいくホテルの基本は、人と人とのふれあいにより成り立っているヒューマンタッチの産業だ。

　要員削減による手法の方向性の誤りは、当然サービスの低下を免れない。ハードは一流を目指して建てられたがソフトはそのレベルにマッチしない二流の現状だ。人材の育成は追い付かずそのホテルの評価は落ち、脱落の方向に進むことは自明の理である。ミツミ社長の発想に従えば**ホスピタリティー産業などは野球界のような年俸制にしたらどうだろうか。毎年、選手――サービススタッフの実成績を評価してそれに見合った報酬を上下させ、年功序列から脱してチャンス、やり甲斐のある職場にすれば合理的**だと考えるがいかがだろう。

　アメリカの総支配人は自ら年間予算を組み、達成しなければ１年でも解雇される。ボトム・スタッフである従業員の賃金は最低保証され、それ以上の収入を欲して一生懸命働けば働くほどチップ制で収入は上がる。競争の原理、働き、実績を達成、会社に収益をもたらした者のみが高収入を得ることができる。ホテル業界もその経営手法を 180 度転換すべき時が到来したと痛感する。

17. 年末年始の恒例イベント "Dinner Show"

　帝国ホテルの故・犬丸徹三社長は、欧州研修旅行中にクリスマスを一人寂しく下宿で過ごした。その侘しい体験をもとに、帰国後帝国ホテル滞在客でクリスマス期間中、本国に帰国できない少数の宿泊客にパーティーを開き、異国でのクリスマス・イヴを楽しいひと時になるようにと日頃の感謝と共に招待した。

　それを見習って都内のホテルも数少ない宿泊客のドアにクリスマスリースを、部屋の中には小さな、ロビーには大きなクリスマスツリー、その雪をあしらった根元にはリボンをかけたプレゼントの箱を置いて家庭的な温かい雰囲気づくりに努めた。お客さまからは数多く本物のプレゼントの箱が集まった。24日には七面鳥のクリスマスディナーに招待し、遠い外地でのイヴを静かに過ごしたものだ。まさにきよしこの夜、サイレントナイトである。また、31日のニューイヤーイヴは宴会場でシャンパンパーティーを催し、迎え来る春を祝福し踊り騒ぎまくった。特にブラジル人は夜を徹して飲み、踊り明かした。ちょうど日本の年末年始とは逆の現象であった。

　オリンピック後、大宴会場をパーティー会場に変え、一流有名歌手を入れて有料ディナーショーは毎年の恒例のイベントと化した。今年も4万円・3万5,000円・3万円と高額なディナーショーのパーティー券売りが始まった。この頃は客集力のある人気歌手や芸能人の選択に各ホテルとも奪い合いで苦労する。どういうわけかマイナーな歌手・タレントまで、稼ぎ時とばかり日頃はめったに手にできない高額のギャラを要求し相場を吊り上げた。需要と供給の関係だからホテル側も1,000万、800万、500万、安くても350万と値

切ることは難しい。クリスマスディナーショーの券が割高なのはそのためである。パーティー券の販売には、ホテルのセールス部員泣かせである。今日のような不況下では尚更であり毎年苦労する。まず狙われる先は取引業者、下請け業者に何がしかの販売協力割り当てで、当然のごとくパーティー券が送られてくる。それではたまらんと相手もさるもの年間の予算に組み込まれた納入業者は、ちゃっかりその分だけ納入価格に上乗せしてくる。納入業者はさらにその下請けに場合によっては半額でも持たせる。下請けはさらに半額でも取引先や社員、家族に購入してもらうかお歳暮代わりにプレゼントする。納入金額に100％組み入れられたパーティー券予算の50％は確実に回収され、残り50％は丸々儲けとなる仕組みだ。

「なんのこっちゃない」、言葉は悪いがホテルは「イカレテイルヨウナモンダ」。販売価格の半額または、プレゼントされた券をいただいたお客さまが実際にはディナーショーにお見えになっているのだ。年1回のお客さまではあるが、ホテル本来のリピート顧客とは異なるものである。ディナーショーに行くと、そのホテルの格や雰囲気にそぐわない観客の光景に違和感を感ずるに違いない。色々と実態を知ってくると果たしてホテルのディナーショーは継続すべきか否か、一見華やかに見える陰には無駄な出費が多く、現実には赤字になることが多い。事実ホテル業界はあまりにも商業化され取りやめた時期が2～3年あったが。

夏枯れがつづくと夏祭り、ビール祭りその他のイベントが催されるようになってきた。クリスマスから年末年始にかけて億単位のキャッシュ売り上げの魅力は、やはり業界のホテリエにとっては捨て難いものなのだろうか。

18. ダイヤモンドホテル東京に乾杯
　　——フェヤーモントホテルを偲んで

　身内が東京の半蔵門病院に入院したことがある。その病院の前後にはダイヤモンドホテルと金剛大飯店の本館・別館があるのだが、急に懐かしくなったと共に昔の青春時代の思い出が甦ってきた。と言うのは近くの桜で有名な千鳥ケ淵公園のフェヤーモントホテルでサービス産業界での人生をスタートした私にとっては皇居のお堀、桜の名所、半蔵門英国大使館近辺はよく散策したものだったから。

　1952〜53（昭和27〜28）年頃は戦後復興の出発点、外国人客の住居代わりに長期滞在客の宿泊設備として急遽、第一次ホテル建設ブームが到来した。東京オリンピック前のことである。記憶が多少定かではないが思い出すままに、フェヤーモント、三番町、アンバサダー、ダイヤモンド、松平、麻布、赤坂プリンス、大森観光、山の上、矢の倉などの新米ホテル群が一斉に開業、戦前からあった帝国、帝都（後のパレス）、東京ステーション、丸の内といった老舗に交じっての駆け出しのホテル群であった。特にホテル業の最初の出発点としてフェヤーモント、三番町、アンバサダーに勤務した私としては、同じ町内のダイヤモンドは新米の誼(よしみ)でよく相互送客など交流したものだ。初代の高橋社長は立志伝中の人物で、有楽町近辺で外国人相手のクラブも経営されていた氏は外国人客とそのホステスをホテルによく送り込んだことから、ホテル協会加盟の折には少々物議を醸したこともあったようだ。初代の高橋社長から直接ご指導を受けることはなかったが、アグレッシブな経営者とお見受けしていた。

　例えば、戦後の組合運動が盛んだった頃、サービス業としては最

初にダイヤモンドホテルが激しい労働争議に見舞われ総評以下、民生の過激な組合員に占拠されたことがあり、当時の現場の総支配人はその重圧に頭髪が一夜にして白髪になったことを記憶している。正義感に燃える社長は一歩も引かず何カ月もの困難に打ち勝って排除、解決された。その度量と経営手腕には若き駆け出しのホテルマンにとって大いに学ぶものがあった。

　1955（昭和30）年代はホテル労連の盛んな時代だった。労使の対立はサービス業界にも無情にも襲ってきた。一流生産会社の経営陣と違って、労使の問題についてのホテル側の知識はまるで皆無に等しかった。民生から潜り込んできたサービス要員をフェヤーモントホテルで解雇したことがあった。地位保全の要求によるストに始まってお決まりの労使交渉、当時支配人営業部長だった私は経営側の当事者として対峙した。解雇を通告した当事者として、私に対する外郭団体のグループも含め個人攻撃に始まる交渉は凄まじいものであったが、長い裁判の結果、経営陣の正当性が立証され勝訴。戦後地位保全の訴えを退けての勝訴では唯一の例であった。ダイヤモンドホテルの館内を見回すと、近代化された建物は昔のあの歴史の面影はない。かつては地階に大きなダンスホールがあって、中華ブッフェを食しながら深夜に集まるお客さまはまさに今の六本木界隈を思い起こす――国際色豊かな社交場の走りであった。ハワイで知り合った二世のミス桜娘、パンナム航空のスチュワーデスになって毎月飛来してきた。薄給の身ではあったが勤務の余暇のひと時を自慢の愛車・日野コンテッサクーペでのドライブ、後の食事は地下の金剛大飯店の中華ブッフェ、ジャズ生バンド、踊って食べて戦後の平和な一時代を楽しんだものだ。

　皇居のお堀端千鳥ケ淵、今年は早咲き満開の桜の花を愛で、ひと

しお時の流れを感慨深く思い返しつつ、今や我が育てのフェヤーモントホテルもない。戦後の新米ホテル群で唯一生き残った勝ち組、今なお、存在感を堅持しているダイヤモンドホテルに乾杯。

19. アメリカンホテルの合理主義

　日本のホテルは外国人向けの洋風宿泊施設として、欧州のホテル文化から多くを学んできた。戦後アメリカの省力化、合理主義が大きく台頭し喧伝され、ホテルの経営のみならず戦後復興にかける日本の多くの企業経営者は、生産方式がオートメーション化されたフォードの大量自動車生産システムに眼を見張った。人件費の高い、労組の強い、アメリカでは効率よく、全て省力化・合理主義を貫くことがマネジメントの最も大切かつ重要な手法であったのは当然の成り行きでもあった。戦後、日本のホテルもアメリカの省力化・合理主義を多く学ぶことになった。すべて高い人件費からくる機械化、省力化政策はアメリカ経営者の必然的な発想であった。アメリカ人は少しでも人を遣えばその代価が発生するのは当然であると考えていた。

　例えば、当時ルームメイド１人に与えられた仕事の部屋数は１日 15 ～ 18 室数、日本では 8 ～ 10 室数、もちろん体力の差はあるのだが、その割り当て清掃部屋数が達成されなければ収益目的のごく一部でも達成されない。まず最大の効率を上げるためには何をいかにすればと考え研究し、その結果、必要な材料器具や掃除道具、消費材などはメイドワゴンには順序良く整備、配列され必要な備品を与え、それを効率よく使うノウハウをトップマネジメントがいわゆるマニュアル化して徹底的に掃除の手法を教育し高能率を上げさせるのである。そしてインスペクターが点検して時給いくらと最低保証契約し支払われ、その努力はチップという形で収入増が図られるのである。それに引き替え当時は安い月給の日本人メイドは客室

を丁寧に綺麗にすることの手順のみを教え、時間内に仕上げるためには人数でカバーしようとしていた。そこには掃除に必要な人間工学、いわゆる掃除、清掃学的な研究なるものはなされていなかったし考えもつかなかった。精神力、心情に訴える日本のホテル経営者も徐々に科学的、省力化・合理主義の発想を学び教えられることになるのだが。

　古き良き時代のホテルは貫禄があった。玄関を入ると広くてゆったりとしたロビー、そこにはふかふかとしたソファ、紳士淑女が静かに読書するその姿はまさに旅のもう一つの家庭、団欒、寛ぎの場であった。そのロビーの風格はホテルのステイタスをも表していた。アメリカの合理主義はそれをも見逃さなかった。ロビーをコーヒーやティー、加えてカクテルまで販売する場に変えた。今日皆様がご利用されている通りである。少しでも収益を上げる場にしてしまったのである。そして世界で最初にバニーガールを導入し、サービスさせて評判を世界的に取ったのはあの故・レーガン元大統領お気に入りのロスのセンチュリープラザホテルであった。多額の投資を必要とするホテル事業に少しでも効率化されるスペースは稼ぎどころと変えてしまう。

　典型的な省力化・合理主義の最たるものはファストフードレストランに象徴される。いわゆる高い人件費のプロ調理師を必要としないコックレスレストラン、味の均一化、低料金、分量の統一など本社工場で生産された製品は各レストランに運ばれ、定められた時間で加熱調理する。アルバイト学生でもできる。当時アメリカの料理は大味でまずいと言われるなど評判は最悪であった。後に保存、急速冷凍、解凍、加熱などの革新的な技術の進歩により、加えてIT技術は味の精密分析による、インスタント、レトルト食品、冷凍技

術の革新はより本物に近い製品を出すようになってきた。さて本物志向を目指すホテルマンは、今後どうするのだろうか。技術に慣らされた感性の世代の消費者の志向は異なった方向に移動しているのかも知れない。

> アメリカの省力化・合理主義でどこまで行けるのか…

20. ホテル運営学
―― コーネル、ローザンヌのDNAを日本市場で生かすには

　20世紀末より始まったバブル経済の崩壊、構造改革の波も漸くおさまって、景気回復の兆しが見られるようになってきた。徐々にではあるが上向き方向にあると多くの知識人はメディアを賑わしている。中国本土の好景気の恩恵に与かっていると多くの経済学者は説いている。

　「申年・去る年」――リストラの波はホテル産業界にも廃業・倒産・外資系に買収されたり、経営権・運営権を移譲されたり等々、一流ホテルも数多く消えていった。「酉年・取る年」の年頭を迎え、初心に振り返って心新たにホテル経営学・運営学の基礎を考察してみよう。ホテルのマネジメントとオペレーション、その運営・オペレーションの長である総支配人・ゼネラルマネジャーの善しあしはそのホテルの経営・運営に重大な影響があるのは論を俟たない。従って外資系のホテルのその選択は厳しいものである。1年で高収益の結果が出なければ即解雇で、野球界の外国人選手と同じく当たりがあれば外れもある。1年で解雇される。同様に外資系ホテル、無情にも次の新しいゼネラルマネジャーが任命される。事ほど左様に総支配人の選択は、ホテルの経営・運営の死命を決する。

　大阪学院大学の仲谷秀一教授はこの時期に「新総支配人論」を上梓した。コーネル大学ホテル学科的解説で、良く分析されている。教授はまず地域密着型ホテルを説く。かつて今は亡き偉大な経営者の1人が、大阪の南でホテルを建設する時、「北に集中するホテル群の方を向いて計画をするなよ」「南を向いて建設のコンセプトを考えよ」と貴重なアドバイスをいただいた。まさに地元密着を指

している。また2001年に私が説いた「総支配人に求められる資質」の中でその職務の一つとして「人をマネージする能力」を挙げた。教授は多種多様な職種の従業員に満足しモチベーションを与えられる能力を指摘している。また接遇者としての役割、リーダー・教育者としての役割、経営代行者としての役割、外交官としての役割と四つの役割を指摘している。

　60余年のホテル経営、運営の体験から得た哲学は言葉、表現こそ違え**ホスピタリティー技術、人をマネージする能力、予算管理能力はまさに学問論と一致する。そして総支配人はそれらの能力の最頂点を極めたホテリエでなければならない**。アメリカ人総支配人は、コーネル大学ホテル学科卒を最高権威として多くの主要ホテルで活躍している。ヨーロッパや東南アジア方面のホテルはスイスのローザンヌホテル学校卒が主流である。そのいずれも極めて勤勉で有能であると学んだ。その中から、日本の総支配人に特に求められる最も大切な能力の一つはマーケットを創造する能力だ。変動・移動の激しいマーケットに対応する能力は、日本国内市場では特に求められる能力だ。そして最後は当然ではあるが、求められる資質はそのホテルを代表する総支配人の品性と知性であり、顧客に愛され信頼され、部下を同一方向にリードできる力量を必要とする。優秀な数多くの総支配人の誕生を大いに期待したい。

21. アメリカン・マーケティングは絨毯爆撃
　～ホテルキーパー OB の呟き～

　真夏に向かって各種の清涼飲料水のテレビ CM が派手に流れるたびにこの話を思い出す。私が PR──PROPORTIONAL REPRESENTATION・PUBLIC RELATIONS・ADVERTISE・PUBLICITY 等々の英語を耳にしたのは確か 1953（昭和 28）年頃であったと記憶する。日本人すべてが再建復興に向けてアメリカの経営学や大量生産方式を学び取ろうとしていた時代である。PR とは何であるか意味がなかなか掴めない。翻訳すると宣伝広告か？いや違う。テレビがまだない時代ラジオや新聞、雑誌を介して商品名を、その情報記事を無料で、時には有料で書いてもらい、流し、タイミング良く大衆に、消費者に告知し知ってもらうこと。今では誰しもが理解し PR・PUBLICITY は重要な経営手法の一つである事は熟知しているのだが、もはや現代では古典的な販売戦略となっている。

　次いで "MARKETING（マーケティング）" なる英語を耳にする。市場＝いちば──野菜や魚や食料品を売っているところか？いやマーケティングとは市場調査・流通経路・広告などを含む製造から最終販売までの全過程のことだと理解したのはかなり後のことである。いやはや何とアメリカの経営学は進んでいることか。これでは日本は明治維新以来急速に近代化したとはいえ、この部門は遅れているなと思い知らされたものだ。ホテルに勤めていた関係もあり多少の英語の理解力がある私に、コカ・コーラが日本に進出するので支店長、いや支部長だったかな、やってみないかと声を掛けられたことがある。その時にコカ・コーラの進出方法、今で言う販売マニュアルを見せられた。分かりやすく例えると、大阪の御堂筋を中

心にして北から南まで、東は堺筋、西は四ツ橋筋までを範囲に一軒一軒の酒屋、ガソリンスタンド、ちょっとした店先に誰もがご存じのあの赤いコカ・コーラマークの入った小型トラック、運転手が1人でコカ・コーラのケースを置いていく。もちろん無料で試飲して新しい味を知ってもらうためだ。日本人は清涼飲料水といえばラムネ、サイダー、カルピスなどになじんでいた時代だ。私は子供の頃に育った戦前の上海で、コカ・コーラのことを知っていた。その頃あの独特の香料は体に悪いから飲んではいけませんと教えられてきただけに、大人になっても抵抗感があったのを覚えている。慣れると不思議なものだ。真夏の暑さにあの独特の香料というかその清涼感は、今までに日本にはないおいしさが次第に浸透してきた。そして頃合いを見計らったように一斉に新聞・雑誌・看板、やがて出現し始めたテレビ、力道山に夢中になっていた口惜しい敗戦を味わった日本国民にも、コカ・コーラの宣伝は次第に目に、耳に、口に触れるようになった。当時たった7円の原価で売価40円から始まったコカ・コーラの販売戦略は、莫大な利益を元手として宣伝広告費、PRを一斉に、大物量作戦を掛けた瞬間、誰でもどこでもすぐ近くで目に止まり買える。そのためには"VENDING MACHINE"今で言う自動販売機を開発。駅前だろうがガソリンスタンドだろうが、ありとあらゆる人の目に触れる所に置きまくった。当時の日本にとっては新しい販売手法で驚きの目を見張ったものだ。目標を設定して商品の宣伝と告知が始まる瞬間に消費者に直接どこでも気軽に手に入る店頭展開をする。これこそまさに一斉砲撃と絨毯爆撃、同時に歩兵部隊が殺到するアメリカの戦争テクニックそのものだ。

　日米の流通システムの違いも熟知研究されてきた今日だが、我が国では身近な商品であんなにも宣伝しているのに、スーパーやコン

ビニのどこにも見当たらないことが未だにある。逆に物さえ良ければお客さまは買っていただけるもの、と何のメッセージも消費者に送らないメーカーもいる。消費者はそんなに我慢強くない。買う気になった物が目の前になければすぐ他に目を移す。莫大な宣伝費用は無駄になる。本日発売の札の掛かった週刊誌は、札を置かない週刊誌よりも良く売れる。

　いつになったら日本の経営者は、広告宣伝から脱した販売戦略体制をマスターするのだろうか。**勝利・成功への常道に回り道はないのだが、ホテル販売戦略も戦術も絨毯爆撃手法に習って、見直したらいかがだろうか。**

22. もう一人の偉大なる経営者——タネ銭哲学

　私は上京する度毎に、必ずホテルニューオータニにお世話になっている。ホテルが開業する前から開業後の、そのホテルの歴史、経営手法、営業政策、サービス等々の変遷をお客さまの目で観察してきたからである。日本ではじめての大型ホテル、ピンからキリまでの広範囲の顧客層にターゲットを広げたホテルの百貨店、とまで言われた。私は関心を抱いていた。東京オリンピックに間に合わせるために、大成建設が大急ぎで、当時の最新式の工法を駆使し、どうやら、多数訪日する外国人観光客に、宿泊施設を提供するのに、間に合わせる事ができた。はめ込み式パッケージ工法によるユニットバスルームも急遽開発された。あれから42年、大改装をするとの発表を聞いて、コンシェルジュデスクで少々話し込む事になる。開業前、開業当時、その後の変遷を話し込んでいると馴染みのマネジャーの一人が40周年記念「創業のエネルギーを飛躍の力に」と「ニューオータニの歩み（歴史）と世相」のコピーを手渡してくれた。「貧苦に負けず、成功に導いた独自の哲学とは」という、そのコピーを読んで私は感銘を受けた。さすが1,500室を誇る日本最大のホテル王は「もう一人の偉大なるホテル経営者」だ。ただ者では偉大なるホテルは経営できない、と感じとった。頂戴した資料のままお伝えしよう。

　大谷米太郎翁は1881（明治14）年7月14日富山県小矢部市水落に小作農家の長男として生まれ、1968（昭和43）年5月19日88歳で逝去した。小学校を卒業、百姓奉公から酒屋奉公をはじめる。その後20銭と握り飯を持って上京。荷揚げ人足、奉公人を経て相撲

界に入り十両まで上り詰める。後鷲尾嶽酒店を開業、相撲界を去る。鉄鋼業界の下請けを経てさまざまな苦節を乗り越えて1944（昭和19）年59歳、大谷製鉄株式会社設立、後の大谷重工業株式会社となる。

　正に大正と昭和の激動時代を裸一貫生き抜いてきた「明治男」である。事業を発展させ時代の成功者の多くは必ず先見性、鋭い感性、感覚、決断力、記憶力、運勢、を持っている。米太郎翁は壮絶な人生体験から学んだ独自の哲学、それは学問の分野では見失いがちな選択と決断を、澄んだ目で正しく率直に物毎を見、判断し、選択決断をした。

　江戸時代の農民気質、「自分の金と土地で仕事をしたい」「働けど働けど我が暮らし楽にならざりき、じっと我が手を見る」まさに小作農民の心がバックボーンにあったに違いない。米太郎翁は「じぶんの金や土地でないと仕事はやらない」と言っていた。この考え方はその時々の自分の力金や土地に応じて仕事をする事であり決して他人の力に頼らずにどこまでも自分でやるという事である。江戸時代の農民は土地が財産や金を生む、すべてが土地に由来する。米太郎翁はまさに小作農の生き方を実践したのである。近代化の歩みの中で、農民的な生き方を貫いたのである。独自の「タネ銭哲学」もこうした農民的な生き方からきたものである。

　「タネ銭」とは「毎月、給料の中から自分で1,000円ずつ差し引いて三年間積み立てれば36,000円それだけ貯まれば、人間36,000円分の知恵が出てくる。100,000円 貯まれば100,000円、1,000,000円 貯まれば1,000,000円。そして10,000,000円 貯めることができれば10,000,000円の知恵を持つ人間になれる」一攫千金の夢を見ずにこれは田畑一坪一坪を汗して広げ増やし、徐々に段階的に力をつ

けていく農民の知恵である。そして自分で苦労して作った「タネ銭」でないと成功しない。再読しながら、感じ入るのみである。

　大谷米太郎翁は戦後に値上がりした土地の信用を基に現・ホテルニューオータニを建設した。その後ご子息、お孫さんに引き継がれて今日の繁栄と存在感があるのは皆さんご承知の通りである。「タネ銭哲学」、現在も社員一人一人に確実に受け継がれている。時は2006年。あたかも日本国中ライブドア、ホリエモンの錬金術騒ぎ。世のIT至上主義の若者よ、もって先人の「タネ銭哲学」を知るべし。

「私はこの『履歴書』を記すにあたって、若い読者諸君に言っておきたいことがある。それはたった今から、収入の一割を貯金したまえ、ということだ。私の『履歴書』は、このタネ銭を残すことのできない人にはわからない話である。
タネがなくては、芽も出てくるまい」

「自分の苦労してつくったタネ銭もなく、親の財産や他人の財産をアテにしているような人間に、ロクな人間はいない。また、そうした人間の事業がうまく行こうはずもない。
自分の腕を磨くにはともかく、このタネ銭を持たなくてはできないものだ」

「苦しみながらタネ銭をためていくと、そこにいろんな知恵、知識が生まれてくる」

大谷米太郎（ホテルニューオータニ創業者）語録

23. 非正規雇用社員――ウエーターサービスのプロ

 2008年のリーマンブラザーズの崩壊に始まって、アメリカの金融市場の急加速な大混乱は、"アッ"という間に不景気の波が世界中に席捲、襲いかかってきた。日本も当然ながら影響を受け多くの生産企業を中心に、円高に悩む企業群は、自社防衛のため、まず人員削減に踏み切った。最初に狙われるのは当然非正規雇用社員の契約解除。連日マスコミが騒がしい。政府の対応も大忙し。そこでホテル業界に限っての話だが、この非正規雇用社員問題を考えてみる事にした。

 そもそも厚生労働大臣の認可を得た職業人材紹介事業者が、配膳人斡旋を目的として、ホテルのサービスウエーターを、戦前から主として宴会業務に派遣していた。彼らは、本来の正職業を他に持ち、副業として土日祝日に集中する不定期なホテルの宴会婚礼部門に従事する、サービス技術を持つプロ集団でもあった。

 数多くのサービスウエーターを不特定日に必要とする雇用者ホテル側と、副業としての収入を目的とした就業者ウエーター側との利害関係が一致して成り立っていた。そこには両者間には、何にも問題はなかった。戦後派生した学生のアルバイト、パートタイマー先としても好都合な職域でもあった。この限りにおいては、雇用する側と雇用される側との利害関係が対等で一致する。だが決して正社員になることを希望しない。束縛されることは本来の正職業に差支えるからだ。

 やがて日本は経済の高度成長の波に乗る。職業の選択の自由、個人の主張が自由主義の名の下に大いに喧伝される。フリーター、非

正規雇用社員、いつでも自由に自己の生き方の選択を出来る余地を残す。職業の好き嫌い、苦痛感、より良い条件への執着、束縛感からの逃避、これらの風潮は、学業においては不登校現象、いじめに耐え得ない無気力さ、たとえ不満でも辛抱強く生き抜く気概の欠如、それらのうごめく人間集団に目を付けた、人材斡旋業者、それらを保護する法の整備は、結果責任、自己責任の欠如、に繋がっている。

　辛抱、忍耐を忘れた無気力な現代の若者は、それでも、生きるための生活があるから、何時でも安易に、自由に、職業をパート的に、斡旋してくれる人材派遣会社に登録する。好きな時に、好きな期間だけ好きな職種に派遣され、嫌ならば自由に気ままに生活する方に走る。決して社会に貢献、会社のため愛社精神は持ち合わせない。気に食わなければいつでも職種を選択できる。決して正業、正社員に就きたがらない。たとえ正社員より条件が少々不利でもいつでも自由に離職出来る権利を保有する。また人材派遣会社なるものは、それらの人種いや人材が横溢(おういつ)しているからますます巨大化する。

　ホテルは毎年優秀な人材を求めて就職試験をし、人材の厳選をする。やがて新卒の将来を期待された若者が将来のホテルの運命を握るものとして教育が始まる。将来の企業の発展を見据えて莫大な人材育成に投資する。然し人材派遣会社は正社員の成長をジッと見つめている。頃合いを見計って収入の良い好条件の他社に密かに就職斡旋の口利きをする。成功すれば人材派遣会社は後者からその実力を認められる。そのからくりは企業側には読めない。次第に企業側は社員に対して何時転職するかの不安と不信感に駆られる。好況時には激しく中堅幹部社員の離職移動が始まる。企業側もばかではない。次第に非正規雇用社員に切り替える。解雇と離職との権限は対等になる。莫大な人材育成の投資を真に愛社精神を有する正社員の

みに注ぎ込む。

　好況時にはいつでも自由に一定の蓄えが出来ると離職し、海外旅行に現をぬかす。帰国してまた職を斡旋してもらう。だが今年のように急激な不況が全世界を駆け巡ると企業側はまず、不安定要素の非正規雇用社員の不採用に踏み切る。都合の良い時は自由に振る舞い、都合が悪い時には弱者の立場を主張する世論の風潮。両者の間では対等だと考えるが、あなたはいかがが。

24. アメリカって国は——2009年

　アメリカって国はおかしな国だな。面白い国だ。世界中に、これほどの経済不況の波を波及させ迷惑を掛けても、アメリカ式自由競争、金融資本主義が間違っていた、悪かったとは決して謝らない。世界中の国民に100年に一度の世界経済の不況の原因、迷惑をかけても決して謝らない。今回の住宅サブプライムローンに発したアメリカン自由資本主義、金融政策の破綻が原因なのは明白なのに。「CHANGE」と言ってもなかなか変わらない。そう言えばあの中国の「餃子事件」も同じように、自国の非を認めて謝ったことは決してない。不思議な国だと思って、知り合いの親しい中国人夫婦に原因はこんなに明確なのに、なぜその非を認めないのかと問うと、中国4000年の歴史には「謝る文化、風習」はないとの返事が返ってきた。「すみません」「ごめんなさい」「申し訳ありません」。最後は「腹切り・切腹」の責任を取る美学は、日本国民だけなのか。巨額の公的資金税金を投入されても多額の報酬ボーナスを払い続けるCEOの経営感覚。それでもGM・FORD・CHRYSLER・AIGのTOPは決して謝らない。宗教の違いか、「告白、懺悔」はするが。「恥じの文化」の日本人の感覚には程遠い、理解しがたい。

　日本国は1973年、1978年、2004年——2008年の相次ぐオイルショックによるバブル経済の破綻、政府与党野党、経済の専門家、ピンからキリまでのマスコミ報道家連中、TV番組等々は連日喧々諤々不況脱出の政策、公的資金の投入に大騒ぎした記憶も新しい。漸く長い不況から日本は脱出しての直ぐのこの世界不況騒ぎ。当時日本国政府の採った経済金融政策は効を奏した。ものの見事に経済

を回復させた。その見本に習って、日本の経験に基づいて、それ今盛んにオバマは公的資金の注入政策に走っている。アメリカ国民の世論、政府・民主党・共和党・上院・下院マスコミの報道等々の騒ぎは、日本のかつての経験ある政策世相の再現、再放送を見ているようで面白い。

　他人事のようにも笑ってもいられない。わがホテル業界も未曾有の不況の波にまた襲われている。2009年に入って、ホテル稼働率急落と報じられている。日本の御三家と言われる帝国ホテル一月59.6％、ホテルオークラ東京45％、ホテルニューオータニ東京37％と報じられている。1ドル＝¥360から始まった時代から今1ドル＝¥98〜100以下の円高ドル安、これではホテルの主客である外国人客の訪日は見込めない。鳴り物入りで日本に広く展開した外資系ホテル群は日本的経営と違って宿泊主導型その打撃は想像以上のものがあるに違いない。日本のホテルはご承知のとおり宴会婚礼主導型、長い知恵でホテルを経営してきた。幾度となく不況の波を乗り越えてきた。そのノウハウは日本のホテルの元祖・帝国ホテルから始まっている。そのノウハウは充分蓄積されている。

　料飲食部門、特に婚礼宴会部門は、いまだに顕在だ。宿泊部門の収入減を何とか料飲食部門でカバーしている。度重なる業界を襲った不況の波は、東京オリンピック後、大阪万博後の大波を乗りきった。業界経営者のノウハウは充分に蓄積され、去るものは去り残るものは残った。今回の不況にも充分対応できるはず。業界の動揺はあまり見受けられない。むしろ前向きに捉えているようにすら見受ける。頼もしい限りだ。ところで、多く東京を中心に展開進出してきた外資系ホテルのGM連中はいかがだろうか。早くも値下げ合戦の声も聞くが、日本式ホテル経営に勝る新マーケティングは。ま

ずはお手並みを拝見といきたいものだ。

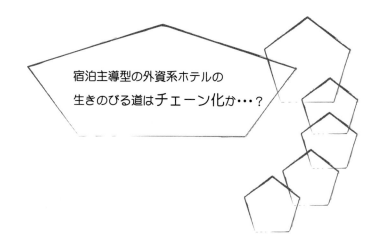
宿泊主導型の外資系ホテルの
生きのびる道はチェーン化か…？

第10章　ホテルの営業
——老兵の胸から去らぬ一つの疑問

1．マーケティング論よりも景気で変動

　長年つきまとって離れることのない疑問が一つある。ホテル業についてあれこれ思考をめぐらしていても、いつの間にかその疑問に逢着してしまうものだ。それは、本当にホテルマンにはマーケティングがあるのか、という疑問なのである。何をバカな、とおっしゃられるな。誰でもこういう経験の一つや二つあるはずだ。例えば、営業企画の俊秀がお客さまの趣味や嗜好を一生懸命研究し、町なかに渦巻いているトレンドの波をかいくぐって、ホテル独自のオリジナルプランを打ち出す。宿泊プランでもF&B関連の販促プランでもいい。自信作だ。試しに売ってみる。評判は上々。ばっちりお客さまが買い求めてくれて、プランは成功に終わった。めでたし、めでたし。やっぱり僕のマーケティングは間違っていなかった、と小鼻を少しふくらませたいほどの気分。そこでこの営業企画氏は、ふと隣のホテルを見ることにした。今度は、あそこに勝てただろう。
　ところがである。何のイベントもやっていない隣のホテルが、我がホテルと同様に満杯ではないか。もしかしたら何もやらなくてもフルハウスになったのかもしれない。そこで彼らは、深い深い疑問の殻に沈むのだった。「ホテルマンのマーケティングって、一体何なのだろう……」と。つまりは、こういう思いを抱くホテルマンは意外に多数にのぼるのではないか、ということなのである。これが

つきまとって離れない疑問の正体だ。

他が一杯ならうちも満館現象

　ホテルマンであるなら、知人から宿泊の予約をとってくれと頼まれるケースが多々ある。自社ホテルがダメなら、友人のいるホテルに問い合わせをしてみる。ところが、1991年の春先から東京・大阪のホテルの好稼働がつづいていて、われわれホテルマンの腕をもってしても、空きルームを見つけるのが難しい状況だった。要するに一カ所電話して満室だと、他のホテル何軒に電話しても、返事はノーのケースが大半なのである。もちろん逆のケースもある。

　一カ所ホテルで部屋が余っていると、他に似たようなもので、どこもお茶をひいているのが普通。つまり、東京・大阪などメガロポリスに限っての話かもしれないが、ホテルの埋まり方はホテル自身のマーケティング能力よりも、宿泊需要の遍在の方にビビッドに対応しているということなのだ。俗に言われるホテル業は景気の波に左右されるという定説が、今も生きている。いざなぎ景気以来の好況で、あれほど深刻になると騒がれていた大阪ホテル戦争も、戦争どころか、共存共栄というハッピーな事態になっている。

　こういう事態を眺めていると、簡単に言ってしまえば、「**入る時には入る。お客さまがいない時には何をしても入らない**」という絶望的な気分に駆られる。これまでのマーケティング論では説明しきれないような気がしてならないのである。例えば、だ。真にオリジナルなマーケティング政策を立案し、セールスから品揃え、オペレーションまで美しく整っているとするならば、他のホテルがガラガラのときにも、満杯で大繁盛のホテルがあってもいいはずなのである。だが現実は、自分のホテルが不調だと、他のホテルも同じく不調に

あえいでいるし、世の中が活気づくと各ホテルとも一斉に生き生きとしてくる。この現象を見ていると、ホテルマーケティングって本当にあるの？ と言いたくなる。マーケティングだって哲学だ！ 反論はもちろんある。ホテルがクリエイトした婚礼披露宴はどうなんだ。あれは潜在する需要を見つけ、まことに巧みにマーケティングしたではないか、と。

　正月プランやディナーショー、夏祭りといった企画ものも、マーケティングの成果と言える。受験生プランや観劇パック、サマープランなども、頑張った例と言える。各論的に成功を収めたマーケティング政策は枚挙に暇ない。それは事実だ。でも、だからと言って、マーケティングの勝利と胸を張っていいのだろうか。

　ホテル業にマーケティングの思想が導入されたのはそう古い話ではない。もともとホテルは輸入ビジネスで、外国人客をもてなすための必要に迫られて誕生した経緯がある。東京オリンピックや大阪万国博など国家的イベントを契機にホテル業界が隆盛していったのは、皆さんご案内の通りだ。つくれば売れるシアワセな時代が長かった。ところが500室、1,000室の巨大総合型ホテルが生まれてくると、さすがに需要の自然増にだけに頼ってもいられなくなった。500室、1,000室を365日、一日も欠かさず埋め尽くすのは並大抵のことではない。ウィークデイあり、雨天荒天・仏滅・大安……四季折々の季節波動や競合ホテルの出現と、ホテルが大きくなればなるほど、待ちの姿勢ではやっていけなくなった。

　そこで、前述したような各種の新商品がマーケティングの名のもとに続々と打ち出されることになった。このこと自体は決して悪いことではないし、ホテルの新しい"使われ方"つまり新現の用途開拓の形で、新しい需要を生み出していったことも認めなければなる

まい。だが、それでも、ホテルの業況は景気の波に添い寝するという定説をくつがえすには至っていないのだ。

つい最近、われわれの業界は喉もとに熱いものが通ったはずである。

思い出してほしい。1987年の「プラザ合意」で急激に円高が進み、来日外国人客の半数を占めるアジア地区の団体旅行が激減し、宿泊稼働率が落ちこんで、どこも四苦八苦したではないか。あの時はスペシャルレートプランや特別VIP優待券の発行、朝食付きビジネスプランなどあの手この手がまかり通った。もしも長期戦化すれば、もちこたえられないホテルの一つや二つ出てきてもおかしくない状態だった。幸いにも、その後日米経済摩擦の緩和をめぐってビジネスの往来が復活したり、産業界の全般的好況もあって、いつの間にか元に戻ったので大事に至らなかった。つまり、各論的マーケティングの成果で、円高ショックが克服されたわけではないのである。

私の考えでは、婚礼にしても各種の宿泊プランにしても、それは目に見えるマーケット－ヴィジブルマーケットを対象にしたものなのである。換言すれば、よくホテルの商売は形のないものを売ると言われるけれど、それに形を与えて、お客さまの目に見える商品をつくってきたのが、ホテルのマーケティングの歴史ということだ。それはそれで素晴しいことだ。だが、私には**本当のマーケティングの真髄とは、インヴィジブル（目に見えない）なマーケットの本質を掴みとり、世の中の好不況に左右されない、コンクリートでエッセンシャルなものを捉えきる"哲学"（コンセプトという言葉では安っぽすぎる）なのだと思えてならない。**

これまで襲った不景気の波と言えば、代表的なものは、1964（昭

和39)年の東京オリンピック終了後のものである。あの時は、後々語り草になるほど入らなかった。多くのGMは他の所も同じだとエクスキューズしていたのだが、それでも東京の新橋第一ホテルと大阪の新阪急ホテルだけは、常時90％の稼働率を誇っていたのを思い起す。

　どちらも阪急の創立者、小林一三翁の興した事業である。小林一三翁の経営哲学について詳しく触れる紙幅は許されないが、どちらも当時のややハイクラスのビジネスマンに焦点を絞って、彼らの出張旅費を想定した価格戦略をとり、彼らの気持ちが満足するようなファシリティを整備して人気を得た。それは外見上テクニックのようにみえる。しかし、その底流には、日本を支えているものが当時寸暇を惜しんで仕事をする企業戦士たちであり、ビジネス行動は善なのだという**江戸時代の石田梅巌系を思わせるような"町人哲学"**があったことを見逃してはいけない。明治期の一大企業家渋沢栄一(右手に算盤、左手に論語)にしろ、小林一三にしろ、その町人哲学にはなかなかしぶといものがあった。**そんな哲学こそが、インヴィジブルなものを掴まえて放さない真のマーケティングだったと思う。**

　むろん、どんな哲学も永遠のものではあり得ない。小林一三哲学も私見では精算されつつあるようだ。

2．ホテルのマンネリ企画
　　——ディナーショーで誰が儲かっているのか

　師走ともなると妙に慌ただしくなるものだが、中旬以降にとりわけ忙しい。例年のクリスマスディナーショーがホテルの一年を締めくくる催事として繰り広げられるからである。故・犬丸徹三帝国ホテル社長の英国修行中、淋しく過ごしたクリスマス休暇から生まれた、クリスマスを異国で迎える外国人宿泊客に疲労を癒やしてもらおうと始まった豪華な中にも心温まる優しさのある聖夜のための特別な催し。それは神を信じる異邦人のための心尽くしのもてなしの一つとして静かに、しかし確実に他のホテルにも広まっていた。ところが戦後の高度成長の波に乗ったコマーシャリズムに煽（あお）られて、それはディナーショーなる呼び名と共にいつの間にか日本人のドンチャン騒ぎのためのイベントにすり変わってしまった。取って変わって、企業や政治団体等の各種パーティーといった手堅い顧客が宴会の主流を占めていた時期は良かったのだが、バブルの崩壊でその数が激減。また、ぞろぞろとディナーショーの復活と相成って最近のその様はホテルとして労多くして銭勘定の合わない、儲けとは縁のない企画である。

　ただ、暮れの10日間で2～3億円の金が動くイベントは他にない。収支がトントンならホテリエが見逃すはずもない。とまれ、あちこちでディナーショーが展開されるので、ホテル側はタレントの確保に躍起となる。力のあるホテルからお客さまを呼べるタレントを押さえてゆく。在阪ホテルとなったらどうしたってランクが東よりは下がってしまうのは仕方がない。そしてその中でも熾烈なタレント捜しの戦いが展開される。

それにしてもこの時期でなければ、名前も聞かないような三流芸人がフルレート300万円〜350万円を請求するのだ。当然チケットはさばけない。結果として出入りの業者に売り付けることになる。業者はしっかり年間の予算に組み込んで、かけたしわ寄せはちゃっかり仕入れ値段に跳ね返る。それでもあぶれる分は更に下請けに押し付ける、といった、典型的な弱いもの苛めの悪循環の構図になってしまうのだ。例のチケットは割引だ、半値だと、どんどん値引きされてショーに集まる顧客は定価の半額以下のチケットを手に持ってホテルにやって来る。四苦八苦してチケットは完売した。ショーは満席になっている。それなのにホテルは潤わない。あれだけの金が飛び交ってどうして儲けにつながらないのか？　いったい誰が甘い汁を吸っているのだ？　タレントである。私は声を大にして叫びたい。"安物タレントのあの馬鹿高いギャラ、日頃は安いくせにあれはいったいなんやねん"

3．アメリカンローストビーフに学ぶ演出力・企画力

　私は和食よりどちらかと言えば洋食のほうが好きだ。牛肉料理にも色々あるが、ビーフステーキ、ビーフシチュー、ハンバガーステーキ等々、なかでもプライムリブローストビーフは一番に選ぶメニューの一つだ。

　ホテルでは、5kg以上の牛肉塊、霜降りより、赤身の多い方が好みであるが、塩コショウをした肉塊をオーブンで、1時間から1時間半かけて、じっくりと焼き上げる。人参玉葱、月桂樹の葉、タイムを炒め、肉脂汁とかき混ぜ、かけながら仕上げる。英国の伝統的な肉料理は、まさに男の料理。サイド、付け合わせには、ヨークシャプデイング、ポテト、ホースラディシュ、クレソンが良く似合う。ローストビーフは、どこの一流ホテルのレストランでも、必ずメニューには載っていたものだ。オーブンで見事にレアに焼き上げるには、相当の年期と、そのホテルの、コックの技術の高さを求められる。コックなら誰でも、焼き上げられるものではない。その焼き加減は、そのホテルの調理技術の高さを意味し、象徴するものの一つだ。一方で材料の良質な牛肉塊は値が張るので、いつ頃か、暫くはホテルのメニューから消えた。愛好者としては寂しい思いをし、今はローストビーフを焼ける腕の良いコックはいないのだろうと思っていた。

　ところが、最近メニューに復活してきて、よくホテルのレストランで見かけるようになってきた。値段も手ごろだ。専ら輸入牛を使用して低価格に抑えている。訳を聞くと、一つはオーブンが機械化、電動化して自動的に、平均的に、手軽に焼けるようになってきたの

も復活の一つだとのことである。滴るようなレアの赤身の焼具合にはほど遠いのだが。愛好者としては、自家焼きとは、比べるべくともないが、ないよりはましと、楽しみが増えたと喜んで、食をエンジョイしている。

　先日、たまたま車で通りすがりにふと「Lawry's The Prime Rib」の看板を東京赤坂で見つけた。「エッ！ Lawry's…」と言えば、かつてロスで、初めてアメリカンローストビーフを食べたところか。そこでの初体験は、まず驚いたことには、シルバーのあの「どでかいカート」で目の前に運ばれてくるローストビーフ、焼き上げのビーフの塊が縦に串刺しに、三本立っている。デッカイ黒人シェフが横に肉塊を切る、その厚みもまさに5cmはあろうか「Lawry's Cut、最少500g」と、言うからには、何から何まで「どでかい」のには驚かされた記憶がある。早速電話をして予約をした。席について、そして二度ビックリ。1925〜30年代のアールデコ天井の高いいかにもアメリカ人好みのインテリア、300席プラス100席の大レストラン、は超満席、本場と同じく、体格のいい黒人シェフ、巨大なシルバーカートでのローストビーフサービス、愛想良くにこやかに飛び回る、いかにもカントリースタイルのウエートレス。アメリカでは、チップ制に生きる、生活がかかっている。サービス従業員の良く訓練された動き。徹してアメリカのレストランのムード。真剣そのもの見ていて気持ちがいい。アメリカ人の満足感は満腹感。その視覚のダイナミズムとパンチ力。誕生祝いのサービス要員の合唱は顧客のへの演出力、企画力、日本人の求める繊細な味とは、程遠いのだが。その合理性に成功している。多くの日本のレストランは、赤字に悩む。日本の経営者は、もっと本質を学ぶべきではないか。

　「生産者から、消費者の目線」へと変化している時代。アメリカ

ンローストビーフから考えさせられた、ちょっとした出来事でした。

※「Lawry's The Prime Rib 東京」は赤坂店閉店後、2014年4月20日に恵比寿で再オープンしている

飲食店経営論

数字の裏に隠された≪総売上高≫に関わる6つの条件

① Price「価格」　「市場性のある価格」「値打ちのある価格」

② Service「サービス」　「顧客の満足のあるサービス」

③ Atmosphere「雰囲気・店づくり」　「清潔で飲食が楽しい」

④ Quality「味」　「基本に忠実な調理法」「材料が適正」

⑤ Marketing & Merchandizing「商品・trendy・needs・sales」

⑥ Management「経営者の姿勢・スタッフのホスピタリティマインド」

≪総売上高≫を左右する5つの数字

月間総売上高＝①［総席数×満席率　　％］×②営業時間
　　　　　　　　　　　　　　　　　　　×③営業日数［　　日］
　　　　　　　　　　　　　　　　　　　×④1時間あたりの回転数
　　　　　　　　　　　　　　　　　　　×⑤平均客単価

4．災い転じて。シーズンオフ対策…人呼んで「シティリゾート」

　今年も梅雨明けと同時に、うだるような暑さが毎日やってきた。現代の人はその現象を異常気象だ、環境破壊のせいだと騒ぐ。局地的な大雨、世界あちこちでの水害事故も報じられる。夏休みになると、お盆休みを利用して海外に旅行する日本人客は年々増えて年間1,800万人を優に超すようになってきたという。だが今年は旅行客、観光客の移動に少し変化が起きているようだ。余りにも原油の連続の高騰があったからだと世間は言う。原油高騰の原因の一つに、オイルマネー、米国での金融資本主義、グローバルマネー、商品投機資金等による市場価格の破壊、それが跳ね返って、消費物価高を招き相次ぐ値上げラッシュ。特に航空運賃の上昇は、燃料費サーチャージ、別途割り増し料金を加算される。さすがの海外指向型の若者旅行者も一考せざるを得なくなってきた。手頃な国内旅行に切り替えたようだ。それがホテル業界の稼動に好異変をもたらしている。どこのホテルも特に都心の大型ホテルは今年の夏は満杯のようで、嬉しい悲鳴を上げている。

　かつて、「ニッパチ（2月と8月）」と言われたシーズンオフ。業界は、そのオフシーズン対策に長い間悩まされて収益増強に苦戦したものだ。そこで業界が考え抜き到達したのが、昔からある、婚礼、各種宴会のホテルへの誘致、つまりその多くが忘年会、新年宴会、結婚式披露宴と、その不況の穴埋めをレストランや宴会場の売り上げに求めてきた。

　宿泊部門（40％）に対して、料理飲食部門（60％）の収入比率、充実拡大、それによって安定収入部門の確立を計った。日本独特のホ

テル業の営業形態が確立したのだ。ちなみに、外国のホテル業界は宿泊（60%）料飲（40%）で日本とは逆である。戦後ようやくエアーコンディション等の設備も整い、ホテルで過ごすことが快適であり、おしゃれな、暑い夏の都会での避暑地となった。さらにもう一つプラス面の商品と考えたのがプールの設置であった。その直接の動機となったのが、桜通りで有名な東京の千鳥ヶ淵・元フェヤーモントホテルである。ファミリータイプのホテルを目指していたので小型のガーデンプール、都心では第一号のホテルとなった。

1956（昭和31）年。早くも東京都心のホテルでは、元フェヤーモントホテルがプールを開業したその人気を受けて、赤坂プリンスホテルも大プールをオープンした。次々と大型ホテルはプールを持つことになり、今では重要な商品、健康志向型にもなってきた。いつしか人呼んで「シティリゾート」。都市・都会の中のリゾート「シティリゾートホテル」と名付けた。いまや各種各様なホテル商品企画が氾濫してパーティーのシーズンオフはなくなってきた。

昨今、ホテルの夏はにぎやかだ。「ステイプラン」に始まって、ファミリー、レディー、ブッフェ、サマーナイト等々それぞれのホテルの企画は大忙しだ。ホテルにとっては、原油価格高騰は人々の都会型の夏休みの過ごし方に変化をもたらした。原油高災い転じて福となすか。いやいや業界は、消費電力の節約、仕入品の高騰等々、研究解決すべき問題は、まだまだあります。

5. 蝉時雨(せみしぐれ)も終わった
―――ザ・ウィンザーホテル洞爺リゾート&スパ

　都市の並木に害虫駆除の農薬散布を取りやめから十数年になろうか。えらいもので、自然環境が整って良くなったせいか、ここ十数年来、毎夏、どこかしらの木々で、蝉がよく鳴いていた。猛暑は蝉にとっては最高の環境だったのかも知れない。終盤になると、残り少ない役目も終えて、朝方に、度々窓の金網に止まって生涯を閉じているのを見かけた。例年よりよく太って一回りも二回り大きい体つきの熊蝉だ。最後の短い地上での生命を謳歌し切っているようだった。ご苦労様と言いたくなった。

　2008年の夏は、8月7～9日「洞爺湖サミット」に始まって、8月2～18日「第90回全国高校野球選手権記念大会」、8月8～24日「北京オリンピック」と催しが重なってまるで世間は蝉時雨(せみしぐれ)のようにけたたましかった。毎日毎日、そのTV映像が、賑々しく騒々しく伝えられた。北京オリンピック参加の選手団、応援団、マスコミ記者連中、諸々の全世界の多くの人々が、これらの催しを巡って、それに参加した多数の中国の人々に、それぞれの国々の風習なりしきたり文化など身をもって伝えた。国際交流、国際化のまさに見本市だ。中国の国民一人一人が、じかに多くの未知の世界のことを学んだに違いない。また参加した選手諸君も、多くの不思議な東洋の大国として中国のことを感じとったに違いない。

　洞爺湖サミット担当の「ザ・ウィンザーホテル洞爺リゾート&スパ・The Windsor Hotel International」も無事にその大役を果たした。その繁忙振りが一過性に終わらずに、今後も好調を続けていくことを願う者である。富裕層を狙っての高級リゾートホテルを目指すも

良し。一流高級3ツ星レストラン群（和洋中）を集約するも良し。今後の発展を願うのみである。

さて、日本におけるリゾートホテル・旅館連は集客、営業利益の確保に、おしなべて言えば企業の存続の手法に、長年、どこの地方でも悩まされ苦心惨憺(くしんさんたん)してきた。リゾートには季節がある。従ってHIGH SEASON LOW SEASONがある。暇になってお客さまが少なくなるとGMは従業員総セールス開始を陣頭指揮する。

右脳的に見れば
・最も多いマーケットを抱えているのは当然旅行斡旋業者、そこに赴く。JTBを始めとする大手斡旋業者だ。次いで一流大手企業に訪問である。業者には手数料が発生する。業者は業績を伸ばすためにボリュームある旅行客を集客せねばならない。1泊2食付き込みこみ税サービス低価格料金となる。当然個人客より団体客となる。
・低価格団体旅行となると必然的に和室お一人様価格で4〜5名の宿泊となる。
・日本人旅行客のほとんどが1泊2食付き込みこみ料金である。従って和室主導型になる。
・高地から眺める自然の景色は素晴らしい。だが365日晴天ばかりとは言えない。曇り日、雨の日もあれば風の日もある。雪も降る日もある。と考えると上から眺める景色は、年平均稼働率upに必ずしも有利ではない。顧客を上へ誘導するのは並大抵ではない。地上の方がしばしば有利である。
・日本人観光旅行者は一泊旅行が好き。次から次へと観光地を移動する。決して同じ地に長期滞在はしない。短期滞在型だ。

・土日休日に宿泊が偏る。Off season が明確だ。

左脳的に見れば：
・省力化・削減がよくできているか。人件費は、材料費は……考えれば際限はない。
・顧客のニーズに応えているか。自己陶酔に陥っていないか。
・その他諸々の課題を慎重に克服しなければ潰れるのが落ちだ。

　蝉は地味な地中生活が長い。地上での華やかな世界は短い。地味な営々とした経営努力が栄華を勝ち取る。来年も洞爺湖に蝉が鳴くと良いのだが。

6．FIFA-WORLD CUP がもたらしたもの

　日本国内で初開催となったワールドカップ「2002 FIFA-WORLD CUP」は、フーリガンの心配もなく無事ブラジルの優勝で幕を閉じた。世界各国からの来日客による国際交流は戦後のマッカーサー統治下に始まって東京オリンピック以来、世界各国の選手は日本各地、都会から地方の村にまで分散して宿泊、多くの庶民と交歓すると共にそれぞれの国民性に触れた。サポーター群もピンからキリまでの宿泊施設を利用した。彼らがもたらす文化や国民性は宿泊施設や食事、交通機関などを通じて多くの日本国民に大なり小なり影響を与えたに違いない。

　明治維新以来、文明開化というと大袈裟だが、東京オリンピックの時、選手村での食事は日本の調理業界に多くのエスニック・メニューと調理法、知識を教えてくれた。その甲斐あって国際化しつつある現代においては、近代化された設備の整った日本にさほどの違和感も苦情も聞かない。簡易宿泊施設に泊まりコンビニで缶ビールを楽しみスシバーで満喫感を味わう。あの生臭いと言っていた魚の刺身、握りを、醤油臭いといっていた和食調味を頬張る選手達――いよいよ日本も国際化の水準に達したか。

　思い起こせばスポーツと言えば戦後、民主化へと再建の歩みを続けていた日本において着々と国民の明るい娯楽と健全なスポーツとして動き始めていた野球界。与那嶺、広田、柏枝、西田のハワイ出身外国人選手が読売ジャイアンツに入団した。新しい住居が決まるまでホテル住まいとなるが、その頃の日本のホテルは玄関のドアは手動でドアマンが1日中 "good morning sir" と言ってお迎えしたも

のだ。客室には温湯のラジエーター、地下ではボイラーで石炭を燃やしていた。冷房機はなく夏は小型の扇風機のみ。蒸し暑い日本の夜、誰一人苦情を言うこともない。フロントの事務も個々の計算も算盤万能の時代であった。客室の電話機はすべて交換手を通して国内外とも紐式の交換機を使用していた時代である。時には人生の裏話を聞くこともできた。よっぽど現代のワイドショーより面白かったのだが、時効とはいえ語ることはできない。

日本人の高度成長への意欲は政官民一体となって新しい技術を外国から機会あるごとに貪欲に吸収した。日米野球の交流が年々高まりオドール監督率いるメジャーとの対戦は回を重ねるごとに強くなっていった。あらゆる産業界も追いつけ追い越せで頑張ってきた。ホテル業界も盛んにアメリカの合理主義機械化を学び驚くほどの進化を遂げた。客室内の設備だけでも当時と比較すると今では当たり前となっている自動電話機、室内温度など自動コントロールできる低音のエアーコンディショナー、そしてミニバー付き冷蔵庫、ハイビジョンテレビ、ビデオ、ファクシミリ、浴室におけるアメニティの充実、インターネット、コンセント、モジュラージャック、ブロードバンド等々枚挙に暇がない。

野茂に始まり佐々木、イチロー、長谷川、新庄等々によるメジャーでの活躍。経済大国だけかと思っていたのに、ようやく日本もグローバル化、メジャーの世界に通用するようになってきたのか。それにしても衣食住——我がホスピタリティー産業のFIFAに果たした役割は大きいと考える次第である。

7．Value for Money——報酬相応の仕事をする精神の確立を

　2003年。阪神タイガースの18年ぶりのセ・リーグ優勝で、全国のファンが沸きに沸いた。お陰で不況の暗いイメージは少し払拭されたようだ。そしてファンの興奮も冷める頃、やがてストーブリーグの話題、興味と不安が新たにファンの心をヤキモキさせる。誰それがどこそこのチームへ、いくらのトレードマネーで移籍するという報道に来季はセ・リーグが面白い、パ・リーグが強いなと一喜一憂する。プロ野球は実力主義の世界だ。選手を商品として扱う。チームと選手の間で交わされる規約や仕組みは全く不案内であるが、その年の打率やホームラン数、勝利数や防御率、盗塁数などチームに対する貢献度、業績によって来季の契約金が決まり、それに満足な選手もいれば不満でも来季に期する選手もいるなどまさに悲喜こもごも——実力主義、成功報酬主義である。

　さて、プロ野球界の選手の契約金制度を見るにつけ聞くにつけ、われわれホテル業界も似たような企業性質を持っていると常々思っていた。特にホテルは人と人のふれあいの場、技術を持った営業部門その一人一人のスタッフはまさに野球選手と同じで、その磨き上げられたホスピタリティーの力量でお得意様も付く。それゆえ評価され実力主義であるべきであるといつも考えている。思い出すとホテル業界の営業部門と管理部門との間ではそれに従事する社員間であっても、かつて給与体系は異なり営業部門の給与は低かった。理由はチップをもらえる接客部門だからである。愛想が良く、スピーディーでサービスマインドに満ちた接客要員の華麗なその動きは、顧客の信頼感と満足度に繋がり、当然ながら報酬も多くホテルの企

業としての収益にも貢献した。確かに、チップで自家用車のガソリンを賄っていた稼ぎの良いベルボーイも当時は、外国のホテルサービスパーソンのようにたくさんいた。やがて民主主義、労働組合運動が盛んになり平等均等主義、10％のサービス料が付加される制度に変更され、その競争原理は働かなくなったのだが…。企業が投資したそのスタッフの持つ接客及び集客技術が大きくそのホテルの特色を表し、業績を伸ばし、他のホテルとの競争に勝ち残ったのは明らかだ。

　「三流の人物には三流の人物が似つかわしい」「最高を目指すホテル、中級を自認するホテル、低料金でスピードをモットーとするファストフードレストラン──つまりそれなりの技量とホスピタリティー技術でよい」。人の技量が金額で評価されるとしたら一流への道は困難と試練が待ち受けるが、希望は持てる。世の中の人は決して無感覚ではない。正当に評価しうる批評眼を持っている人はたくさんいる。「30万のコックは30万、50万のコックは50万、100万のコックは100万の仕事」と昔ある有名なコック長から言われたのを思い出す。100万のコックが100万の仕事をするというのはお客さまを集め収益を上げ満足させることであって、決して高価格の商品を提供するわけではない、と。そう考えるとホテルの近代経営学もプロ野球球団の経営学に学び、**サービススタッフは大切な商品であり競争原理に従い常に緊張感を持って仕事に従事させるために契約制度を採用することも一考に値する**と考える。そうすれば「30万が他のホテルに引き抜かれ50万の仕事を、50万が100万の仕事を」という実力と給与のアンバランスはなくなっていたはずだ。多くのホテルがその見当違いの人件費に悩まされ、挙句の果てに消え去ったことか。アメリカの合理主義を見てみるとお客さまに接する

ベルボーイ、ウエートレス、ルームメイド、コンシェルジュは最低保障制度プラスチップ制——つまり働けば働くほど、お客さまに喜ばれれば喜ばれるほど収入は増えホテルの名声も上がる。

　日本でも一時は契約社員なるものを導入したことがあるが、もっと合理的な人事制度は考えられないものか。きっとホテル経営で最大の悩みとも言うべき人件費問題が解決されていれば多くのホテルが消え去らずに済んだのではないかと思う。

　"Value for Money"——値打ち、報酬にふさわしい仕事をこなす制度の業界全体の確立を切に望む。かく言う私も未だその具体策は確立していないのだが…。

8．デフレ宣言 spiral deflations

　2010年4月30日に一度閉館した歌舞伎座は09年1月から同日までの期間「さよなら公演」を興行した。老朽化した歌舞伎座を耐震強化した、新たな歌舞伎座が13年4月に完成した。歴史ある「最後の歌舞伎座」を見ておきたいとの全国の歌舞伎ファン、ご贔屓筋が集まった。日本独特の伝統芸能演劇で重要無形文化財でもある歌舞伎観劇と言えば、かつては上流ご両家のお見合いの場でもあったことがある。桟敷席の着物姿に着飾ったお嬢様は遠目にも華麗な美しさ、歌舞伎役者に劣らず上品でお美しい。一層歌舞伎座の演劇を盛り上げたものだった。

　特に12月（2009年）出し物は成駒屋一家総出の賑々しい千秋楽とうたって、見ごたえのある演物は、毎回毎回盛況であった。知人の家族も親子揃って四国は高知から飛行機でやって来た。なかでも現代演劇の野田秀樹版、勘三郎演じる江戸時代の義賊と呼ばれた「鼠小僧」スピーディーな展開と勘三郎のウィットに飛んだ笑いの舞台には不況どこ吹く風、満席の観衆も大拍手。ちなみに、航空運賃、宿泊代、観劇料その他大変な出費である。御観劇料桟敷席1万8,000円、一等席1万6,000円。年末年始には日本髪を結ったキレイどころのファンが、今はカジュアルウエア、追っかけファン的風景に変わった。勘三郎、勘九朗お目当てか。ずいぶん雰囲気も時代と共に様変わりした。歌舞伎ファンにとって劇場の雰囲気を盛り上げる暗黙のドレスコードが自然とあったのだが。今はない。

　不況の影は歌舞伎座ではいささかも見えない。満員御礼大満足でした。したたかな松竹興行主、なかなかやるわい。だが政府はデフ

レ宣言をした。世間一般はデフレスパイラル現象。次々と低価格競争。ホテル業界の陰の安売り競争も垣間見る。インターネット販売を見てごらんなさい。ええっ、と驚く値段設定。営業を停止するホテルもチラホラ見えてきた。

　過日、帝国ホテル大阪に軽い食事にいったときのこと。年末でもあったせいかなかなかの盛況ぶり。オープンキッチンから垣間見えるコックさんの後姿にふと気付いた。青々とした襟足、丸坊主姿みんな髪の毛は短い。見ていて久しぶりに清々しい。昔は当然のことであったのだが、現代では不思議と見受け取れる。衛生観念に叩き込まれた教育は伝統を誇る老舗ホテルには未だに生き続けている。基礎の良く行き届いた料理法にはマズかろう筈はない。決して奇をてらわない。いつになく当日は満席であった。日本には四季がある。

　春は春・旬のもの、花見、婚礼、夏は夏・海山行楽シーズン、秋は秋・実り味覚、紅葉、冬は冬・忘年会新年会……ホテルには企画に事を欠かない。成程不況を乗り切るすべはいくらもある。昇給なしボーナス減にも納得ホテルスタッフ。きっとスパイラル不況も乗り切ることだろう。

9．INTERNET 通販検索機能は進化し続けている

　会合や酒の席で、最近よく聞く自慢話の一つに、周りの多くの友人達や知り合いから、「この間どこそこへ家族と旅行してきて、かの有名な一流ホテルに泊まったら、予想外に物凄く豪華で素敵でそのうえ、信じられないほどお値打ち価格だった。大満足でした」と。その秘訣はと聞くと「Internet で一番安い料金を探し出し選んで予約した結果なのだが、実に素晴らしかった。部屋の広さは、かくかくしかじか、バスルームにはアメニティも揃って、サウナは付いているは、朝食は食べ放題、夕食は結構豪華でボリュウム一杯たっぷり。あれは全くお安かった、得した」と自慢話。お年の割には、今流行りの最新機器──機能ハイテクを駆使して上手く現代の風潮に乗っかった生活行動、生活の知恵みたいなものに、ご当人は自慢げに、自己満足と語り続ける。そしてその話は次から次へと、その賢い手法は口伝えに広がっていく。かくして旅行や交通手段、ホテル利用方法選びは、お客さまの間に静かに今や大きく変化しつつあるのである。

　一方で旧来の百貨店が outlet mall に押されて業績が低迷しているのはご存じの通り。時代の波に流される百貨店商法も変化を迫られる。まずはその変わり様はデパ地下なる食料総菜売り場がその第一弾の代表格だ。

　東京を中心に、銀座並木通りに立ち並ぶ高級ブランド商店街、今 SHIMAMURA、ZARA、H&M、FOREVER21、UNIQULO、GAP、TOPSHOP、C&A、ABERCROMBIE&FITCH……低価格帯、短いサイクルで販売するファッションブランドが殴り込みをかけてき

た。さあ大変。高級品志向の消費者層が大きくこれらのファッションへと移行しつつある。消費者の世代の感覚が静かに移動している。事実、東京の数寄屋橋の従来型店舗、西武百貨店は退店を決めたと発表された。京都阪急百貨店、ほかにもあちこちに飛び火をし始めている。

　INTERNET通販は生産者から直接消費者へ中間流通層の排除を目指している。直接産地から紹介する数々の商品、生鮮食料品は、プラズマ液晶TVの画面に載って、益々の鮮明化により、そのリアリティは信頼性を更に明確に確立しつつある。中間搾取の流通機構に大きな刺激と悩みを与え変化をもたらし始めている。大革命でもある。

　一休.com、じゃらん、楽天トラベル、予約.com……旅行斡旋手法の代表格JTB等々、中間旅行斡旋業者が、かつての受け皿（ホテルや交通手段）の弱みに付け込んだ大きな手数料増額業者は次第に時代の波に乗って、信頼を失い押し流されてきている。現にJTBは案内所200個所閉鎖とか。長寿社会、まだまだ最新機器、システムを使いこなせない世代が現代に未だ共生している間、表現は悪いがアナログ的か、デジタル的かの生き方がある。やがて人間がデジタル的世代化した世紀は、ホテルの予約システム、顧客獲得手法は大きく変わるだろう。ホテルの独自のホームページを選択し、直接予約する層が当たり前となる時代、詳細に比較検討する世代には、従来の固定客顧客創りメンバー制度は無用になってくる。メンバーが優遇される時代はもう過去のものになりつつある。自ら優遇される条件を捜し求める。これからは多くの情報を得て自らの好みに生きる世代が増えてくる。恐ろしい、いやな時代になってきたような気もする。

10. お値打ち価格――Value for Money

「超高齢社会」になって、ジパング倶楽部の会員に加入すれば30%割引のJRの切符が利用できる。重宝に格安旅行ができる。大変お得で便利ありがたく思っている。いく先々で訪れる地域の歴史や、風物、文化、旬の食文化を探し求めて新しく発見するのも、また無計画に楽しく旅をするのも良い。お蔭で旅する機会も回数も多くなってきた。特にその地その地の特産物を求め食することは「高齢者」にとっては大きな喜びでもあり長寿の秘訣でもある。

人は誰しも旅をすることが好きだ。そこでふと思ったのだが。ちょっと理屈っぽく考えると古代の遠い昔、野生動物が本能的に食、草原を求めて移動する。野生大国のTV画像は、大げさに言えば、かつての人類の移動する習性をも現しているようにも思える。今流に置き換えれば観光であり、それは、目的が食文化であれ、宗教的であれ、健康志向であれ、何であれ日常から逃避することは心と体の癒やしでもあり、次ぎへの活力の蓄積でありそれは必要なことだ。まして「高齢社会」の日本において人々は温泉好きのせいもあってか、旅をすることは今日この頃は多い。その中で「Value for Money」お値打ち価格の旅を見出すことはなお楽しい。相変わらず、古代も現代も食文化を求めて移動する。動物の本性か、と一人勝手に納得する。

話の出足は少々重苦しいが要するに、旅は楽しいかだ。洋風に言えば寝床が良くて休めるか、和風に言えば食が楽しいかだ。分かりやすく言えば前者はホテル宿泊に重きを置く、後者は旅館料理主導型となる。つまり寝床が楽しくないとその旅は台無し、またその土

地の料理がまずいとこれもまた不満足。

　さてさて今回は静岡市に旅をした時のことを綴る。静岡県は言うまでもなくその象徴は、日本一の霊峰、富士山だ。静岡県、静岡市民はすべてが富士山を中心に人々は生活している。市内から眺める富士、天女の舞・三保の松原から駿河湾越しに見る富士も日本平から眺める富士山もその美しさにはウットリ。他に勝るものはない。定宿は利便性を考慮していつも駅前ホテルに泊まることにしている。

　ホテルに着くとドアマン、ベルマンに迎えられて「チェックイン」と思いきやそのお迎えはない。高齢になると軽くしてあるキャリーバッグさえも重く感じる。「アッそうか」「ここはビジネスホテルか。セルフサービスが基本なのだ」と納得する。さて部屋に入ると新しくリノベーションされていて、特にバスルームは広くシャワーの器具は最新式、使いやすくシティホテル以上。ベッドのダウンフェザーのカバーに枕も硬軟二種類よく整っている。そうだ、払った部屋代はシティホテル並みだった。

　当然だと思ったら妻が文句を言い出した。机の下の引き出しがない。着物を入れる場所がないと。よく見るとクローゼットの横に代わりに置き棚が幾つか本棚のようにこしらえてあってそこに物を置けるようになっていた。「成る程、これでは物忘れを防げるわい」と思ったのだが。1泊泊まりのビジネス客はこれで充分なのだ、とマネジメントは考えたに違いない。

　窓際に立って外の景色を眺めているとすぐ横の柱に姿見があるではないか。これでは何の役にもたたない。「ハハン」この設計者は素人だな、ホテルのことを知らないな。「ムラムラ」とよからぬ高齢者独特のいやみ根性が持ち上げてきた。当然アンケート用紙があ

る。早速、書きまくった。待てよ「嫌な爺ジイ」と思われたくない。そうだ直接聞こう。女性のアシスタントデスクマネジャーに話しかけた。このホテルは立派に改装されて大変気持ちが良かった。残念なのはバスルームにアメニティが揃っていなかった。このホテル俗に言うビジネスホテルなのシティホテルなのと丁寧に問うとビジネスホテルだと答えた。そこで本性が出た。支払い料金はシティホテル並み、受けるサービスはビジネスホテルクラス。ネット販売で安い料金を探せばよかったと言えば、昨日は満員だったのでネット販売はしていませんでしたといったオチ。変動性料金価格設定。

　お客さまは常に「Value for Money」お値打ち価格を求めている。せめて hospitality service mind が良ければと思うのだが。ハードよりソフトが大切だと思う。ソフトが行き届いていればそのホテルの価値はもっと上がるのに。

お値打ち価格と感じるのは
　　ハードより ソフト だ！

11. 中抜きがやってくる

　ホテルと旅館の違いはひと言で言えば、前者は一部屋売りで、後者は1泊2食で販売する。従ってホテルの商品である部屋はその価値観を高めるために、清潔で機能的でなければならない。一方、旅館は2食付きなのでその価値観は料理に主力が注がれる。ホテルは洋室で基本的には1人1室、旅館は和室で2～5人泊まりである。前者は個人客主体であり後者は日本の典型的な観光や温泉旅行のパターンで団体が主体。当然販売戦略は個人と団体の対象に分かれる。団体になると必然的に旅行斡旋業者に主として頼ることになる。窓口担当者をご招待し、おもてなしを体験してもらい、料理もご賞味していただき、加えて翌日はゴルフ、お土産付きとなりお見送りをする。至れり尽くせりである。そして旅行客の斡旋をお待ちするのだが、いざ予約になると値段に始まって料理の内容にまで注文があれこれ付き、あまつさえ料理込みの1泊2食付きサービス料込みにまでコミッションを要求される。

　私は昭和50年代（1970年代後半～）リゾートホテルと温泉旅館の経営を任された。当然、温泉旅館は苦戦をしいられ赤字続きであった。自らの足で、自らの力で、自らの顧客を開拓、誘致しない。もっぱら"餅は餅屋"で、エージェントに頼りきりである。大きな団体は捉まえられない。交通手段や情報が含まれているからだ。加えて日本人の国民性が個人旅行的でなく集団行動パターンなのだ。圧倒的にエージェントに依存体質になっているのだ。

　先日、『WEDGE』誌（vol.11・12）で読んだ、JTB船山社長（当時）の記事の抜粋をご紹介しよう。

「流通業界はIT革命に伴って流通構造に大変革をもたらす。個人や企業がネット上で流通卸や代理店などの中間業者を通さず直接取引を行なうことを"中抜き"と呼ぶようだが、ネット商取引の拡大によってあらゆる産業分野で"中抜き"現象が広がりを見せ始めている」

これを次のように言葉を置き換えたい──「多くの旅館業者、いや、サービス産業業者は旅行斡旋業者との蜜月関係に軋轢と辟易を感じている」と。

「ネット社会が進めば進むほど、人を介したサービスが重要度に増してくる。われわれの商売の本質はコンサルティング業務であり、いかに顧客のニーズに応じた企画商品が提供できるかが勝負。ここの顧客が必要とする情報と商品の提供者でなければならない。そのためには人材の質的向上は不可欠となる。ハイテクを駆使したネット時代にこそ顧客とのハイタッチなサービスが重要」。

さらに船山氏は「何よりも重要なのは顧客に提供する情報が自ら足で稼いだ情報であるかどうかということだ。実際に現場に出向き、自分で体感し確認した情報ほど確かなものはない。**データベースやネット上の二次情報に頼るのではなく、自らの足で情報を稼ぎ、顧客ニーズに沿った企画に仕立て上げられる人材こそ重要だ**。自ら観光地に出向き、宿の質やサービスの内容を確認するよう指示を出している」と締めくくる。

願わくは自らの懐を痛め、従来の習い性とならぬよう。そうでないとネットビジネスの取引は「中」抜き、「中」破壊へと進みますぞ。

12. ホテルカードメンバーズ

　東京オリンピックを機に大型化したホテル、海外旅行ブームはクレジットカードの1枚も持っていないと身分保証ができないということで、ホテルにも泊まれない時代と相なった。ホテル業界も時代に遅れまいとホテル独自のカードを発行、一般カード会社とのクレジット機能を付加し会員の組織化に躍起となっている。だが、しかしである。カードホルダーになることのメリットが数多く説明書に謳われていても、実際そのメリット通りにご利益があるのか疑わしい場面が多々ある。どちらかと言えばステータスの象徴みたいなものである。その謳われている問題の一つを顧客の目から俎上にのせてみよう。

　何回か同じホテルに足を運んでいると、いやでも「会員になりませんか？」とカード会員を勧められステータスのシンボルとして優越感に浸る。そして優先予約の謳い文句に必ずお目に掛かるわけだが、現実に何度も「会員です」と言って予約を入れても「満室です」と断られてしまう。「ロイヤルメンバーですよ」としつこく食い下がっても断られ、さらには延々と「その日はコンベンションがありまして」と弁解する始末。満室でない時は誰でも優先予約です。満室の時こそ会員の満足度を満たす優先予約ではないのか──会員の優先予約は、その優越感は一体どういうことなのか。返ってくる答えはキャンセル待ちでの順位が上がるというものだ。カードを持たない一般の顧客でも、ちょっと小うるさい性格ならねばって優先順位を上げることぐらいできる。では謳い文句は一体どうなっているのか？

ホテル側からすれば、必ずと言ってよいほど当日キャンセルが発生する。その高い確率からメンバーに優先予約を謳っても99％間違いはない、嘘ではないと判断する。滅多にないことだが、あと1％苦しい言い訳をしなければならない時もある。お客さまの指摘はその盲点を突いている。旅行代理店には特別ブロックされた部屋がある。同じようにカード会員用にいくつかのブロックされた部屋が用意されてもいいように思うが、未だ実行されてはいない。お断りする際にホテルでは「会員様のためにお部屋をキープして午後6時までお待ちしておりましたが、その後満室になりました」とするのが妥当であり、お客さまとの信頼関係も保てると考える。元来、ホテルカードの整備発行はホテル利用客の急増に伴う市場競争に対応して進んできた。いろんなメリットを付けて自社の顧客化に努めているが、そのメリットがご利益として意識されていないのは優先予約そのものが空しく響くことにも端的に表れているように思う。究極のステータスカードとは"顔パス"のことである。ホテルカードの存在意義は"顔パス"の代わりにはとてもなれず、プラチナ・ダイヤモンド・ゴールドなど一般のカードがそのステータスを表現している以上、ホテルカードは薄っぺらなものになっている。競合ホテルが増えて他を押しのけ我がホテルを選んでもらわなければならない、という形で会員組織のマーケティングが始まり深まってきたはずだが…。

　リピーター創出効果を持たせるために航空会社の会員組織の販促手法、マイレージ・リピーター手法がやがてホテルカードにも入り込んできた。いわゆる今はやりのポイント加算制である。利用回数が増えれば増えるほどその見返りがあると多くのホテルは、謳っている。もちろんショッピングではどこでも行なっている日常の出来

事である。そろそろこのあたりでホテルは我が大切な会員、リピーターに真のご利益、特典をスマイルと共に還元する新たな案を考え出したらどうだろうか。

13. ホテルの駐車場利用権

　日本も車社会になり、交通法規も厳しくなって駐車場探しに苦労する。1日に支払う駐車場料金も馬鹿にならないからだ。都心にあっては満車状態が続く。最近では小さな空き地を利用した低料金の無人簡易駐車場のPマークが目立ってきた。よく利用するのだが安全かどうか少々の不安は残る。そこで職業柄もあってかもっぱらホテルの駐車場を利用することにしている。

　バブル好況期のブームに日本のホテルは大型化し、本来はメンバー客と考える宿泊客以外に、対比して一般ビジター客、大型の宴会客、各種のレストラン客へと開放し大きな収入を得てきた。そして必然的に駐車場の確保、有無はセールスポイントの最も重要な要素となってきた。従って当然ホテルのご利用客には、特に車社会の時代にはホテル駐車場の無料利用はありがたい存在であった。しかしお客さまもさまざまで、社会の坩堝でもあるホテルには時々知恵を働かせて悪用する者も現れてきた。そこでホテル側も利用するに当たって諸条件の規約を定めることになった。善良なるホテルの利用客にとっては少々窮屈になってきたのだが、ホテルの出入り客も千差万別、やむを得ないことなのだ。

　ホテルの駐車場の利用券を発行するに当たってはホテルそれぞれの顧客層の違いやロケーション、規模にもよるのだが、大別すると以下のようになる。まず全く駐車場管理を別会社としてホテル本体と無関係にする。従って駐車場利用券はホテルとは無関係となる。典型的な例は帝国ホテルであろう。基本的にはホテルの売り上げに貢献するお客さまには無料券を差し上げる。ただし全くホテル

のご利用に無関係なお客さま、例えば盗難車などを置きっ放しにするといった事件性を防止するために、駐車場管理上の有料規定が定められている。至極当然である。ロケーションが繁華街のど真ん中とかにあるホテルではむしろ繁華街利用のため、遊びのため無関係にホテルの管理上の安全性のみを求めるお客さまに対しては、むしろ排除の意味を込めて防止上、料金設定を極端に高く設定する。もちろんホテルご利用客にはある一定の売り上げ条件をつけて無料券を発行するのにはやぶさかではない。その一例として宿泊客は無料サービス券、飲食客・テナント飲食客で2,999円以下は1時間無料、3,000～9,999円は2時間無料、1万～2万9,000円は4時間無料、3万円以上は無料、一般宴会・囲碁サロン4時間無料、婚礼4時間無料となっている（ホテルニューオータニ東京、参考）。ウェスティンホテル大阪の例で言うと宿泊客1,000円、レストラン3時間まで無料、ペストリーショップ・コンディ1時間無料、宴会4時間まで、婚礼6時間までとなっている。それぞれホテルによって駐車場の管理方法は違うが、基本的に底流にある精神はあくまでホテルをご利用になって売り上げに貢献していただく大切な顧客は、ホテルにとっては大歓迎、無料サービスである。規則はあくまでも、UG客（Unwelcome guest）——招かれざる客の防止策。ホテルで食事をしてキャッシャーで支払いをするとよく返ってくる言葉は「お客さま、3,000円以下の飲食の場合は無料サービス券をお出ししていません」。無情にも断られることに出くわすことがある。バブルの時ならまだしも競争が激化しているこの時代に生き残る工夫がちょっと足りない。居酒屋で飲む酒の500円が1,000円とか3,000円に跳ね上ろうと一向に気にしない平気な人が1,500円、1,800円の本を買う時は高いと感じて立ち読みで済ませる。消費者の心理とはこん

なものだ。

　軽い飲食後、キャッシャーの若くて可愛い娘が「お客さまありがとうございます。駐車券は6時間無料券を出させていただきます。ごゆっくり館内でお過ごし下さい」と、ひと言にっこりと笑顔で返す。当然、ありがとうと言ってホテルでパンやらケーキやら、挙句の果てにもう1杯コーヒーを飲むことになる。その後も何度となくその娘のいるレストランへいくことに相るのだが…。皆さん、駐車場ご利用も上手くいくとホテルがお得ですぞ。一度お試しになったらいかがだろうか。

14. 環境エコがもたらした価格破壊現象

　世界同時不況に対する日本政府の底入れ政策、エコカー減税、エコポイント、補助金、定額給付金、高速道路料金割引制度、その他諸々の減税処置等々は、善しにつけ悪しきにつけ不透明感はあるものの、このところ個人消費の持ち直しが見られるようになってきたようだ。

　消費者心理に向けた商品構成、低価格競争に打ち勝っているユニクロの実績は、他の業種にも少なからず大きな刺激を与えている。そして集客の第一要素低価格、割安感はどの産業分野でも見られるようになってきて、価格破壊につながってきた。日常のコンビニ弁当、スーパーでの低価格競争は「あっと」言う間に全国に拡大、消費者の懐具合を揺さぶってきた。この現象はホテル業界も例外ではない。円高による外国人客の減少、今なお新型インフルエンザによる顧客の移動控え、宿泊客料飲客の極端な減少はかつて業界にないほどの不況危機感をもたらした。今後暫らくはこの円高現状では到底、外国人観光客の増加は見込まれそうにもない。さらにホテルは、宴会客レストラン客が唯一の頼みどころであって、食文化、飽食文化に乗っかって、長い間、各ホテルは一斉にその創作料理メニューの開発を競ってきた。しかし漸く創作料理ブームも顧客には飽きられつつあり、本来の料理方法、基礎のしっかりした料理方法の原点に復活を求めてきている。歴史の重みのあるレシピを忠実に復元する大切さに気付き、サバイバルの動きが活発になってきた。

　一方では、宿泊客の異常な減少にも驚くべきは破格レートの提供策も出てきた。上手に安価に泊まれる方法も幾通りも考案され、お

得な夏商品戦も激化してきた。ここで上手な宿泊方法を考えてみると直接インターネットで宿泊を申し込むとはるかに正規料金よりもお安いお値段が手に入るはず。

　旅行サイト一休.com、楽天トラベルなど推奨するネットエージェントには、もっとお安いプランがある。ところでふと気付いたことは、旅なれた年季の入った顧客はそんな七面倒くさいことは考えない。満室と思われる土日は決して旅をしない。気楽に直接宿泊を申し込む。当然ながら、必ずキャッシュ、またはカードで前払いする。せいぜい２食付きか朝食付きかのしょせん正規料金に近いラックレートで扱われる。よくよく考えてみたら、お客さまがこのような不況時に直接ホテルを選んで足を運んでいただけるなんて、しかもクレジットされている最も安全な上顧客であるはずだが。最も優遇されて然るべきなのだが、旅行サイト、インターネット、一休.com、楽天トラベル、JTB他トラベルエージェントを通したお客さまの方が優待されているのか不思議に思えてしょうがない。そこで一流ホテルのそれぞれのマネジャーに、以下の質問をしてみた。

　実はある外資系の一流ホテルに宿泊料金を聞いたら一泊５万5,000円以上と言う。「えぇっ」と驚くと小さな声で、インターネットで申し込むとお安くなりますと秘密ルートでも教えてくれるように囁いた。どうしてインターネットで申し込むとお安いのか。

　直接ホテルまで足を運んでいただいたお客さまの方がありがたい顧客ではないのか。しかもラックレート（正規料金）。旅行サイトIT・一休.com・楽天トラベルの「値崩れ・裏レート」と酷評されているシステムを利用するお客さまの方が有利なのはなぜか。ホテルの集客法にとって旅行サイトによる集客は確かに頼みの綱ではあるのだが。

いずれの一流ホテルのマネジャーもウォークイン（無予約）客と裏レート客との扱いの差には明快な回答は得られなかった。確かにかつては俗に言う、そのようなウォークイン客などの飛び込み客は、歓迎されない不良客視された時代はあった。思い出した、確かに30年ほど前に「直接ホテルに申し込むのではなくて、ロビーの公衆電話から予約をしてコーヒーの一杯でも飲んでフロントにいけば怪しまれずに気持ちよく対応してもらえる。上手に泊まれるコツだ」と教えられたものだ。

　だが世の中が変わって顧客のホテル利用形態も大きく変化しモラル感も多様化、価値観の変化移動をしてきている現代社会、ホテルマンの感覚も変化しても良いではないのか。「誰か教えてくれないのかなあ」。むしろ積極的にウォークインしていただくお客さまこそ最もありがたいお客さまではないのか。最も歓迎し、最優遇し今後の固定客として、丁寧に接遇すべきではないのか。他人の**エージェントにコミッションを払ってまでして集客に集中するよりか、一つ一つを大切にするのが大事ではないのか**。各所で見られるポイント制とは、ご来店していただいたお客さまにさしあげるロイヤルティではないのか。一般向けのウォークイン客には価格破壊レート、値崩れ裏レートのご案内は決してない。なぜ裏なのか。ホテルの経営をも脅かしかねない不況の打撃に対処法として裏商法とも言えるレートを出して良いのか。表示している rack rate は何なのか。ホテリエの賢明な回答は。

第11章　ホテルを煮詰めれば残るは「気」

1．ホテルを煮詰めれば残るは"気"

「気くばり」「気配」「空気」「元気」「気合い」「気位」「天気」そして「気持ち」。

　言葉の遊びをやろうというのではない。私自身が戦後のホテル産業勃興期から今まで、47年間に及ぶホテルマンとして、大事に思ってきた言葉を繰り返してみると、「気」という字の入ったものが多かったのである。

　ホテルマンとして上出来であったかどうかは自分ではよく分からない。でも、タイトルにある通り、「骨の随までホテルマン」であった人生に悔いはない。こうして、ホテルマンが素直に語り継ぐノウハウの形で綴ってみたのだが、どれだけ皆さんのお役に立てたのだろうか。戦後のホテルビジネスはいろいろな意味でテクニックが向上し、洗練され、いつの間にか空前のホテルブームもあって、ソフト産業"花形"的な位置に押し上げられた。でも私はその好況の影にあるものがいったい何なのか、掴みきれないいらだちにいつも駆られていたのである。

　私なりにホテルのマーケティングの真髄とは何かの答えを出してみたい、と大見栄を切って書き連ねてしまった。たいへんな宿題を抱えてしまったな、と頭を悩ませる日々だったが、こういう時は理屈をこねず自分自身に素直に接することだと思い、ある日、自分が大事に思っている言葉—私の人生におけるキーワード—が何なのか

を検証してみたのである。

その結果が「気」となった。

冒頭に羅列した「気」づくしは、どれも私のホテルマンとしての人生の底流を成すものだ。私なりに**ホテルマーケティングの真髄は何かと答えなければならないのなら、今こそ私は決然と回答用紙に潑墨淋漓**(はつぼくりんり)**としたためたい。それは「気」であると──**。

価値観の変化するスピード、私にとって真のマーケティングとは、他館がガラガラの時に我がホテルを満館にしうるものなのである。一つの例として、小林一三翁が率いた新阪急ホテル、新橋第一ホテルを引合いに出した。どちらも、東京五輪後の後々語り草になったほどのホテル不況にもかかわらず高稼働を維持し続けたホテルである。その要因として、小林一三主義と言っていいのかどうか、彼が、凝視していたと思われる昭和版の「町人哲学」を挙げた。昭和30年代。平成の世から眺むれば、あまりに懐かしく、あまりに甘美に響く時代だ。あの頃、日本の経済は日夜を問わず働く企業戦士の働きによって上向きになりつつあった。小林一三主義はこうした「町人」たちの「働くことは善」というものの見方を大きく支え、ホテルといえども、彼らの生活向上に寄与すべきものと捉えて我らの事業に乗り出したのである。それは戦後ホテルの迎賓館の位置づけをくつがえした画期的な考え方だったと思う。そうして、あえて指摘したいのだが、これは決して大衆迎合ではなかったということなのである。小林一三哲学のホテルは、この時代「気」を捕まえ切ったのである。

だが、あらゆる哲学もそこに内蔵されるある種のシステム(考え方の一連鎖)が使用され尽くした時に、有効性を失うものである。回りくどい言い方になってしまったが、小林一三翁ほどの人であっ

ても、その考え方が古びることがあると言いたいのである。

　私の青春時代、戦後の混乱期には口角泡をとばして、これからの世の中に共産主義がいいのか、資本主義でいくのが正解なのか、夜を徹して論議したものである。あれも懐かしき日々、今、思うと青臭い議論だったかもしれないが、共産主義が輝いて見えた時代でもあったのだ。数年前、自宅へ戻ってテレビをつけると、ソビエトのペレストロイカの話、東ドイツから西ドイツへの大量亡命、ハンガリーの自主独立路線などと共産主義の落日を思わせるようなニュースが流れていた。どうやら、私には共産主義というかつて仰ぎ見るような理想主義も、戦後約70年となり、すっかり幕を引きつつあるように思える。しかも最近の価値観の変化速度の早いこと。ふと気付くと昨日の黒が今日の白だったり、またその逆だったりするのである。ホテルマンも心して、今の常識が明日の常識とは限らないことをわきまえないといけない。こういう時代だからこそ、真のマーケティングとしての「気」を大事にしたいと、つくづく思う。

算術では計れないものがある
　私にとって、ホテルはかつてそうだったし、今もそうであり、将来もそうなるだろうと思えるのだが、「人と人との交流の場」である。すべてサービスがハードにとって替わられることは、ホテルや旅館に限って、あり得ないことだ。人間が存在する限り、われわれの産業は人が人に対して何かをしてあげる産業であり続けるはずだ。あらゆる価値観が変わっていく中で、このことだけは不易のものではないだろうか。モノによるサービスでも、サービスにはちがいない。でも、花瓶に生けられた一輪の花にも、そこに生けた人のぬくもりや気配りがそこはかとなく感じられるのなら、単なるモノのサービ

スに終わらない豊かさを感じとってもらえるはずだ。ただし、一輪生けときゃいいだろう式のおざなりではダメである。逆に一生懸命生けても、おざなりのサービスとしか受けとってもらえないケースもあって、それは表現のテクニックが稚拙ということになる。サービスは難しいものだ。結局、ホテルは人と人が交流することにより、その人たちが共有する仕合わせの総量を増やすためのものでありたいと、老兵は思う。

　人と人、というのはホテルマンとお客さまのケースでもいいし、お客さま同士でもいい。時には通り過がりのストレンジャーとホテルの表舞台には決して顔を出すことのない裏方さんとの沈黙の中での交流でもいいのである。つまりは「気が合う」ことにより、一足す一が二ではなく、三の結果を生むことができれば、そのホテルには本当の意味でのファン（顧客）がつくのではないだろうか。

　「気」という言葉を定義づけるのは、私の手に余る仕事だ。だが、何となく理解してもらえるのではないだろうか。ふとバスローブをひっかける。ニクロム線の入ったハンガーなのでそこはかとなく温まっている。この気持ちの良さ。これを即物的に理解すれば、そういうハンガーを買っていればいい、という話になってしまう。問題はその先、いつでもそういうサービスができるのか、スイッチを入れるタイミングはどう計るのか、そこに人と人との交流をどう判断するのかセンスが必要になる。つまりは「気構え」である。

　偉そうにものを言っていると思っていただきたくないのだが、世の中の物質文明が進めば進むほど、「気」を表面に押し出したものが貴重なものと映ってくるのではないか。その意味では、お客さまの側の「気分」に注文をつけたい。チップをはずめばいいだろうとか、されて当然といった態度では、われわれの産業はちっともよくなら

ない。

　私の最近の嘆きはこうである。**世の中に仕えたい人が少なくなる一方で、みんな人に仕えてもらいたい人ばかりになっている。これでは困る。人に仕えて、節度のある喜びをお客さまから示してもらうことの嬉しさ、これも大事なことなのである。仕える側も仕えられる側もハッピーになる。つまり、仕合わせの総量の非算術的増加なのである。**人間関係が醸成する仕合わせの総量が、ゼロサムゲームであっては余りに味気ないではないか。仕える人Aさんの仕合わせの量がX減り、仕えられる人Bさんの仕合わせが等量のXに増える。

　こういうサービスには、味がない。それは、要するに「気」の抜けたサービスでしかない。読者はもう覚えておられないかもしれないが、私はこの執筆を一輪のバラの物語から始めた。1人のホテルマンの機転で用意された一輪のバラが、あるホテルを舞台に中年紳士とご婦人のマッチメーキングをもたらした物語である。このエピソードには、実は、いくつもの「気」があったはずである。気配り、気遣い、気の効き方、気分のよさ…。人と人との間に介在する、一輪のバラ。それをより美しく、不朽のものにしていくことこそ、これからのホテルマンの本懐であろう。美しい花火を散らすマッチ棒でいることより、時には、一流のマッチ棒でいることの仕合わせもある、と若い作家の本からの引用でここは締めくくりたい。

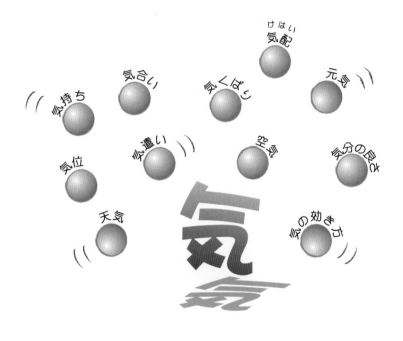

ホテルはコミュニケーションの場
人+人＝1+1（気が合う）＝3

2．いにしえのホスピタリティーは今、いずこ

　震災（1995年、阪神淡路大震災）の余波も落ち着き、ホテル生活を通してマンウォッチングもできるほどのゆとりも蘇ってきた頃。週に何度か自宅まで郵便物を取りにいくことも可能なほど、あらゆる状況が回復してきた。

　ある日、自宅の郵便受けを覗いてみると、信販会社から郵便物が届いていた。月末に定期的に発送されてくる請求書である。がその中には、震災の見舞い文と同時に引き落としを1カ月延長するという連絡文が同封されていたのである。JCBからVISAに至るまで、すべてのクレジットカードがそうだった。いったい全国にどれだけの数の会員がいるのか。おそらく相当数に違いない。その中から震災にあった地域を選び出しわざわざ見舞い文と特別措置を取るという連絡を同封して書類を発送するのである。コンピューター作業であるとはいえ、その心配りには頭が下がる思いがした。それ以外でも同様の配慮の連絡を郵便物で届けてくれた業種もいくつかあった。あの税務署でさえそうである。にもかかわらず、である。打ち合わせで疲れて帰ってホテルのベッドで大の字になって寛いでいる避難先に、某ホテルの経理係から連絡が入った。そこは人と会う時によく利用するホテルである。ほとんど毎日出入りしていると言っても過言ではない。今まで不義理をしたことなど一度もなかったが、あの震災のごたごたで支払いが少々遅れていたのは事実である。が、忘れていた訳ではない。他のことが大変で、それどころではなかったのだ。そろそろ払わなければ…と思っていた矢先の電話である。ピンときたので"明日払いにいきます"と先制攻撃をしてしまった。

だから文句も言えないが、彼からは見舞いの一言もなかった。
　翌日そのホテルに出向いてお茶などすすりながら係を呼んで支払いをしたが、別段その時も経理の彼は悪びれた風もなく自分の仕事を忠実に果たして喜々として持ち場に帰っていった。もちろん彼は、日頃私がキャッシュで払っていることを充分に承知していた。現場に立つものと裏方とではこうも違うのか。昔ならこんな時は何はさておき、災害に遭ったであろう地域に住んでいる顧客にホテルからとして見舞いのハガキくらいは出したものである。請求の電話をかけるなどもってのほか、しかも避難先にまで。ずいぶんと職務に忠実というか応用が利かないというか。与えられたことしかできない連中が増えたものだと思ってしまった。時計に目を落とすと次の約束の時間。慌てて飲み干したアールグレイはすでに冷めていて、ことさらのように苦かった。
　嗚呼、老兵は死なず、懐かしのホスピタリティー。

3．ホスピタリティーマインド …昔はこうだった

　「刻」「歳月」は静かに、しかし着実に移り変わり、そして流れ去っていく。現代が過去のものとなり、新しい時代、理想未来へと、刻々移り進んでいく。

　それぞれの分野での日本の文化を、「昔はこうだったと、語り継いでいく、生き証人、古老・老婆」「戦争体験の記憶を持っている世代」も現在では、段々と、残り少なくなってきたとは、世相が乱れてくると、あらゆる機会に、最近よく耳にする言葉だ。過去の栄光を担ってきた、それぞれの高齢者は誰しもが、「昔はこうだった、今の若者は」と嘆く。かつて、明治の人は、昭和の子はと嘆いていた。と同様に、昭和の人は、今の平成の若者はと嘆く。だが、考えてみると、そうした歴史の事実体験は、何時も語り継がれ教えられてきたのだ。人類の歴史は繰り返している。

　「それは古い過去の化石のようなものだ」と、現代の世代は、前の世代、その前の世代を、評し、古き良き文化、文明にも、振り返り、その価値観を見出そうともしない。ただ切り捨てるのみだ。自己主張が強く、他人のことはあまり考えない。伝統とか、しきたりとか、慣わし、風習とかは全く考えない。模倣を嫌う。新しい発想を好む。そしてそれが正しい、新しい方向なのだという。やがて次の世代が、平成の今の若者は、と嘆くことになる。そしてそれは繰り返すことにもなる。

　ごく末梢的な、些細な話とし恐縮だが、ホテル業だけに限って言えば、アルバイト、パートタイマー、ニート、フリーター、と正社員となる希望者が少なくなってきた。腰かけ的なサービスパーソン

には、精力を使って「ホスピタリティー・マインド」を教える気もしない。いつ辞めるか分からないからだ。転々と町場のレストランを、放浪し体験してきたフリーター・サービスパーソンには、そのホテル独自のサービスマナーも心も生まれてこない。また教育する人材すら育っていない。

　例えば、温かい料理は、温かいお皿の上に、冷たい料理は冷たいお皿の上に、サービスの基本である。注文した料理を両手に運んでくる。お魚料理はどちらですかと聞く。前のお皿が残ったままだ。お客さまが当然のように片隅に片付け新しい料理を置く場所を空ける。サービスパーソンは不思議ともなんとも思っていないようだ。「昔はこうだった」。お客さまの手を煩わせずに、前もって次のサービスができるように、順序よく、時間を見計らって、下げるものは下げ、温かい料理は温かいうちに、冷たいものは冷たいうちに、運んできたものだ。このお魚は何ですかと聞く。少々お待ちくださいと、奥に入って聞いてくる。「アルバイトなの？日給はいくら？何も商品知識も持たず、学ぼうともせずに、よくお金をもらえるな」と皮肉る。すると「ムッとして」そのテーブルには二度と来ない。「昔はこうだった」と感じるこのような事例は、随所に体験する。

　かつての栄光ある仲間にそのことを聞く。今は教えることを知っている正社員がいないのだ。米国では、人間は信じない。自由である。権利がある。そこで雇用者は考える。支払う賃金に見合うサービス労働を求める。そのためにマニュアルがある。その通りに仕事をする。誰でも分かるように実に平易簡素に書いてある。その通りに仕事をして「なんぼ」だ。それ以上のことはしない。求めもしない。守らなければ、無情にも即解雇である。誰も助けない。最低賃金は保証されている。後は「チップ」をもらう。そのため一生懸命に働く。

勉強も自らする。合理性、省力化、の名のもとにその自由主義は成り立っている。

　多くの日本の野球選手が、メジャーリーグにいく。「役立たず」は無下にマイナーリーグへ、転落される。情無用である。生き残るということはと、厳しい現実に直面する。自ら努力し這い上がった者のみが栄光を獲る。そうだ！　願わくば、**「昔はこうだった」と言わずに「マイオピニオンは」と言葉を置き換えてみると、今の若者は、聞く耳を持つに違いない。そして古くて新しい「ホスピタリティー・マインド」を進化させ、受け継いでくれるに違いない。**

4．NOと言い切ることはホテルの権威

　2008年、日本のホテル産業界も、東京を中心に全国的に、国際競争を強いられるようになっていた。前年中に外資系の著名なラグジュアリーブランド、世界のホテルが国内に出揃ったからだ。

　思いつくままに名を挙げてみよう。ヒルトン、シェラトン、ウェスティン、ルネッサンス、マリオット、フォーシーズンズ、ハイアット、グランドハイアット、ハイアットリージェンシー、インターコンチネンタル、クラウンプラザ、ホリデイ・イン、ホリデイ・インエクスプレス、スイス、メリディアン、マンダリン、リッツ・カールトン、コンラッド、ペニンシュラ etc.…これらのホテルは、直営であれ、リブランディングやフランチャイジーであれ、東京の特に日本のご三家と称される、帝国、オークラ、ニューオータニと競合する。

　年初にあたって、本年は見逃せない厳しい業界の環境の中、その経営手腕が大いに注目に値するところ。年末には、経済紙系メディアによる、毎年恒例の、ホテルのランク付けが、ある雑誌に発表された。新規参入の外資系ホテルを加え、覆面宿泊者が、常識的な範囲でものを頼む限り「NO」と言わないか、どんな対応方法をとるのか、などを、採点評価したものと謳っている。ホテル産業は言うまでもなく、お客さまに常に満足感を提供し、それを売り物とするサービス産業なのである。サービスを創意・提供しその代価を得る。

　「for customers」「お客さまのために」を貫けない企業は早晩見限られてゆく。とりわけホテルは、洗練されたマナーと行き届いたサービスを提供し売る。それも通りいっぺんであってはならない。

規格化された、形式的なサービスには温かみがない。人間の24時間はさまざまな思いと出来事に満ちている。たとえ単調なルーティング・ワーク、きまりきった仕事に携っていても、空想や計画、発見や失意を、人は胸に抱いて仕事に当たっている。一人一人の願望や期待にサービス産業が応えようとするなら、ホテルの従業員は「自主的に、徹底的して、パーソナルサービスを行ない得る形」にまで到達していなくてはならない。そんな精神の体得こそホテルマンの大切な役割だ。

　恒例のホテルランク付け評価の手法は、「never say NO」の哲学の元にさまざまなテストを試みてその応対に評価を下す。一流ホテルと目されるホテルのフロントオフィスクラーク、エレベーターでいき交うベルマン、バーやレストランでのサービスパーソンの柔らかい物腰、客室廊下ですれ違う年配の清掃係、etc…その多くのホテルパーソンに、その鮮やかで行き届いたその配慮、言葉遣いにも貴方は、感嘆することだろう。サービスとは何かと行動で教えてくれる学校、それがホテルなのだ。だからホテルパーソンの応対は見ていて気持ちがいい。不愉快を与えない心配りに、懸命だからだ。しかし、と私は言わねばならない。愉快な気分になれないのを残念に思いつつ、ホテルパーソンがお客さまのすべてのご要望に従い、寛容である、のではないことをお伝えしなければならない。

　ホテルも企業だ。当然プライドがある。企業利益も追求する。だからホテルのプライドが傷ついたり、企業利益が損なわれたりする事態は未然に防ぐ。ホテルが大型化、大衆化すればするほど、顧客に公平にサービス出来るよう特定な要望、サービスには、お応えできないこともある。善良な一般市民から、一国の大統領、国王、多国籍、多文化習慣を持った客層は広い。そこには、必然的にホテル

の公平なサービスを受けられるルール、規則、制限が設けられる。

ホテルの大事な顧客にとっては、無理からぬ当然と思われるサービスのご要望にも、峻別して、**ホテルは毅然たる態度で誇りを持って「NO」と言い切る権威もまた求められる。だからホテルは、マナーを維持する社会的な役割を担っている。「NO」と権威を持って言えるホテルこそ一流ホテルだ**。私はそう考えているのだ。

余談だが、メディアで度々発表されるランク付けは、多面体の一面だけの調査結果、総合的ではない感じがするのは、まさに「群盲象を評す」そのもの。メディアの権威を問うところである。

5．ホテルの表玄関は
── IT 時流に乗れないホテル、IT 時代に漂うホテル

　景気が回復しているようで実際には、益々、経済格差が広がり末端までその消費感覚、実感が沸いてこない状況が続く。中でも大都市圏では、大阪が最も消費が低迷していると言われている。

　大阪のホテル業界は、東京、名古屋、京都、福岡のホテル利用客の動きに比べ、最も価格的にも弱気な政策を取っている。事実、長くリードしていた年間客室稼働率も、京都（2006 年：83.6%）に追い抜かれてしまった。それでも、大阪のホテルのスタッフは少々明るい表情をしていることに気付く。レストラン共々、お客さまもよく利用されて満席のようである。明るい表情は、少々景気が回復してきたのを、日銀の短観ではないが肌で感じとっているのだろうか。お客さまが最初に到着するホテルの正面玄関は、にこやかなドアマンに迎えられる。そしてベルボーイに荷物を持ってもらって、ホテルの顔であるフロントオフィスにたどり着く。やがて予約の確認と登録を済ませ、日程と決済方法を定める。ようやく客室に案内され、お客さまはホット寛ぐ。

　ホテルの顔であるフロントオフィスは、予約業務、客室の割り当て、色々なインフォメーション、メールサービス、伝言メッセージ、両替、出入業務、お客さまとの応対、等々とさまざまだ。その忙しい仕事の合間に、「一瞬にしてお客さまを見分ける」大事な勘所をも働かせる。お客さまも千差万別、ふさわしくない方も時には見受けられるからだ。ご利用のお客さまが多いほど自然と笑顔も出てくるものだ。

　だが世の中 IT 革命社会、素早く進化し続けている。ホテルの顔

も大変だ。毎日のように送り届けられる、無名、記名のメール、善意よりも悪意と思われるご意見が多く、苦情には、なかなかホテル側も対応しきれない。ふとその一つをインターネットで覗いて見ると話はこうだ。

「若いお客さまお二人連れ、使い慣れたホテルから、わざわざ東京タワーの見えるＡホテルの部屋をと直接電話予約した」。当日ホテルに到着すると「あいにくタワーの見える部屋は空いていないので他の部屋にしてください」と非情にもフロントオフィス嬢に言われた。場違いのお客さまと思われたのか、気後れもした。前金も払わされた。東京タワーが見えないのなら他のホテルを紹介してくれるかするか、いつもの宿からＡホテルに変更する必要もなかったのだ。予約内容と案内された部屋とが違う時はいかがしたらよいのか、部屋の指定はできないのだろうか。大会社の常連の役員、特別な顧客は部屋番号指定で泊まれるというのに、花火大会などの時は、もし見えなかったらいかがするのだろうか、と思いあぐねて、ITで不満苦情を書きなぐることに相成るとメールで事の次第を訴えている。

読んでみてさて考えられることは、電話予約の段階で正確に東京タワーの見える部屋を、希望でなくて必要条件として指定、申し出たのだろうか。もしかしたらホテル側が電話で予約カードを受付けた時に、うっかり忘れて、特記されていなかったのではないか。もし明確に要望を伝えておれば、このようなことは起きなかったはずである。

通常は予約通りにアレンジするはずだが。東京タワーが見えないホテルの部屋ならＡホテルに泊まる理由はないので、断固抗議すべきである。ホテルはこのようなお客さまのご希望の通りにかなえ

られない場合、原因がどうであれ、部屋をアップグレードして差し上げるか、値引きするか、何らかのお詫びを示すはずだ。ホテルマンならばタイプ別、価格別、部屋割りの処理の仕方をするように通常は慣例的に教えられている。東京タワーの見えるホテルの部屋を、本当に希望するならばＡホテルよりＴホテルの方が同じ系列でもありより良く見えること間違いなしだ。お客さまの情報不足か、お客さまのミスかもと、予約担当者の頭に思いがよぎったかもしれないと述べている。まてよ、「二人の若いお客さま」が抱いたホテルに対するご不満は、もしかして、ホテルが売り手市場であった頃の受注作業と予約部屋割り方法の名残なのか。

　世の中の良好な市場環境の上昇要因が多数の時代から、競合環境、市場の競争激化、新しい潮流、顧客のニーズの共有化から、ニーズの細分化と個性化へ激しく移行している現代のマーケットに、きっと若い担当者は気づく感覚や知識を持ち合わせなかったか、または勉強不足で旧態依然の予約業務（客室タイプや価格別の販売方法）を踏襲したままであったのだろうか。**世間の潮流を肌で感じていないのか教えられていないのか、他の流通産業から比べると、まだまだ時代に即応した背景を掴みきれていない**と見るのが妥当かもしれない。

　百貨店や、スーパーマーケット、コンビニエントストア等のサービス産業の激烈な生き残り戦略、戦術に**ホテルのマーケティングも、もっともっと細部にわたりお客さまのニーズや、気配りを先行させなくてはいけない**。一見、些細で単純なお客さまのメールでの苦情が、ホテルマンの時代感覚のずれを教えてくれた思いがする。

第12章　日本人の文化とマナー

1．ブッフェに見るお客さまと店の相互理解

　私がホテルの職業に就いて、一番驚いたことの一つは、欧米の人たちが立ったまま食事をしながら、楽しく語らっているブッフェ形式のカクテルパーティーにめぐり会ったことである。

　子供の頃からきちんと正座して、お米が食べられることをお百姓さんに感謝しながら、「一粒も残さないで食べなさい。おしゃべりをしながら食べるのは品のないことです」などと躾(しつけ)られてきた私のような古い日本人にとっては、とても想像がつかないような食事スタイルだったのである。西欧文化吸収のアンテナでもあったホテル業は、そんなブッフェスタイルをいち早く取り入れはじめた。最初は帝国ホテルが先鞭(せんべん)をつけたのではないかと思う。終戦後間もないうちに、北欧のスモーガスボードの手法を応用して、バイキングスタイルと銘打ったものである。

　今や、ブッフェ形式はホテルのパーティーの主力となった。夕食に始まり、ランチ、朝食へ。そしてデザートにまでブッフェ形式が入りこんできた。そうした動きには、この食事形式が持つさまざまな利点があったことが背景にあるわけだが、一方では欠点もある。今回はブッフェをテーマに、小さいけれど意味するものが大きいと思われるエピソードをまじえて、ホテルでの食事とお客さま、ホテル双方のマナーという問題を、考察してみたいと思う次第だ。

"食べ放題"と誤訳されたブッフェ

 立ったまま食事をする、というのはいかにも変則的なスタイルである。欧米でもフォーマルな集いは正餐スタイルだ。しかし、世の中が忙しくなる中で、立食の"軽い"パーティーであるブッフェの利点が大きく認められてきたのは事実だと思う。私なりにブッフェ形式のメリット・デメリットをホテル側、お客さま側双方の立場に立って考えてみたのがP.384の表である。まずはじっくり検分していただきたいのだが、ブッフェ形式がいく分か日本的な解釈でねじ曲げられている部分もあるので、そのことについて触れてみたい。

 ブッフェ本来の意味は、食事のバラエティーが富んでいて、どれを取っても決められた金額の中で自由に食べられる、というものだ。この「自由に」というところで、日本流に「食べ放題」という解釈がされたので、混乱が生じているように思える。確かに昭和30年代、40年代を通じて、まだモノが行きわたっていない頃、「量の限界がない」という商品の提供形式を"バイキング"という命名で市場に送りこんだ人は、マーケティングの天才だ。本当はブッフェには量の限界がないということよりも、選択がフリー（自由）であるというところに意味があるはずだったのだが、それでこの形式のメリットがちょっと歪んだ。

 「食べ放題」ということになるから、飢餓充足型の日本人としては「元をとろう」ということになる。皿に山盛りして結局は食べ残してしまう情けない光景は、モノが溢れている現在でも、いたるところで見かけられるだろう。

 ホテルのブッフェの特長と利点は料理が展示してあり、お客さまが自分の目で確認して、選ぶ自由があること。しかもセルフサービスだから時間がなくて食事を急ぐ人には便利だ。そして、料金が低

価格で安心してホテルの味を楽しめる。一方、ホテル側でもお客さまの動員がしやすく、サービス要員の半減が図れる。もっとも、欠点としてはパーソナルサービスやコストコントロールが難しく、料理の品質管理（特に温度）が大変だというデメリットは見逃せない。まぁ、ホテル側とお客さま双方のニーズが合致したところにブッフェのメリットがあったわけだが、時にブッフェ形式のオーダーの取り方とアラカルトの注文とが共存している時に混乱が起きることがあるのだ。

ある光景―お客さまとホテルの相互理解

こういう話を聞いた。A子さん、B子さん、C子さんは大の仲良し。ある日一流ホテルに泊って、翌朝、勇んで朝食会場に向った。A子さんとB子さんはお腹が空いていたので、この時とばかりに、朝食ブッフェに挑戦することにした。C子さんは食欲がなく、アラカルトでコーヒーとサラダを注文した。3人は楽しい食事をしていたのだが、C子さんにも食欲が湧いてきたのか、A子さんとB子さんが運んできた料理を、ちょっとつまんでしまった。別にホテルを出し抜いてやろうという悪気があったわけではない。その時、ウエートレスがつかつかと寄ってきてC子さんにこう言った。「お客さまはブッフェの注文ではありませんから、そういうことはおやめ下さい」一瞬座がシラけ、楽しかるべき朝食の場が凍りついたような雰囲気になってしまった。こういうケースはこれに限らず容易に想定できよう。

ファミリーレストランでコーヒー飲み放題の時に1人が注文して回し飲みをするなどというのも、ニュアンスは違っても同じことだろう。ウエートレスの言い分、つまり態度が良かったか悪かったか

も問題にはなるだろう。でも、それをおいておくとして、C子さんは自分が注文したという行為について自覚が足りなかったことは責められてよい。やはり、これは一種の契約違反で、褒められたことではないだろう。でも、私はホテル側にも問題があると思う。このケースで"頭に来た"ウエートレスは直接自分で判断してお客さまに接してはいけないのである。ウエートレスはそのレストランのマネジャーに「こういうお客さまがいますが、どうしますか」と報告すべきなのだ。その後の対応はマネジャーがすべきものである。お裾分けといっても、トーストの1枚くらいなら見逃してもよいかもしれない。そのあたりは、いわく言い難し微妙なセンスの問題である。C子さんのそばに来て、一瞬、困りますねぇーという顔をして、すぐ笑顔に戻ってウインクの一つもして、C子さんの当惑を救ってあげる。ま、それで済む話ではある。C子さんにしても、そこまでやってもらえば自ずと自らを恥じて、このエピソードを一遍の笑い話に仕立てられたことだろう。

　ホテルのマネジャーは、お客さまに対して、ブッフェの決まりはこう、アラカルトはこうですよと、事前にお客さまに示すように、ウエーター、ウエートレス、を教育しておかなければいけないのである。ブッフェのルールとアラカルトのルールが、ほんの少しの出来心で摩擦を起こしたら、それをウイットで救うのがホテルのサービスだ。つまり、飲食の提供というのは、提供者とお客さまの言葉にならない相互理解は英語で言うと"Mutual Understanding"の上に成り立っている、ということである。1万円という値付けのメニューが記されている。飲食業に試供品はない。お客さまにとっては1万円の料理が出てくる保証はないのである。また、ホテル側にしても1万円を確実に支払っていただく保証がない。そこはホテル

もお客さまも1万円の商品というものを媒介項に賭けているのである。ホテルはその威信にかけて、1万円の注文にふさわしいものを提供し、お客さまも1万円を間違いなく支払う。それが信頼関係である。

そんな暗黙の相互理解が崩れるようなことがあっては、お客さまもホテルも決して得にならない。お客さまは王様であるかもしれないが、そこにもルールはある。ルールを守るのが相互信頼の基礎であり、お客さまがもつべき躾であろうと思う。**時に悪気なく逸脱したお客さまにはウイットをもって対応し軌道を修正する。お客さまを無用に追い込まないのも、ホテルとして持つべき躾である。**カジュアルとフォーマルが入り乱れてきた最近だからこそ、現場での暗黙の相互理解を樹立しつづける難しさがあるのだと思う。

■ブッフェの特徴と利点

ホテルとしてのビジネス

≪特徴と利点≫
・お客さまにあらかじめ食事と飲み物を豪華に展示できる
・お客さまの大量動員が可能（前売り券など）
・サービス要員が少なくて済む
・大宴会などの調理の再加工が可能
・回転率をあげることが可能

≪欠点≫
・コストコントロールがむつかしい
・質と量のコントロールがむつかしい
・什器・備品の管理が大変

ホテルにとって…
お客さまにとって…
ブッフェってなんだ？

お客さまの立場から

飲食の提供は相互理解の上に成り立つ

≪特徴と利点≫
・食べたいもの、飲みたいものを目で見て選択できる
・セルフサービスだから、すぐ食べられる
・質と量が豊富
・食事時間を自分でコントロールできる
・低料金

≪欠点≫
・料理・飲物が適度な温度で食べられない
・品揃えが時間によっては間に合わない
・味が単一化されやすい
・マナーが悪い

2．嗚呼ジェネレーションギャップ、
　　古(いにしえ)のエチケットやマナーはどこへ？

　何が大変と言って、近頃の若者とのコミュニケーションほど難しいものはない。言葉の意味や指摘するものが異なるのだ。同じ言葉と同じ要領を使ってそれで結構、会話は成り立っているのに、微妙にニュアンスが異なるのだ。新人Y君の如才ない説明にはいつも驚かされていた。たまさか、耳にした正月企画などは幹部の歴々を唸らせるだけの説得力がある。それにもかかわらず小さな「？」が心の奥に波紋を投げかける。"何かが違う"。

　これらの現象が詰まるところ、いつの時代でも避けられないある種のジェネレーションギャップであると知ったのは、今時の若者の親である同世代の友人を通してだった。子供のない私には理解できない感覚の違いを彼は親という立場を通して日常の接触から学習しているのだ。日本語の伝達の語彙(ごい)の意味の顕著な変化の一つとして、例えば「お稽古事」という言葉があるが、一昔前はこの言葉の意味、内容は茶道や華道、日舞といったいわゆる花嫁修行の一環とされる女性のたしなみとしてのそれを指していた。今の若い世代間では公認会計士の資格取得の専門学校から英会話、エアロビクスの教室、フラワーアレンジメントに通うことがその意味をなしているというのだ。

　今回は、日本人のハレの日の過ごし方について考えてみる。これもジェネレーションギャップの一つかと思いつつ。この変遷は団塊の世代が世間の中核として活躍し始めた頃を境に起こり始めた。

　かつては一家の長は紋付き袴姿で威厳を保ちながら家にいたものだ。そして年始に訪れる親族、部下や取引先の多勢をもてなし、祝

杯を重ねたものである。これは責任ある務めでもあり、うんざりする激務であったに違いない。ホテルの設備が充実してきた頃から、あまりの来客の多さからわが身を守るために、例えば銀行の頭取などがホテルで年末年始を迎えるようになってきた。ところが価値観の多様化と海外へのレジャーブームの波に乗って、いつの間にかお正月は外国でと流儀が変わった。常夏の島で暖かな新年を迎えるという考えに異論はない。第一そんなことは本人の自由だ。しかし、古き時代のしきたりがこうも見事に崩されてしまうと寂しさも隠しきれない。元旦から、カップヌードルやピッツァに舌鼓を打つ若者が多くなった。その姿を目にしてやるせない寂寥感(せきりょうかん)に浸っているのは、はた目に見れば滑稽かもしれないと思いつつ、あのおせち料理が最大のご馳走だった頃がひどく懐かしい。

嗚呼、ジェネレーションギャップ！ 温故知新とはこれいかに…。

3．嗚呼、受験生ブルース、心を喪失した時代の若者たち

　地方の学生が、大学受験を機に上京もしくは来阪などをする。ささやかな自慢ではあるが、彼らにとって当たり前になっている受験生パックを最初に商品化したのは私である。

　昭和30年代終わり。当時まだ私が東京のホテルで働いていた頃、大学の先輩が勤めていた芝のホテルで地方から慶応義塾大学を受験に来る学生たちのために、彼が大学の関係者から個人的に頼まれて優先的に宿の手配に協力しているという話を耳にした。どの業界でもそうだが、我がホテル業界においても2月と8月は閑散期。この時期に下見から受験、余裕があれば合格発表までと数日から1週間にも及ぶ滞在者を生み出すこの市場が、商品としてどれだけの可能性を秘めているか。思い立って見ればコロンブスの卵ではないが、気がつかなかった方が不思議なくらい大変なマーケットであった。さすがにエージェントがすかさず目をつけて多彩な商品を提供しているが、ホテルにとっても受験生が確実でありがたい顧客であることは今も昔も変わらない。ただ、彼らを見ているとその内容が大きく様変わりしたことに驚いてしまう。例えば、昔の受験生は純粋で世間ずれしていない。従って両親のうちのどちらかに伴われて受験に来ることが多く、メニューもろくに選べない子が殆どだった。それゆえ子供たちは親の期待に応えたいという気持ちで、寸暇を惜しんでホテルでも書を開いていた。

　今の子は違う。旅慣れしているので余裕がある。メニューの選択から始まってすべてに好き嫌いの判断がはっきり下せるのだ。実にドライでその行動のパターンの基本は金と物。そこにはいじめの温

床を思わせるものが見え隠れしている。昔だっていじめはあった。お山の大将やガキ大将はどこでも必ずいたし、彼らもやはり弱いものいじめをした。だが、そこには無言のルールがあって自分の権力を誇示して子分を作っても、その子分が他のいじめっ子に悪さをされたら必ず守っていたのである。

　ちょっと**カッコ良く評価**すると、**昔のガキ大将は子供の世界のナイト（騎士）**だった。**ところが今のいじめにはルールもなければ限界もない。陰湿な金銭欲と物欲だけに支配されている。その根底には物質優先主義の家庭のあり方が関係しているのではないか**と、この時期になると溢れかえる受験生たちの挙動を目にして思わず感じてしまうのだ。仲間を蹴落とし望むものを手に入れることに狂奔する若者たち…。何のための学歴。今時の若い者は……、と如月（2月）のころになると、紀元前からの年寄りのつぶやきがつい口をつく。

4．家庭教育

　香港・タイ・マレーシア・シンガポール・オーストラリア・インド・中国・日本——それぞれ持ち回りで極東アジア太平洋地区・ホリデイ・インホテルグループの研修会議が毎年行なわれていた。私も毎回会議に出席するので各地の GM とも親しくなった。その中の1人であるマレーシアの GM・Mr. James 一家とも交友が広がる。ある日その一家が休暇を取り日本へ訪れることとなった。アメリカ国籍のジェームズは当時35歳、奥さんと男の子5歳・女の子2歳半の平均的かつ平和、幸せな4人家族である。奈良の東大寺の見学に公園の鹿とも遊ばせ大阪城と、お決まりの観光コースを案内。歩き疲れたので帰りがけに梅田のとある大きな喫茶店に入り休憩することとなった。女の子・メリーはお母さんがメニューを選ぶことになり、私にあまり負担を掛けまいと気遣って男の子マイクには簡単なアイスクリームにしなさいと何度も言った。しかしメニューをじっと見つめていたマイクは一言「ノー」と言って自分の食べたい物、飲みたい物を選択注文した。さすがアメリカ人、5歳といえども自己主張と自主性、独立性は見事に発揮されている。日頃の家庭の教育、躾が大事だなぁと感心する。それに引き替え日本の5歳の子はきちっと主義主張を言えるだろうか。きっとそこらでよく見かける甘えて母親に伝える子供の姿だろう。そこでふと思い出した。

　1950 (昭和25) 年の頃、韓国で戦っている大公使館員、国連職員、軍人、軍属の主人連の留守をあずかる家族で東京のホテルはどこもあふれかえっていた。喜ばしいことではあったのだが、私のホテルでは上は佐官の部隊長クラスから上等兵のサージェントクラスまで

の大家族連れ長期滞在客で賑わっていた。1カ月・2カ月・3カ月と休暇には戦地韓国から家族の元へと帰ってくる。部隊長ともなると東京－ソウル間はジェット機による日帰り通勤圏内であり、朝6時にホテルを出て7時には家族の待つホテルへと帰ってくる。金持ちの国は違うなぁとそのスケールの大きさに驚いたものだ。

　さて、戦地から帰ってくる夫を待つ身の家族群の私的な生活をホテルマンは表から裏からと24時間垣間見ることとなる。母親の子供の躾を目の当たりに見る。公衆の面前では絶対に甘やかさない。戦勝国民の誇りなのか。ホテルのロビーではしゃいだり、ぐずったり泣きわめいたり決してさせない。母親は常に気を配り何かあるとすぐに「ノー・ノー・ノー」とたしなめる。「ビヘイブ・ユアセルフ（behave yourself・行儀良くしなさい）」と次には必ず言う。どこの家庭の母親も同じように躾ける。戦前日本の道徳教育の姿を見ているようにも感じた。アメリカは自由の国でも規律は規律、自由奔放とは違う。他人様を妨げる自由はない。戦後の民主主義、自由化、人権尊重は曲がって導入されたに違いない。

　戦後50年経って色々な歪んだ社会現象は誤って自由主義を導入した結果に違いない。近来、一連の青少年の事件・非行・他人の迷惑を考えない多くの行動派群を聞き、見るにつけ親から子へと語り継がれる家庭の教育躾がいかに大事なのか、ようやく日本国民も気付いたようである。**物が豊かになるほど、自由であればあるほど他人の痛みや苦労を思いやる心に早く目覚めて行儀の良い国民になって欲しい**ものである。

第13章　時勢のコラム

1．結婚披露宴今昔模様――名調子のホテル司会者の話芸は

　2001（平成13）年5月13日、日曜日、母の日、大安吉日、しかも一点の曇りもない五月晴れ、とくれば結婚式、披露宴には最高の恵まれた日。

　あたかも天が祝福するような佳き日に、友人の長女の結婚披露宴に招かれた。明るく、若い人中心の和やかな披露宴であった。思い返せば友人本人の結婚披露宴に招かれて出席して以来、当時の新婦である奥様とは30年振りにお目にかかり、「本日の花嫁そっくりだったなあ」と思い出す。時が経つのは早いものだ。

　さて披露宴は、当時の恒例に従って仲人の挨拶に始まり新郎新婦の紹介…ふと思い出したのだが、昔は各ホテルには独自の社員の司会者がいて、当時現役で活躍中の名優、故・徳川夢声によるトーキー時代の無声映画、あの語り、名調子、映画の場面を見ながら朗々と語り、描く、館内満員の観客、いや聴客をうっとりと無声映画に引き付け酔わせる。誰もがあの名優の話芸を手本として、婚礼の荘厳の中にも和やかな雰囲気をつくり出していた。人生の門出に心を込めて出席の全員から祝福とご多幸を願って笑いあり、涙あり、弁舌一つで両親の走馬燈のように流れる心情、巣立ちを描き出し、喜びの中にもペイソスの演出でさまざまに盛り上げたものだ。名調子のホテル司会者のプロになりきった話芸、演技力はそのホテル婚礼市場の優位性を左右するほど重要であった。現代のアナウンサー、

天性の良い声だけが売り物の時間通りに進行するテクニック、司会者には古き良き時代の話芸、知性は見られない。

考えてみるとそういえば昔、社会的な名士の主賓は大安の日には掛け持ちが多かったせいもあって、メインディッシュの前頃を見計らって、サービスのマネジャーが気を利かせて退席させたものだ。今では政治家だけになってきた。本音を言うと聞きたくもないカラオケを聞かされるのもうんざり。思い出せば、他のある婚礼の席で最後の父親の挨拶に本人以外は面白くも何ともない宴に３時間近くも縛り付けて「まことに申し訳ありません」と一言謝った御礼の言葉を聞いたことがあるが、本音の言葉には救われる。本来は出雲の縁結びの大神の前で、神聖に身を清め永遠の愛を誓い合い、子宝に恵まれ、種族の繁栄を厳粛に多くの証人の前で誓うものなのであるべきだが。

いつの間にか信者でもないのに教会で婚礼を挙げ、外国映画もどきのハウスウエディングなる披露宴、いやパーティー形式で楽しく明るく、同窓会、親戚一同の宴会になってしまった。元来の厳粛な儀式の御披露であるべき姿を脱したのは、一概に司会者のせいとも言えないが。時代の変遷か、それも良しとしよう。

北海道、東北地方では祝い金は取らないし引き出物も特別なケース以外は贈らない。会場に行って受付で会費を払えばそれで済む。数多い婚礼の御祝いを何にしようか、いかほど包むのか悩み迷い考えることもない、全く合理的だ。列席者の負担も軽いので勢い人数も増える。久しぶりに会う親戚縁者は、この時とばかり新郎新婦そっちのけで、日頃のご無沙汰や近況を語り合う宴席と化してしまう。祝い事にかまけて飲み明かすも良し、これも習わしなのだ。

一生に一度の荘厳な男女の契りの場を新しい門出として祝う宴

は、もう遠い昔物語と成りつつあるのか。

2．日本人の国際感覚——Must have your Reputation

　朝鮮動乱の折、韓国に派遣された多くの国連職員、軍人佐官及び尉官の家族は日本のホテルに長期滞在していた。

　われわれホテルサービスマンは留守を預かるさまざまな家庭、つまり家風から生活文化、風習・習慣などを垣間見ることになる。中でも小さな子供さんを抱えた若い母親は子供の躾に厳しい。ホテルというコミュニティの中では他人様に迷惑を掛けないように、公衆道徳を守らすようにと時には"No, you are not supposed to do so——そういうことはしてはいけません（社会道徳に反するから）"と諭した。更に悪戯が止まなければ、"No, No! stop it"と注意をする。しかし決して手出しはしない。大抵ここで悪戯は収まるのだが、尚も言うことを聞かない悪がきもいる。すると母親は語気を強めて"I said No"とひと言。するとぴたっと収まるのだが、私はそのような光景を度々見てきた。

　そう言えば私が幼い頃、日本の母親も人様には迷惑を掛けないように、礼儀正しく、親切にと教えたものだったが、道徳教育の欠けた今日ではそのような光景は滅多に見られない。一昔前になるが、元・議員の「宗男（鈴木）疑惑」の一件で、ムルワカ秘書にインタビューをとある女性記者がしつこく迫っている。ムルワカ氏も最初は"No, No"と取材を拒否していたが、しつこく食い下がる記者に対し最後にはヒステリックに"I said No, I said No"と何度も繰り返し語気を強め拒否している姿をテレビ画面で見て驚いた。

　"I said No"とは泣く子も黙るほどの意味を持つ強い意思表示の言葉であり、個人の自由と人権を尊重する英語圏の国柄ではそれ以上

は絶対に食い下がらない。非礼というか全く非常識というか――**どんな人でもその人の自由と権利は認められているし、拒否権あるいは黙秘権を保護されている。**暴力を振るわれてもこれでは文句は言えない。呆れかえってしまった。しつこく迫った記者の知的レベルの低俗さは子供にも劣る。

英語学者でもない私だが、VIPからギャング風の下々にわたる世界のお客さまに接客し使う英語の実践、ニュアンスを教えられたことがある。"I said No" は最後通告で拒否権であり、ホテルの規則を無視して難題を吹っ掛けてくる低俗な顧客でもそのひと言を発すれば大概は終わりである。たまに食い下がって難題を吹っ掛けてくるやくざ風の外国人客もいるが、その時こそは **"You must have your own country's reputations――あなたも国の誇りや名誉をお持ちのはずだ"と言えば摩訶不思議、低俗な顧客でもその言葉を発すれば終わる。**

つまり、しつこく何だかんだと迫ってくるのは日本人だけであり、**西欧文明社会では利害と人権、自由の権利と義務が明確だ。**かの一連の政治騒動で、日本の国際感覚レベルの低さを感じる今日この頃である。

3．表と裏

　世の中には建前と本音、外面と内面、右と左等々のように必ず表と裏がある。

　私はサービス産業に投じて50数年お客さまの内面や私生活、本音を見て教えられてきたように思う。つまり人様に奉仕することはその内面に迫ることでもあった。「人の振り見て我が振り直せ」体験がすべてを教えてくれた。

　1949（昭和24）年、大学一年の時である。英語に興味があったので、時のマッカーサー司令部スタッフの宿舎に当てられていたコンチネンタルホテルにアルバイト、部屋付きルームボーイとして働くことになった。本職のルームボーイはとても親切で、初めて経験する私に手取り足取り仕事を教えてくれた。その頃の日本国は貧しくとも前向きで、今では想像もつかないくらい物資不足の時代でも凶悪事件犯罪は少なく、世の中平和で国力の復興に向けて生産の向上へと国民全部が活動していた。

　「よし、この折にアメリカ人の生活様式を学んでやれ」と一からアルバイト仕事に打ち込んだ。メイクベッドに始まって家具調度品の整理整頓、磨き上げに終始した。フレーク石鹸を与えられ簡単な下着類の洗濯をすることになったが、ブリーフは前が開いていた。なるほど合理的だ。当時褌であった日本男児には驚きであった。なぜかそれには口紅がついていたこともあったのはその時には分からなかった。

　ハンカチには、鼻をかんだ跡があり竹の束子で擦り落とした。西欧人は人前で食事中に鼻を平気でかみ、顔を背けることはしない。咳をする・ゲップをする時だけは必ず "excuse me" または "pardon"

と言う。家内は怒るのだが今でも人前で、私はハンカチで鼻をかむ。そしてゲップ、くしゃみ、咳をする時だけは国際感覚だといわんばかりに「失礼」と言う。ことさら左様に西欧、特にアメリカ人の習慣価値観は東洋人である日本人とは違うんだなあと思った。他にも**日本古来の風習には奥ゆかしい美点もあるのだが、東洋と西洋は相反する生活風習的なものが多い**。私の担当のお客さまは、全く紳士でキレイ好きでオシャレでよく部屋を飾る。ブラスの電気スタンドを買ってきたり間接照明にしたり、当時では珍しいハイ・フィディリティー（高音質）ステレオを聴いてジャズやクラシック音楽を楽しんだ。部屋のムードづくりにはその趣味の良さを発揮した。

　ルームボーイ仲間を呼んできて受け持ち部屋のセンスの良いアレンジメントを見せて楽しんだものだ。また、あるボーイの仲間は別の部屋を見せてくれて違ったセンスある部屋の飾り付けに感心したものだ。しかし仲間の一人がひと言「気をつけなよ、この部屋の主はオカマの気があるんだよ」、「センスが良くてキレイ好きでオシャレなお客さまは、概してその気があるんだ」と教えてくれた。初めて人の裏面に触れた感じがした。

　そう言えば、テレビタレントのピーコも服飾センスのコーディネイターとして活躍している。新庄選手が野球の活躍はもとよりセンスの良い服飾でサングラス、プレイ中に着けるオレンジのカラーバンド等々そのオシャレ振りにも日本では人気が上がっている。米選手仲間の一人が「服装のセンスは悪いなあ」と彼に言われたと報じている。サンフランシスコはその道のメッカで、それとなく注意したに違いない。新庄選手も間違われなければよいのだが、と別の角度から心配するファンの一人である。

　東と西の感覚とは体験しなければ分からないものだ。

4．試行錯誤の業界──顧客の変化に対応を

　2003年2月。またまた続く倒産──ハウステンボスの会社更生法申請、サウスタワーホテルの営業権譲渡…の報道は、三月危機に向けて襲いかかる不況の波になんとか打ち勝とうと努力、試行錯誤する大阪のホテル業界を震撼させている。外国大公使館、外国商社、タレント群など関西にはない広く厚い顧客層を持つ首都東京圏のホテルの活況と比較して、近畿圏のホテルは集客業績の不振低迷にあえいでいる。

　特に大阪のホテルは全国で一番不況の波を被っている。FIFAワールドカップも終わり集客の唯一の目玉と信じているユニバーサル・スタジオ・ジャパン（USJ）に期待する大阪の業界。そこでユニークな文化人作家でもある佐々木新社長にUSJの明るい見通しなどのお話を聞くことにした。以下その要旨であるが──

　「初年度実績は1,100万人の来場者があったが、2年目は不祥事の影響で750万人弱、150万人減の見通しである。3年目の予想は損益分岐点の800ないし900万人である」と述べられた。着任早々の改善経営方策はわれわれ業界にも充分参考になる策でもあり、期待感を持たせるものである。さらに「アメリカ的組織から日本的感覚の現実的対応の組織図への改革責任の所在の明確化、広報の強化、お客さまの満足度の確立と従業員の満足度の向上、集客力の強化、企画力の強化、社長に、政策立案の秘書、コスト構造の改革、顧客からの声の吸収、スヌーピーキャラクターの確立、チケット政策の確立、各種記念イベントの強化」など、数々の不祥事や水質の問題、賞味期限、花火等々をクリアしての新社長の前向きのお話を聞き、

何とかUSJの集客力にあやかって不況の波を乗り切ろうとしているホテルの経営者にとってはひと安心か。だが出席者連の顔を覗くと他力本願みたいに見えてくる。一方で自力本願の方策はないものかと悩み、試行錯誤するホテリエも少なからずあるはず。

　話は変わるが、「十年一昔」と言われるように20代、30代、40代、50代、60代…それぞれの世代でその感覚・発想・感性は全く違ってきている。特にIT化時代にその価値観は極端に言えば180度変化している。**ホテルの顧客というか利用層というかその変化の方向性にいち早く対応できる営業政策を持たなければ業界の低迷は続くだろう。**

　自動車業界はセダンからいち早く第三世代にターゲットを向けたコンパクトカーで売り上げの増進を図り唯一好況を呈している。しかしコンパクトカーといえども一朝には開発できない。10数年前から世代の変化とニーズの変化の方向性を正しく把握した結果だと思う。日本のホテリエにそれを求めるのは無理なのか。早く箱根の「世代交代」に学んで、従来の顧客層とのコンタクトの手法をホテル業界も思い切って他力から自力へと脱皮した方がよいと提言する。情報源であるホームページを見ると相変わらず固有商品があります、イベントがあります、商品は安くなっております、ブライダルはお得な商品になっています…自己中心主義の商法にしか見えてこない。当初コンピューターの操作説明書はここをクリックすればこうなりますとの手法であったが、いざ操作するとこういう時はどうすればいいのかという壁にぶつかる。ユーザーの多くの苦情から最近は徐々に改善され、こういう時はこうする、これをクリックしますとユーザー本位、目線で初心者にも分かりやすくなっている。

　これらを踏まえると、**ホテル業界の販促手法も売り上げ増進策も**

世代にマッチした商品づくりと接触方法、中抜きによるダイレクト方法をもっと研究する必要があると思えてならない。IT産業は直接消費者との距離をより短くしてきているのだから。

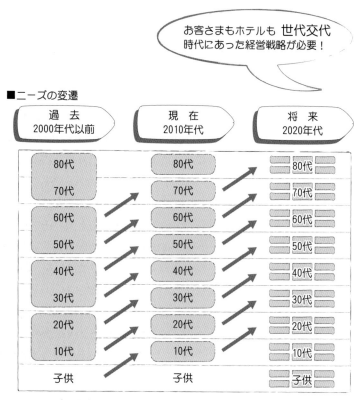

5．情報化時代——知らぬが仏

　沖縄・九州・四国・近畿へと北北東に進んだ台風10号は最後に北海道へと消えた。その爪跡として各地で多くの災害を残していった。被災者には心からお見舞いを申し上げる。

　NHKは朝から晩まで連続で報道をビジュアルで刻々警告を発していた。情報のお陰で最小限の被害損害に留まったに違いない。情報化時代とはこのように大いに世間に役立っている。危険を早く察知して逃れることは良いことだ。また、ニューヨークを中心に北東米国及びカナダ一体に停電騒ぎが起きた。5,000万人にも上る大被害が起きたと瞬時に世界中に情報が流れた。映像は地下鉄、高層ビル、エレベーターに閉じ込められた人々を刻々と救出した。夜になってもロウソクや車のヘッドライトのみの明るさ、歩道で休む人の姿が映るなど状況を刻々伝える。市民は驚くほど冷静で混乱もなく整然としており、信じられないほど平滑状態であったが、それは刻々と状況が流れ把握されていたからだろう。そうだ私の体験を語れば阪神・淡路大地震の時も流言飛語もなく、電波が伝えてくる情報はどれだけ住民に安心感を与えたことか。

　さて、話は飛ぶが15年前に第二の故郷である中国福建省アモイ市コロンス島を51年ぶりに訪問した。昔住んでいた家は幼児3歳の時の姿そのままだった。私の網膜にその映像が映し出された瞬間、一種の放心状態か何の感動・感情の動揺も起きなかった。木陰に涼む老婆二人がゆったりと午後のひと時を大きな団扇で扇ぎながら過ごしているのを見た。戦争のため日本に引き揚げ勤労奉仕、食糧不足、原爆、戦後の混乱、高度成長とさまざまな体験や苦労を重ねて

やがて日本人は経済大国となって先進国としての幸福感を味わっている現代。待てよ、世の中の進歩・発展・生活の進化・文明の利器…とは全く無関係にあの老婆達は50年前と同じく相変わらず天然の魚介類と野菜果物、氷の冷蔵庫、自然の涼風、青々した木々の緑、新鮮な空気を満喫して同じ年月を過ごしてきた。空気の汚染、どこかでの紛争、事件…全く関係ないしその情報すらもない。ちなみにコロンス島はリヤカー以外、自転車はない。禁じられている島なのだ。まさに平和そのもの。情報社会から隔絶された社会。一体私とどっちが幸福なのか。

　20年ほど前に過ごしたハワイ島のマウナケアビーチのリゾートホテルは、フロントからエレベーターを降りると横に長い廊下を歩いてようやく客室に辿り着く。運動のためだ。驚いたことにテレビもラジオもなく、新聞は談話室にあるのみだ。一切、世間の情報の煩わしさから逃れてゆっくりと休暇をお過ごし下さいという配慮なのだ。アメリカのような情報社会の先進国でその喧騒と緊張から隔絶すること、人間味を大事にする心が必要なのだ。先進国という名のもと特に日本の情報社会は井戸端会議のように、囀り姫が話す不必要な低次元の知識や世間話、また噂や情報が毎日朝から晩まで氾濫し過ぎている。先のアモイ市に飛行機で着陸するのに天気は平穏で晴天だしすぐ眼下に飛行場が見えるのになかなか旋回して着陸態勢に入らない。日本だとすぐにアナウンスがあり状況の説明もあるのだが。過剰な情報に慣れている日本人は無情報時代に放り出されると全く不安になりイライラしてきた。ノイローゼ・ストレス・ナーバス・なになに症候群……は先進国がもたらした現代語だ。日本にはせいぜい神経衰弱という言葉しかなかった。多くの中国人乗客はどこ吹く風でのんびり無表情にしている。何事もなく間もなく

無事着陸したのだが。

「**知る権利・知らぬ権利**」「**不必要過剰な情報、必要な情報**」「**緊張と緩和**」——そのバランスが求められている時代に入ってきたのではないだろうか。"知らぬが仏"という諺(ことわざ)もある。色々と考えさせる今日この頃である。

6．ホテルマンたれ、トレンドに敏感であれ

　平成元年の成人式を迎えた時のことだ。私は、成人に達した社員と成人式の後に毎年会食をすることにしていた。約10年間、成人した社員を集めては祝福していた。ふと気がついたのだがこの年の成人達は、男女ともにパリッとスーツを着こなして服装が落ち着いている。これには非常に驚いた。例年ジーンズあり、ジャケットありとどちらかというとカジュアルスタイルだったのに、今年は皆が本物のフォーマルなのだ。話を聞いてみると、皆それぞれの自分に会ったDCブランドのものを着るとか。デザイナーのブランド物という位は知っていたのだが、キッチリと着こなすスーツは一着10万円位するという。それらのスーツは、ジャン・ポール・ゴルティエ、あるいはスフェラ、ジョルジュ・アルマーニ、バッグはホンタナ、女性になるとコシノヒロコであり、モリハナエである。ネクタイはクリスチャン・ディオール、ミラ・ショーン……である。
　私は感心して、君たちどこでその情報を得ているのかと問うと、『メンズノンノ』であり、『プレイボーイ』などの雑誌であるという。いやまったく。いささか輸入ブランドにはこだわりの私ですらついていけない。20歳になった私の愛すべき部下の青年の一人は、今まではジーンズであり、ブルゾンスタイルであり、いわゆるカジュアルであったけれど、今や時代の最先端はスーツですぞと明言した。とてもとてもそのような物が買えない時代に育った私は、そのようなものはホテルをご利用になる一クラスも二クラスも上の人種の世界の話で、われわれはサーバントに徹しようと思い込んでいたのに。そして、先輩からもそう教えられてきた。日本が豊かになっても主

があり、従があったのだが、今や仕事の性格上の主従であり、いったん仕事場を離れると自分が主であり、お客さまと同じレベルでの生活をエンジョイできる人類なのだ。

　世代。世の中の変動と価値観が変化し、もう過去のサービス論では通用しなくなったのではないだろうか。何のわだかまりもなく、コンプレックスもなく楽しく仕事をエンジョイし、働いている若者達。お客さまと同じレベルでの生活環境、ホテルのお客さまに、下部として働いているサービス産業に新しい風が吹いてきた。そもそもサービス業というものは、お客さまを満足させるものであり、製造業のようになんらかの商品を販売すればそれでよいというものではない。人の心に何か残す物をつくるという産業であろう。お客さまの心を察知することが大切なことはもとより、ホテルの従業員の心も察知することが大切である。それには、時代の流れと変化をいち早く察知することが、情報を発進するホテルマンには必要となってくる。彼らだけが変化している。中間の管理職にあるホテルマンよ、鋭敏な感覚を育てることが今求められているのだ。

　駐留軍時代の源流にも、もちろんのこと学ぶところも多々ある。それを汲んで、時代を読む。すなわち流行に敏感であれと私はいいたい。自分のホテルのショッピングアーケードにある商品がすべて理解できるであろうか。**世の中で一番、トレンドが分かっていることがホテルマンの必須条件ではないだろうか。**

　平成成人よ、幸多かれと祈るのみである。

7．腹芸——ニッコリ笑ってバッサリ切る

　かの衆議院総選挙を前に、日本道路公団の民営化について国土交通省石原伸晃大臣と藤井治芳総裁との間で、その解任について総裁は聴聞会で徹底抗戦の構えを見せていた。2003年解任通知になるのであるが、その後、東京地方裁判所に提訴したものの、2006年に藤井氏の解任処分は相当との判決が下り幕を閉じた。私がこのことに触れた理由は、若い時からトップにある人は一体、責任の遂行をどのような発想からその手腕を発揮するのか、どの分野であれ興味や関心を常日頃持っていたからである。

　大学を卒業してホテル業界に身を置きお客さまに仕えるサービス産業に携わるようになって、いつもお客さまは神様でありわれわれは下僕で決して表には出ないもの、いわゆる裏方だと意を決していた。サービス産業が高度成長の波に乗って、これからの第三次産業、花形産業ともてはやされる時代になり、今までは旅館の親父であったのがいきなり観光立国・日本として世界に門戸を広げることになる。一体どのように今までの個人の経営体質を近代化へと改善改革すべきか迷い考え、そしてどう対処してきたのだろうか。

　戦後間もない1949（昭和24）年以降のホテルには多くの元参謀本部・軍令部・在外大公使館付き武官佐官クラスがGMとしてその運営に参加活用してきた。彼らは元大日本帝国の旧日本国軍の最高知的指導集団として研修・教育・情報訓練を受け、国家戦略戦術を立てて国を動かしてきた。例え「国は敗れた」とはいえ、その優れたノウハウはかの有名な戦中時代の参謀本部出身者、瀬島龍三の経営理論は立派に民間企業の近代化・再興に役立つことを証明され、

最も企業経営に必要なその戦略戦術を練ることを備えた超一流知的集団であった。語学力といい外国の生活・風土・習慣には精通したものであった。世界に開かれ新しい国際感覚に転進するホテル業界には当時なくてはならない打ってつけの人材群であった。なぜなら国際的に通用しトップに求められる資質として5年、10年いやもっと先を見越す洞察力と経営計画が最も重要視されるからである。

　サービス業が次第に一流の経営に則った企業として変身、もてはやされ革新を迫られるにつれその経営陣にも一流の他産業経営者がサービス産業に携わるようになり、新しい経営術が導入されることとなった。すなわち個人経営から一流企業の親会社からの近代経営学を持った経営者が送り込まれてきたわけだ。さらに、ホテルが大型化されればされるほどその顧客誘致の必要性から前駐米大使・前駐ロ大使・前駐英大使など外交官出身の社長が導入された。国際交流が盛んになるにつれ彼らは、その知名度において大いにホテル業界にホテル本来の社交の場として大きな使命を果たした。次いで、ホテル事業が多様化すればするほど競争の激化と相まって経営陣にももっと高度な経営術が求められ、金融界からの大物経営者頭取クラスがホテル経営にも投入されることになった。その先端を切ったのは関西の名門ホテルであり、その経営術と関西商法なるものを関東商法と比較実体験し学び取ろうと私が勇躍関西に下阪したきっかけの一つとなったのである。

　それからの20数年の長い体験、教えられた経営学は見るにつけ聞くにつけ新しいものであり、そして古くから言い伝えられてきたものでもある。思いつくままに「トップダウンからボトムアップ」、「コミュニケーション・対話の重要性」などだ。元・住友銀行頭取、元・朝日放送社長から転進された今は亡きホテルプラザの社長は、

いつもニコニコ顔で相槌を打ち、部下の話をよく聞き、褒めちぎり持ち上げた。決して批判や否定はしなかった。やる気を起こさせること「モチベーション」に専念した。そして経営の洞察力はその欠陥を見抜き、目的に向かって指針は誰にも腹の内は語らず、「アッ」と驚く今までの話とは打って変わってむしろ反対方向の経営方針を打ち出す。時には慇懃(いんぎんぶれい)無礼、独断専行、信じる道をいく——まさに腹の内の芸である。

　言い換えるならリーダーシップの発揮である。

　ニッコリ笑ってバッサリ切る。言わぬが花、沈黙は金なり、口は災いのもと——果たして今の若い政治家にそれだけの腹芸があるのだろうか。先の大臣と総裁の争論は開かれた政治の本質を見失った見本みたいなものであるのではないだろうか。アカンタビリティーが叫ばれる時代にこそ酸いも甘いも噛み分けた腹芸が時には必要ではないだろうか。世代は大きく変わりつつあるのだが…。

8．人質解放
――戦前戦後そして未来の日本国家像を見直す機会に

　2004 年――イラクでの日本人人質 3 名に次いで 2 名も無事放された。一時はどうなることかと心配したご家族を始め関係各機関、すべての国民が解放の知らせにホッと胸をなで下ろした瞬間である。行動の稚拙さがもたらしたこの事件はイラクに対する人道支援のための自衛隊派遣、その国論との段差、混乱と安堵、家族の行儀悪さ、国に対する甘えなど映像で報道される種々の問題提起が大きな衝撃と波紋を日本国民に投げ掛けた。再三にわたる政府の危険地区への渡航回避勧告にもかかわらず、善意とはいえ政治の機能を一時ストップさせたことに対し、安易に行動した若者たちの自己責任とばかりに世論が騒いだ。そして同時に国家と国民との関係を明確に問われるきっかけともなった。連日の報道や論争を見たり聞いたりしていると、ふと脳裏に昭和初期、日中戦争前の昭和 10 ～ 11 年（1935 ～ 1936 年）頃の排日感情の高まり、一触即発戦争の危険に満ちた中国大陸で過ごしていた自分自身の幼年、少年時代の体験を思い出させた。

　あの頃の一人の日本人としての自覚、個人と国家に対する考え方は一体どうであったのか、またその根幹は何であったのか、そして現代ではどう変化してしまったのか。歴史や文化の違う異国の地にあって日の丸の国旗、君が代の国歌のもと国を愛する心、国に尽くす心、国あっての国民としての誇りと自覚、それによって行動する責任と義務は親からの教えや学校教育・知能の啓発・徳器の成熟、言葉は古いが国に忠、親に考、兄弟仲良く、夫婦相和し、友人間は信、自己は恭倹、習学、公益の促進、法の遵守、非常事態の義勇・奉公

——これらの古今東西の徳目に従って、当時の日中間のまさに戦争勃発直前、銃撃戦の危険性をはらみ排日下の身を危険性にさらす不穏な情勢の中、日本国民の誰しもが子供心にもけなげに自己の行動は自己責任とばかり一人歩きするにも常に当時横行した日本人人さらい、今で言う人質や拉致を警戒して行動したものだが、不思議と恐怖感は微塵もなかった。

多くを欧州世界に学んだ日本だが、明治維新以来開かれた世界観、国家観、個人観は1945（昭和20）年8月15日の敗戦を境に一瞬にして米国民主主義への思想に180度転換、在国民主権、個人の自由、人権、権利が解放強調され半世紀を経た今日、この一連の騒動、動揺、家族と人質から解放された当事者の発言を聞いていると、地球上の全体像がアジアの、自国日本の、自己の立場のポジションを見失ってしまっているのではないか、家庭内の、友人間での、社会の国家国民の中での自己の位置付けが分かっていなかったのではないのか。自由を求め自己メリットのみ追求するその正義感の結果のデメリットがもたらす他人への影響は全く見えない人間像…他国民から見れば一個人の善意でも、その背景にある日本国民の国家政策の範疇内であることの自覚のなさや、そのような教育がなされていなかった結果なのか…PTSDやASDと言われるあの未訓練な精神状況は何を意味し、かつての小野田元・少尉、横井庄一兵卒の精神力は何を物語っているのか。

今回の人質事件そのものは不幸中の幸いで、NPO・NGOボランティア活動の善意な精神は高く評価されるものだが、戦後半世紀を経た民主主義社会構造の善と悪、平和と自由、権利と義務などが問われる世紀に入ってきた感はしないでもないのではないか。戦後の廃墟かつ物不足から高度産業生産国へ脇目もふらず自国の復興に邁

進した結果、衣食が足りてやっと世界の大国として他国への援助、NPO・NGO、フリージャーナリスト、ボランティア、イラク自衛隊派遣へと進展してきたのだが、国内での反対論争は別として他国民から見れば日本国民としての一体感の自覚を忘れていたなど後手に回っていたのではないかを、救援を求める家族の国に対するあのヒステリックな対応は、若者のその後の発言も含めて事を如実に示した現象ではないだろうか。

　明治維新以来、議会民主主義国家であった日本がその成熟を待たずに世界情勢の中で軍国主義に追い詰められた戦前戦中の国家、その善悪と戦後民主主義、自由主義、個人主義国家に生まれ変わった結果、現代の日本の善悪、凶悪犯の増加などそれを論ずる意見は未だ聞かない。人質事件は戦前戦後そして未来の日本国家像を見直す機会の一つになるのではなかろうか。

9．アテネオリンピック 2004
　——成功を支えた、調理・サービス・警備スタッフたち

　オリンピック発祥の地アテネ。参加国 14・参加選手 245 人で 1896 年に第 1 回オリンピックがスタートした。あれから 108 年後の 2004 年に第 28 回アテネオリンピックが開かれ参加国 202 の 1 万 1,099 選手はその思いもひとしおであったに違いない。連日連夜マスメディアはその参加選手の成果を報じ歓声が上がる。日本も戦後 59 年経って国民の食生活習慣の欧風化とあらゆる改善により男女各選手とも大いに体力は増強された。メダリストも数多く記録を伸ばしている。国民の一人として喜ばしい限りである。

　さて、想い起こすのは 1964（昭和 39）年、40 年前に開催された東京オリンピックのことである。戦後の荒廃から立ち上がる日本は復興の加速を東京オリンピックに賭けていた。観光客のためのホテルの建設ラッシュ——とりわけ東京のホテルニューオータニはその受け入れのために急造された最大級のホテルであった。そしてあちこちで建設が始まり、第一次ホテル建設ブームともなった。道路はもとより交通機関の整備に始まり大会各会場の新設、選手村の建設などオリンピックを成功させるための直接のハード・ソフト関連業界の他、あらゆる産業界の分野にも刺激を与え今日の日本の経済成長大国になった先駆け的な事業である。そして「アテネオリンピック 2004」もギリシャの国益に大いに貢献したに違いない。アテネオリンピックの表の報道が派手になればなるほど一生の職業を縁の下の力持ち——ホスピタリティーマインドで生きてきた私のようなホテリエのキャリアにとっては、報道されない裏方での仕事の大変さを思い起こすのである。東京オリンピックでも宗教、風習、文

化、食習慣の違う国々の選手団のコンディションを保持するための健康、体力、技術、用具、特に栄養面における裏方の3食の準備作業や気配りは想像に絶するものがある。

　国際化感覚に遅れていた当時の日本は、とにかく全世界へ飛んで食生活の文化や習慣の違いなどさまざまな情報を集めて各大公使館、特にご夫人連からの食習慣、メニューのアドバイスが多く取り入れられ、帝国ホテルの村上総料理長のもと全国のホテル群から選りすぐられた若き調理師連中を集め準備に大童であった。特に現代のように流通機構や運送技術、冷凍食品の技術などが発達していない時代に、当時93カ国・5,133人という選手団にいろんな種類の料理を大量にしかも新鮮に日替わりで提供するには大変な努力がいったのは想像に難くない。1日肉約15トン、野菜6トン、卵2万9,000個、1日6,000カロリーを用意したと聞いている。そして食の多品種、大量消費時代の先駆けともなった。

　一方、アテネオリンピック2004の選手村では参加国202カ国・1万1,099人の選手に職員などの関係者を加えると1万6,000人にもなり、その食材の桁違いの確保は大変であったに違いない。運動選手の食欲は想像を絶する。大量生産に高品質、新鮮さを維持しながら3食を日替わりで支える陰のこれらの調理師、サービススタッフの努力がその時のオリンピックの成功を支えているのだ。更に現代のテロ対策警備の陰の力も見逃すわけにはいかない。ホテルの重要な言葉に「派手なのはお客さま＝主役であって、サービススタッフは陰の力であり決して派手であってはならない」がある。**華々しいまでのメダリストの報道の裏側には常に"Hospitality Servant"の存在を忘れてはならない。**刻々流れる華やかな各国選手の成果にそこまで到達するには、個々の長年の涙の努力と練習の賜物である

と頭を下げ敬意と祝意を心から述べると共に、参加選手のコンディショニングに励み、そして何も事故や問題を起こさなかった各分野の陰のもう一つの選手達に私はゴールドメダルを贈りたい。

> オリンピックや選手は裏方の大勢の人に支えられている

10. 他人事ではない

　2004年——再三の交渉もついに合意に達せず、日本プロ野球史上始まって以来のストが決行された。近鉄・オリックスの合併問題に始まって、一気に日本プロ野球界の古い経営体質が表面化してきた。ファンの一人としては他人事ではない。ファンあってのプロ野球とばかり毎日世間がうるさい。日本プロ野球業界同様に近代経営化に遅れているホテル業界も、この機会に日本プロ野球のあり方がどのように再生（フレッシュアップ）するのかよく見極めればいいと思う。なぜなら、プロ野球業界とホテル業界とは類似点が多々あると常日頃から思っていたからである。プロの選手を商品と見立て規約などがあるように、ホテルのプロ、特に調理部門・料飲サービス部門の技術を持ったプロ従業員にも従業員規約を設けるべきであると思っていた。それだけに、この度の騒ぎは他人事ではないと興味深く見つめている。

　当時、日本のプロ野球球団は野村克也氏も指摘していたように、親会社の一野球部門として広告宣伝機能しか考えていなかったし、親会社から見れば今まではそれで充分であった。南海、近鉄、阪急、阪神、西武然りである。唯一の黒字会社と言われている読売ジャイアンツでさえ、読売新聞の販売数の拡販に使われテレビの視聴率に支えられている。球団の独立採算制については、極めて経営意識は薄い。つまりこの伝統的な感覚が、今日の破綻の結果になったと思われる。同じように、ホテル業界も個人オーナー会社は別として、多くの他産業、鉄道、運輸、不動産業がそれぞれの沿線の開発関連事業、路線拡大などの本社事業のステイタスや補助機関的発想でホ

テル事業に参加・運営し、その赤字補填は本社が広告宣伝費として負担するのは当然と考えていた。それは日本プロ野球業界とよく似ている。そして本社役員を始め従業員の「第二の人生の職場」として経営陣のトップに、ホスピタリティー企業の未知の世界に入ってくる。そのことが今回、言うなればファン層の意思などの理解度も乏しい70数年の野球経営陣の失態の結果でもある。

　ホテル顧客の大切さについても同様である。野球選手は規約によって勝手に他球団に移籍はできない。ホテル業の中でも料飲部門、特に調理部門のプロは野球における華麗な守備能力や打撃、中でもホームランがファンの最大魅力であるように、磨き上げられた調理の技術から繰り出される料理の見事な味は顧客を虜にする。全く同じだと私は考えるのだが、一つだけ違うのは**せっかく磨いた技術が他のホテルの狙いどころとして、たちまち高給で他のホテルに自由に引き抜かれること。野球協約、選手規約のようにホテルの経営者は自己の大切な商品なのだから、プロ従業員、いわば財産をなぜコントロールできないのか**。なぜ気付かずにいたのか。そのためどれだけ経営の基本である人件費の抑制に支障をきたしたことか。そしてそのことが業界の人件費の高騰に繋がり、高度成長期には何でもなかったことがバブル崩壊後のホテル業界の合併劇こそないが倒産廃業に追い込まれた事実は明白である。遅まきながら野球業界のみならず、あらゆる企業が法改正による連結決算の結果は、今までのように本社が子会社の赤字補填をすることができず、その体質を世間にさらすことなる。

　幸いにも、**野球業界にはスポーツを愛するファン層がいる。同様に顧客あってのホテル、その動きはホテル業界にとっても他人事ではない。**大いに国民的支援を受けて各分野からの貴重なアドバ

イス・提言に耳を傾け今後のファン、消費者、顧客あっての企業だと深く肝に銘じて謙虚に受け止め今後の日本ホテル業界、いや"HOSPITALITY INDUSTRY"の経営理念としていきたい。まったく他人事ではない。

> ファンあってのプロ野球
> 顧客あってのホテル
> **ホテルの従業員もプロ選手！**

> **ムダな引き抜き合戦防止の為**
> ホテル業界にもプロ野球業界のように
> 野球協約、選手規約があればなぁ・・・

11. ホテイチ──元来デパ地下に勝る、ホテルのテイクアウト

　2005年──定年後はや10年。近頃はゴルフ以外に外出することも少なくなった。また単身である私は家事に追われる。日々三食の準備を自分でするのは楽しくもあり、面倒臭く感じることもある。家庭の主婦の大変さを今更ながら思い知らされる。多くの高齢者と同様に時には運動もかねてと百貨店やスーパーへ食料品の買い物にいくのだが、ここ数年間の地下食料品売り場の進歩・発展には目を見張るものがあり、まさに日進月歩という感じになってきた。つまりそれだけ飽食の時代で市場の競争も激しいのだろう。"デパ地下"や"ホテイチ"など新しい呼称が生まれたが、近頃はまったく便利になったものだ。下手に食材を買ってきて調理するより、既製の総菜を買った方が無駄にならない。毎日の家庭の食卓を考えて多種の主食・副食が並ぶなど選択肢も豊富──昨今の主婦（夫）は出来合いのものを買った方が早い。あぁ、まったく便利になったものだとつくづく思う。

　人類の食糧難に対する知恵は古来その確保、保存法として塩漬け・干物・乾物・醱酵…と実にさまざまな方法を編み出してきた。燃料も薪から炭へ、更にガス・電気・電子レンジへと進化した。現代に至っては冷凍技術とその解凍技術の進歩は生物が生きるための食糧、それもできるだけ自然に近い状態で保存し食することへの追求がなされてきた。冷凍食品・レトルト食品・インスタント食品と今や何でもござれである。少しでもおいしく手軽に、また種類も豊富にと"デパ地下"の人気は上昇。中でも高級総菜はホテル製品とばかりコロッケに始まってベーカリー製品・パンやケーキ、更に進

化して"ホテイチ"とばかりホテル製品の総菜が並んできた。同じ頃、ある大手デパートが地下の大改装に踏み切ったが、完成後に利用してみると感心した。その地元の住民レベルの食文化に配慮されたコンセプト・マーチャンダイジング・レイアウト・トレンドの捉え方はおおむねよろしいと見た。何より消費者の評判が良いのである。個々には味覚や価格について異論があるとは思うが、特に私の心を惹き付けたのはある一流ホテルのいわゆる"ホテイチ"を目玉に持ってきたことだ。ホテル出身として素材の仕入れからグレード、またその衛生管理まで知り尽くしている立場から言えば、ホテルの食品である限り安心感は絶大である。今までは百貨店の食料品売り場にホテルは短期間のイベントとして、そのブランドイメージを上げるために家庭の総菜とは違った"プロの味"を売り物にしてきた。缶詰・瓶詰やベーカリー製品に始まって洋食、コロッケ、ハンバーグ、ローストビーフ、中国料理、和食へとその商品を拡大した。ホテル本体の料飲部門の売り上げの伸び悩みと世代交代による顧客・消費者の移動は、遂に外食産業としてデパ地下の中核に進出することとなった。

元来ホテルの料理は素材も一流、プロの腕前、それに見合った高級感ある価格と圧倒的な存在を誇っていた。その一方で、総菜屋の料理は所詮家庭料理とその差を自負していたのだが、ITによる味の分析やあらゆる美味に対する追求と研究・改善がなされ、その家庭料理なるものが、しかも生産される食材も品質は向上して一流に進化。わずかな違いは天然と養殖、有機栽培かどうかであり、つまり材質の差はなくなったばかりでなく、**大量生産による低価格、味の均一化はどれもがおいしくなり、プロアマの区別はつきにくくなってきた。**プロの味を誇っていたホテイチ商品も、やがてはイン

スタント食品の味覚に慣れ育った世代の大衆化に迎合化する方向へと進むのだろうか。高度に研究開発された急速冷凍・解凍の技術は生の素材よりもはるかに味において上質であると言う専門家も増えてきた。

　ピンからキリまでの顧客・消費者の広がり、常にそのニーズやトレンドに敏感な激動の流通業界、その真只中にプロの誇り高きホテル商品が生き残っていくには、視覚に訴えると共に包装技術など食の安全に対する感覚、さらに味覚や価格、賞味・消費期限などまだまだ多くのことを、今までとは違った角度からの学習、教育、研鑽(けんさん)を積まなければならないと痛感した。

12. 超高齢社会――ホテルとホスピタルについて改めて考える

　1995年――65歳になってようやく定年を迎えた。以前「これからはゴルフ三昧」と考え、60歳以上定年者の仲間とのゴルフコンペ麓麗会をつくっていた甲斐あって、毎月お互いの健康と長生き、エイジシューターを目指して和気藹々々と熟年を楽しんでいたものだ。しかし回を重ねるたびにやれ腰が痛い、膝が動かない、糖尿の気があるなど1人、2人とメンバーに欠席者が多くなってきた。まだ若い、若いと思いつつ自分も高齢社会の真っ只中にいるのだなと実感するようになってきた。

　それにしても思い出すのは、1961年に初めてアメリカ本土を旅行したとき、彼方此方での見かける光景だった。西洋人は日曜日には家族揃って盛装して教会にいく。ミサが終われば若者達はドライブを楽しんだりするのだが、残された高齢者あるいはどちらかが欠けている場合もしかりで、厚化粧・着飾ったままの服装で淋しくコーラとサンドウィッチ――今で言うファミリーレストランで食事をしている場面をよく見かけたものだ。アメリカは個人主義の国、独立精神の強い国、善いところもあれば悪いところもある。東洋人――日本人の家族主義は人間味もあればお互い絆も生まれる。しかし、民主化に向けて国の再建に働き蜂のように働き続けている日本人にはその先は見えていなかった。戦後60年の月日が流れて少子・高齢社会と叫ばれ目にした戦勝国、世界一の繁栄国――あの時のアメリカ人高齢者の寂しげな姿を日本でも見ることになる。多くの長寿者は健康なのだろうか。不幸にも体調を崩した人、介護を必要としている人が彼方此方に多くいるはずだ。

日本は世界一の長寿国を誇っているが、果たして本当に幸福なのだろうか。超高齢社会であるいま今、介護に懸命な医師、看護師、介護人には頭が下がる。多くの高齢者、同窓生、友人、知人が入院したと聞いては病院へお見舞いにいくのだが、手のかかる患者、おとなしい患者、小うるさい患者などさまざまである。そして24時間人の命を預かり監視するわけだから一時も休めない。ふと病院は"ホスピタル"、一方ホテルも"ホスピタリティー"と同じ語源であると思い起こす。所詮人様のためにご奉仕する役目には違いない。"ホスピタル"は病気を治してあげている、助けていると恩を売っているような錯覚を覚えていたのが不思議でない世界。多くの医療ミスや不祥事が伝えられているが、その一方で多くの医療機関は懸命に患者に接している。時には非情に、ある時は情を込めて…。

　強者と弱者との関係に対比してホテルはサーバントと王侯貴族、弱者と強者との関係ではあるが"ホスピタル"も"ホテル"も語源は一緒で、ラテン語の"HOSPITALE（もてなす、癒やす）"の意味を持つ。高齢社会に向けて"ホスピタル"は次第に語源道理になるべく努力をしている。お医者さまは先生であるが患者あっての医療である。24時間、けなげに動き回る医師や看護師には頭が下がる。そんな姿を目にするにつけ次第に医療のあり方、考え方が変化してきた。国も真剣に高齢者介護に力を入れ始めて多くの特典も与えられてきた。一方で弱者ホテル側は強者お客さまに対してより思いやり、親切、丁寧であるのだろうか。**高齢社会に向けての介護が大きなマーケットとして動き出した今日、医療に携わる人間達は本来の"ホスピタル"に向かって大きく意識改革を行ないつつあるように見受けられる**今日この頃である。

13. ホテルの英語は──和製英語に気をつけて

　大阪東洋ホテルは、2006年1月15日、ラマダホテル大阪になって営業を開始 (2013年12月末日閉館) した。「Ramada・ラマダ」の語源はスペイン語で「木陰の安息所」を意味し、[もう一つの世界に向けて] という意味も含んでいるそうだ。実にホテルにふさわしい語源であった。

　確か1990 (平成2) 年頃、当時赤字経営であった東洋ホテルの再建に旧三和銀行から社長として派遣されたK氏を支援すべく、私に要請があり「経営再建のコンサルティング」を引き受けることになった。私はこれまでの体験から、おおむねホテルの設計レイアウトは開業後の経営・運営に大きく影響しその成功、失敗の基本を担っているものと信じている。旧東洋ホテルの設計レイアウトは、私の持論と違ってもう一つ納得のいくものでなかった。多くの外資系のホテルは6～7年で施設の「リハビリ」(リニューアル)を施し、常にその時代の新しい変化や顧客のニーズに先行し、対応している。経営が少しでも上向いた時に、また再投資に追われる。ことほど左様に、ホテルの経営を軌道に乗せるには、時間と労力を要し、あまりうまみのある商売でないのが通り相場である。当初のレイアウト、効率の良い設計と導線の善しあしは労働力に大きく影響する。決して著名な設計者の傑作を求めてはならない。効率がよく儲けられる設計がホテルの基本である。プロのノウハウの存在意義もそこにある。

　依頼された旧東洋ホテルの、コンサルティングはレイアウトの修正から始めた。稼ぎの良い部門の拡大、悪い部門の縮小を提案しレ

イアウトの見直しをさせ、約17億円の再投資と3年を費やし「リハビリ」を完成させた。その後、見事に黒字経営に転換させ本来のコンサルティングを実証させた。そして時代の変遷と共に、親会社旧三和銀行は自行の経営建て直しなどで大阪東洋ホテルを売却、モルガン・スタンレー不動産ファンドの子会社パノラマ・ホスピタリテイが運営管理することになった。そういった経緯もあり、リブランディング [re-branding] による商号の変更、外資系の経営母体の管理運営にはことのほか、特別な関心を持ち注視していた。ラマダ大阪は、外資系ホテルによくあるケースで外装には決して多くのお金はかけない。むしろ内装や、効率的なレイアウト、家具の配置に気を配る。最初に気付いたのは、ロビー周りの様変わりであった。いかにもアメリカのホテルらしく、「雑誌アメリカンホームズ」や「雑誌ハウジング」によく見かけるソファの配置、「two – tone」カラーは心底あか抜けて見えた。日本人設計者の感覚ではまず出来ないことだと感心。なるほど、小額の投資でHigh Senseでカジュアルな高級感を出していると改めて感心した次第。

　1階のフロントレセプション周りレイアウトは新感覚で導線を含め、いかにもアメリカンテイストの洗練された今様指向型であった。当然顧客の入りも良い。コーヒーショップ「トレ・トレボン」に入って食事をすることになり、まず目に付いたのはメニューの英語の使い方であった。

　もちろんAmerican EnglishとKings Englishとの差はあるのだが。「Kids Eat Free」お子様はお食事無料、日本のホテルなら「Children under 12 years free」などと書く。また決して「Viking 料理」とは言わず「Buffet」ブッフェと言う。さらにテーブルに備え付けられたアンケートカードは英語でa moment of your time…と書いている。

アンケートとはフランス語の [Enquete] 調査、意見調査の意味で日本人は常にアンケートを使用する。

　ちなみに私が日本のホテル英語との違いを発見し、感心した次のようなケースでご納得いただけるはずである。ラマダホテル大阪でのお客さまアンケートはこうだ。

「この度はラマダホテルにご来館いただき、誠にありがとうございます。今後のサービス向上のため、アンケートにご協力下さいませ」。日本語としては実に丁寧でよく意図は分かる。もし、和製英語＝Nihonglishで書くとすれば、きっと「thank you very much to visit our hotel, please fill out enquete below we will endeavor to improve more better service in the future. Thank you for your cooperation.」となるであろう。ところが、「please help us by taking a moment to complete this questionnaire . your answers are important to us.」とすれば、完結にして明瞭である。その他諸々の正しいホテル英語を各所で、洗練された「ラマダホテル大阪」の[re-branding]を見ることができた。

　日本の多くのホテリエ諸君、和製英語、名付けて「nihonglish」が館内に氾濫していないかどうか、総点検されてはいかがかと思う今日この頃である。

第14章　お客さまは神様だ

1．ホテルよもやま話

　教育・躾け・マナー等々の問題が大きく叫ばれている現代においてサービス業界にひと言。ホテル業は言うまでもなくホスピタリティー産業である。お客さまあっての企業である。そこで思い付くままにサービスの善しあしをよもやま話として語り、古き時代に学んだサービスのあり方（その1）が良いのか、時代の感覚が変化したのだからそれ（その2）で良いのか、読者の皆様にご自由にホスピタリティー産業の真髄価値を判断していただきたいと思う。

その1　顔を利かせるのはいかにも日本人的

　知人があるレストランをよく利用している。上顧客の一人の友人にお願いをすれば、俗にいう顔を利かせてもらえるという期待感を持って、そのレストランの予約をその人にお願いする。すると当然依頼された友人は顧客の一人として、毎度そのレストランを愛用し集客にも協力している、という自負心と今後共というgive & takeの精神で自己の存在感を両者に示すために、喜んで引き受け電話でよろしく頼むよと知人の予約を申し出る。そこは予約を受けるマネジャーも心得たもの、電話口で丁重に毎度ありがとうございますとひと言お礼を言って、さらりと（顧客は顔を利かせたいのだなとさっと悟って）即座にマネジャーはそのこと（顔を利かせてあげる）は得意中の得意ですと間髪入れず軽く受け流す。顧客は安心と満足感

を…、結果は言うまでもないが。知人は友人へ「お陰様で、さすが」と特別扱いを受けた感謝の朗報をする。

その2　マネジャーに判断させるのがアメリカ的
——教育が一貫して下部署まで行き届いていない？

さる大手の一流ホテルメンバーの一人である友人が、そのホテルに泊まる。チェックインの折、毎回送ってくる割引サービスチケットの数々をたまたま持参するのを忘れたのでその旨を告げ、サービス券の中でも一番低価格の部屋の提供を申し出る。受付の若いフロントレセプション嬢は、カウンター内のコンピューターを開いてその顧客の使用前歴と身元を確認したうえで、ルームを決めて確認書とキーを手渡す。カードを見ると2万6,000円と書かれている。少々高いなあとつぶやくと「朝食付きですよ」と。忘れてきたDMのサービスチケットには、「一番低価格の提供ですからぜひ近々ご利用下さい、閑散期なものですから」と少しでも売り上げ向上のために切々と訴えているように思われ、この不況下、競争に敗れたホテルもある中でぜひご利用をと、懇願しているようにも受けとれる。さてパーティーも終わってやはり気になるので、今度は上位ランクのアシスタントマネジャーに、数多い販促用のサービス券はもう少し部屋代が安かったのではないかと問い掛けると、彼は1枚の券を出し「これが現在、一番お徳です」と答えた。見ると2万4,000円、明らかに2,000円ほど安いではないか。

早速、先程の確認書を出して説明すると、これは間違いでしたとあっさりとすぐに訂正し2,000円差し引くことになる。さて、ここまではチェックインまでの勘違いの経緯だが、一体、最初の係はメンバーの顧客を一体どう考えているのか。例え2,000円でも売り上

げを増やさねばと思ったのか。アシスタントマネジャーに2万4,000円にしてもらったお客さまは優越感を感じるのか。

少なくともアメリカならば、フロントレセプション嬢は「私が提供できる価格はここまでです。これ以上の要望はアシスタントマネジャーにお話し下さい」と言うでしょう。一貫した教育で、お客さまにフェアなサービス、理にかなった内容で応じるのはアシスタントマネジャーの仕事だ。

その3　マイレージはシンプルで分かりやすい

「お客さまは神様」なのではないか。"For the customers"——この不況時代に競争に生き残るためには、もっと社内的に徹底したサービスで顧客を大切にしなければならない。また一方で数多く発行する企画案内は？　一歩間違えると二重価格ではないか。定価を支払ったお客さまの中で、文句を言うお客さまが割引をされる一方、何も言わないお客さまは割引なしで損をするのか。一体、教育や接客システムはどうなっているのか——何かと問題をはらんでいるように思う次第。

もとはと言えば、当ホテルにご愛顧いただいていることに関して感謝の意味を込めて、特別割引サービスをするのではないか。土曜、日曜は部屋が空くから安くする、混んでいるから高く売る、というホテルの都合のみではあまりにもお客さま無視ではないだろうか。本来はお客さまの当ホテルに対してのLoyaltyに報いての奉仕ではないのか。ここらでホテリエは、もっとお客さまとは一体何なのかをしっかり考え、トップからボトムに至るまで同じ方針であることの教育の徹底が必要であると思う。

最初はアメリカの航空会社から始まった顧客増対策のマイレージ

ポイント企画は、他の競争相手の航空会社を利用せずに当社をご利用すればするほど、感謝の意味を込めて特典を与えますよ、と顧客優先のいわゆる「お客さまは神様だ」の精神が感じ取れるのだ。ここらでホテルの企画もホテルスタッフ、顧客にもまぎらわしさからシンプルな顧客獲得案に時代の流れとはいえ、考えさせられることがある。自己の都合でrack rate（割引なしの表示料金）で販売し、シーズンや曜日によって変わる変動料金rateはいかがなものか、自ら墓穴を掘るのではないかとも思うのだが。

2．HOTEL IS A HOME AWAY FROM HOME

　一家の稼ぎ手、ご主人様を朝会社に送り出し、ご帰宅するまで家庭の主婦はせっせと家の中を片付け掃除をし、おふとんを干したりお風呂やトイレを磨き、洗濯をしたり、お酒の1本くらい付けた食事の用意をして、ご帰宅を待つ。典型的な平和な家庭である。家族の間でも"親しき中にも礼儀あり"で、「お帰りなさい」「お疲れ様」と1日の労をねぎらう。すると、家庭は円満である。同じように、GMを中心として24時間365日素早く、休みなく、家庭的な寛ぎと温かみ、団欒、清潔、思いやりをホテルはお客さまに提供するし、同じく「お帰りなさい」「お疲れ様」と1日の労をねぎらう。

　一家の主が生計を支えているように、お客さまがホテルを支えているのである。「お客さまは神様」である。「GUEST IS KING」「GUEST ARE ALWAYS RIGHT」と先駆者が言われているゆえんである。ホテルは家庭の延長であると言うならば、ちょっと考えてみよう。

　サービスという言葉の語源は Slave-Servant である。階級社会の遺物ではあるが、社会が進化して人権、人間性、個性が尊重される時代になると、言葉もサービスからホスピタリティー「もてなす・歓待する・待遇する」へと進化して、「Customers Satisfaction」がホテル・マネジメントの最大の基本とされる。ハード（装置）プラス、ソフト（ホスピタリティー・マインド）= Customers Satisfaction が最も重要なホテル経営の要素として現代でも生き続けて永遠の最重要課題としてホテリエに受け止められ、長年教育されている。21世紀はIT産業とホスピタリティー産業の並立の時代である。

ホテルのホスピタリティーが最高の商品の一つであると言うならば、ホテルはマナー教育の学校であらねばならぬ。家庭教育から生まれてくる人柄がいかにホテルにとって大切であるか。自然ににじみ出るフロントクラークの物腰の柔らかい対応、ベルボーイの親切さ、交換手の言葉遣い。サービスとは何かをさらに丁重に教えてくれるマナーの学校、それがホテルである。そう言えばホテルマンとしての駆け出しの頃、退官する宮内庁の侍従武官から宮中の国際VIP接遇のマナーやハイソサエティーの行儀、作法など、毎週教育を受けたものだった。自らの身を修めることが最も接客業には大切だと思い出し、子供の頃教えられた、小学1年生1937年当時の「修身」の教科書を読みたくなり、やっと古本屋から懐かしい、当時の尋常小学校修身書児童用「7〜8歳」を探し出し、一気に読んだ。驚いたことには現代でもホテルのマナーのお手本になる立派な内容にいまさらながら感嘆し、あえてここにご紹介しようと思います。注釈を入れなくても充分理解できるでしょう。

現代の家庭にも必要な事と、考え進化したホテル
「home away from home」

ヨクマナビヨクアソベ（よく学びよく遊べ）

センセイ（先生）

ジコクヲマモレ（時刻を守れ）

ナマケルナ（怠けるな）

トモダチハタスケアエ（友達は助け合え）

ケンカヲスルナ（ケンカをするな）

ゲンキヨクアレ（元気よくあれ）

タベモノニキヲツケヨ（食物には気をつけよ）

ギョウギヲヨクセヨ（行儀よくせよ）

シマツヲヨクセヨ（始末よくせよ）

モノヲソマツニアツカウナ（物を粗末に扱うな）

オヤノオン（親の恩）

オヤヲタイセツニセヨ（親を大切に）

オヤノイイツケヲマモレ（親の言いつけを守れ）

キョウダイナカヨクセヨ（兄弟仲良くせよ）

カテイ（家庭）

テンノウヘイカノショウチョウヲマナビ（天皇陛下の象徴を学び）

チュウギトアイノネンヲモツ（忠義と愛の念を持つ）

アヤマチヲカクスナ（過ちを隠すな）

ウソヲイウナ（嘘を言うな）

ジブンノモノトヒトノモノ（自分のものと人のもの）

キンジョノヒト（近所の人）

オモイヤリ（思いやり）

イキモノヲクルシメルナ（生き物を苦しめるな）

ヒトニメイワクヲカケルナ（人に迷惑を掛けるな）

ヨイコドモ（良い子供になれ）

　以上、進化したホテルである現代の家庭へと贈りたい

3．Concierge
　マイ・スウィート・ホーム
　──ホテルとは、旅先のもう一つの家庭

　旅先のもう一つの家庭──ホテルも同じようにゼネラルマネジャーを中心にして24時間365日、素早く休みなく旅先のマイホームとなるべく寛ぎと温かみ、団欒(だんらん)を清潔と思いやりで組織的に提供する。一家の主が生計を支えているように、お客さまがホテルの営業を支えているのである。「お客さまは神様である」「GUEST IS KING」「GUESTS ARE ALWAYS RIGHT」と先駆者が言われているゆえんでもある。サービスという言葉の語源は"Slave-Servant"である。階級社会の遺物ではあるが、社会が進化して人権や人間性、そして個性が尊重される時代になると言葉もサービスからホスピタリティー（もてなす、歓待する、待遇する）と進化し、"Customers Satisfaction"お客さまの満足プラス"Staff Satisfaction"満足感を持った従業員がホテルマネジャーの最大の基本として、HARD・装置＋SOFT "Hospitality-Mind-Staff-Satisfaction" ＝ Customers Satisfaction に繋がる。以上は最も重要なホテルの経営要素として現代でも生き続け、永遠の課題とホテリエには受け止められている。21世紀はIT産業（デジタル）とホスピタリティー（アナログ）が並立する時代である。だがホテルでは最も大事な人と人のふれあい、心温まるサービスはむしろデジタル化すればするほど家庭の憩い精神的な安らぎは求められるに違いない。

　Concierge（コンシェルジュ）の話を聞いたのは昭和30年代のことだった。ヨーロッパホテル視察旅行から帰って来たフェヤーモントホテルの故・小坂社長からだった。その頃は米国、日本のホテル

にはその名称のついたホテル内の職種はなかった。ゲートキーパー・ドアキーパー・ケアテイカーの意味を持つ。それに代わる職種として当時はフロントオフィスのインフォメーション係、アシスタントマネジャーであった。ホテルを利用しているお客さまがホテル本来の用途から離れた個人的な問題、不便さ、情報を解決してくれるセクション、どの部署にも属さないホテルとお客さまの内部問題などはすべてアシスタントマネジャーで解決される。ホテルはさまざまなお客さまにお泊まりいただいている。言葉も違えば風習も違う。不慣れな異国での宿はまさに遠く離れたもう一つのスウィートホーム・ホテルである。

　それに接するホテルのスタッフは家庭の温かみを持たなければならない。お客さまの中にはさまざまな問題が発生する。ホテルと関係外の問題——例えば病に倒れることもある。ちょっとした用件や劇場・観光の手配、家庭内で起こりうるありとあらゆる要望をこなす熟練した豊富な知識と情報を持った人材、組織がホテル内で重要になってくる。今では世界中のホテルが必ず Concierge を置いている。ゲスト・リレーションとはよく言ったものだ。分かりやすく言えば「人間タウンページ」である。

　人件費の削減や経営の合理化の波はサービス産業にも導入されお客さまとの接点を非人間的なものにしてしまう。顧客とのヒューマンタッチの場を失う。ヨーロッパで始まった **concierge はゲスト・リレーションとして顧客の身の回りを丁寧にお世話する係であるまさにバトラー。その優しく親切な温かみに接する時、そのセクションの善しあしはホテルのホスピタリティー・マインドの高さ、グレードを示すのかも知れない。**

ホテル内外の諸問題
家庭内で起こるような問題を扱う Concierge

Concierge は
ホテルのグレードを決める 鍵

第 14 章

4．Guest is always right

　「お客さまは常に正しい」はまさに革新的で、先進国アメリカのホテル産業の経営理念として世界のホテルスタッフは学び、その経営哲学は語り教え続けられてきた。1949（昭和24）年ホテル業に入り込んだ新米の時から私も例外なく"Guest is always right"——「お客さまは常に正しい」、「お客さまは神様である」、「お客さまは王様である」と、ホテルの経営の真髄として脳裏に叩き込まれ、あるいは洗脳されてきた。確かにお客さまは人格的に、経済的に、そして社会的地位も高く、われわれホテルマンとは天と地の隔たりが当時はあった時代で、自然とお客さまには頭が下がりサービスマンとしてお仕えもできた。しかし誰がどこでその言葉を言い出して教えたのか色々な説はあるが、この年月になってうかつにも私は詳細を知らなかった。

　大先輩である業界紙 HOTERES オーナー社主太田土之助氏の『ホテルと共に60年』の中で以下のように述べておられる。未だ読んでいない方のために正確に伝えるためにも以下の文を引用させてもらうことにした。

　「Ellsworth Milton Statler——エルズオーズ・M・スタットラー、小学校もろくに済んでいない貧乏から一代を築いたホテル王が15歳の時ホテルのロビーに立っていると、1人の客がフロントのクラークに、"あの食堂のボーイは一体なんなのだね。ボーイの分際で我々の議論の中に入ってきて我々の話をメチャクチャにした。もう我慢できない"と言って荷物をまとめてホテルから出て行ってしまった。お客が帰った後、少年スタットラーが日頃から大切にして

いるメモ帳に何かしら書いているところをフロントクラークが見つけて呼び止めた。"何を書いているのだ"と。この少年のメモ帳に書かれていたことはこれこそ後のスタットラーホテル発展の動機となったサービスの基本哲学である"Guest is always right"というものだった。フロントクラークは"君の言い分はよくわかるが、あのお客だって悪いのだよ"と言ったが、スタットラーは"しかし現実には1人のお客さんを失ったじゃありませんか"。晩年スタットラーはホテルビジネスに科学的経済体系を与えるべく、コーネル大学にスタットラーホールを寄付してホテルマンの研鑽の場、ホテル科を創立した」と社主は述べている。さらに加えて激変するホテルの顧客層に対しこの哲理は果たして今後も永遠に続くのかと疑問も提議しておられる。

　お客さまとサービススタッフとの社会的、経済的格差があった時代、古くは王侯貴族とサーバント、主人と僕、階級格差があった時代から、民主化が進み、特に日本ではホテルの利用が大衆化路線に乗って誰でも利用できることになり、そのホテル内が一つの都市化となるに従ってさまざまな問題も派生し、ホテルのセキュリティも重要視されるようになってくると、果たして「お客さまは常に正しい」との哲学は今後も永遠に生き続けるのか。ホテル不良客の犯罪防止のための「**UG会**」、**招かれざる客の対策情報交換システムを創設させた私としては、お客さまを今後どう考えるのか。いつまでも「ホテルは正しいお客さまのサービススタッフ」であり続けたい**と願うのは私のみなのだろうか。

5．お客さまは神様である――教えてくださるのはお客さまの声

　どんな仕事でもそうであるように、お客さま・消費者の声に教えられ支えられていることが多い。**戦後から今日のホテルのサービスレベルに到達するまではほとんどのお客さまがアメリカ人であったのだが、その合理主義的アドバイス、その声で改善・進歩・発展してきたと言っても過言ではない。**

　日本のホテル事業は100数余年前にヨーロッパから洋式の宿泊施設として導入されてきた。日本のホテルの進化は帝国ホテルの歩みと共にあると言っても良い。旅館に代わって洋式の宿泊施設としての概念は、ゆったりとしたホテルロビーがありダイニングルーム、バー、プルニエ、各ルームフロアにはメイドステーションが配されルームキーも各階で手渡していた時代があった。畳に代わって客室は "one bed"、"two beds"、"one large bed"、"connecting" または "joining room"、"suite room" などであった。そして1949（昭和24）年に初めて私はホテル業に触れた。

　当時の日本の農業は、肥料は肥溜に貯めてあった人糞尿、最も窒素・燐酸・カリの三大要素の整った合理的な肥料であった。しかし衛生的でないと言われたためホテルのレストランで使用するすべての野菜類は冷凍輸入されたものであった。アメリカ式ハウス栽培を教えてくれた第1号はサニーレタス――清浄野菜であった。鶏卵はもちろん粉末卵でハム・ベーコン・肉類はすべて輸入であった。ハム・ベーコンの調理はウェルダンで、特にベーコンはよく焼いてカリカリでなければならなかった。草食の牛以外、雑食の豚鳥肉類は腸内に生息するジストマ菌、回虫などの伝染を恐れたためであり、

すべてウェルダンと充分に加熱することもお客さまが教えてくれたものだった。当時ようやく日本製のハム・ソーセージが出回ってホテルの朝食によく出されていたのだが、"fishy , fishy"——魚臭いと教えてくれたのもお客さまだった。何もかも一緒くたにしたドラム缶の残飯を日本の養豚業者は飼料としていた。そして魚の残飯とそうでない残飯とを区別して与えなければならないと、養豚の飼料としての残飯回収業者に教えてくれたのもお客さまの声からであった。現在は人工飼料だから薬品、抗生物質の使用について国のさまざまな規制はあるものの、また別の心配をしなければならないのだが。

ヨーロッパ、主としてフランス人の団体客が宿泊した時にコーヒーが薄いと騒ぎ立てられたことがあった。アメリカ人を主な顧客としていた当時のホテルのコーヒーは薄口で、後に日本では「アメリカンコーヒー」と呼ぶようになった。ヨーロッパのコーヒーとティーにも色々な違いがあることを教えてくれたのもお客さまだった。ヨーロッパに初めて旅行した時の朝食のパンは本当においしかった。なるほど、と「コンチネンタル・ブレックファースト」の本物を体感した。「アメリカン・ブレックファースト」のようにジュース・エッグ・ベーコン・ハム・ソーセージがいらないわけだ。おいしい本場のパン類はコーヒーかティー、それだけで満足する。少しずつ世の中が豊かになり、日本のお客さまも泊まれるようになると日本茶の要望が多くなってきた。客室内には旅館のようにティーポットを入れるようになり、石鹸だけだったのが歯ブラシや化粧用品などアメニティ類も旅館並に増えてきた。

1964（昭和39）年の東京オリンピックは帝国ホテル東京の元総料理長・村上信夫氏の率いる全国から選り抜かれた日本の調理人達

に、各国大使館より教えられた世界の料理メニューを学ぶ最大の機会になった。かくして日本のホテルはお客さまの声によって進化してきた。話は尽きないが、歴史のほんの一部でもある——お客さまは神様である。

6. YES Sir, YES Madam, Very well Sir, Please
　　——Hospitality Mind の始まり

　戦後、アメリカから日本に輸入されてきたフードビジネスの形式は、ファストフード、ファミリーレストラン等と名付けられ、そのコンセプトは統一化、均一化、省力化、コックレス、を謳い文句に、マニュアル化されたノウハウは、お店のレイアウトや、調理、サービスの方法に到るまで、すべて、おしなべて、合理主義に基づいた目新しい運営方式であった。よく開店前の店頭で、店長が中心になって、「イラッシャイマセ」「アリガトウゴザイマシタ」との従業員に対する点呼風景、いかにも日本的な、おもてなしの教育の姿をよく見かけたものだった。例えそれがマニュアル通りで、心からのおもてなしの言葉ではないとしても、言われないよりは言われた方が、お客さまの気持は悪くないものだ。だが次第に食文化と言うか、食の提供と受け方が、発信と受信の関係に置き換えて考えると、回転寿司や、コンビニエンスストアのより簡易な提供を受けられるようになってくるフード事業の展開は、あのファミレスのそれが形式的なものであれ、サービス言葉を耳にすることは少なくなって、また不必要になってきたのかも知れない。

　最近ふと気付くことがある。飲食業は人件費がその成功の鍵を握る最重要項目だから、正社員よりも、パートタイマー、アルバイトと省力化になるのはやむを得ないのだが。キャッシャーで清算する折に例えば1,000円ですと請求金額を提示はするものの、「ありがとうございました。またのお越しを」とか顧客に対するサービス言葉がないことがちょくちょくある。ニートやフリーターと呼ばれる人種はその場しのぎ、自己中心的感覚の持ち主なのだろうか、お店

に忠誠心を尽くす心は全くない。お客さまに感謝する必要も全くない。なぜだろうか。個人主義、自己中心主義のはき違えなのだろうか。それは日本の豊かさがもたらした副産物なのだろうか。お客さまにへりくだって、サービス言葉の一つも発することはない。

　1949（昭和24）年、在学中からホテル業に興味を持って、当時マッカーサー司令部のスタッフの宿泊施設としてのcontinental hotelにパートタイマーで働いていた。アメリカ人との接触も多く、些かアメリカンイングリッシュには馴れていたと自負していた。1953（昭和28）年4月には正式にフェヤーモントホテルに入社、身をおくことになった。私のホテル業界入りの始まりである。最初に総支配人から男性のお客さまには必ず最後に「yes sir」女性には「yes madam」と敬称で言うように教えられた。当時は、お客さまは100％外国人であった。ホテルの性格上、長期滞在客も多かった。

　辞書によると「sir」は男性に対する呼び掛けに用いて、貴方、先生、閣下、お客さん、だんな、等々と説明がある。Hospitality産業にとって英語では欠かせない目上に対する、へりくだっての敬語、敬称の一つである。FRONT DESKの中に立って予約の確認や宿泊人数の電話問い合わせによく「one person」お一人様 or 又は「two persons」「two peoples」お二人様ですかと、宿泊人数の確認をしていると、ロビーのソファに腰掛けて休んでいるCornel Mrs Router、ルーター大佐夫人である。今でもよく覚えている、その品の良いご婦人から、「two peoplesでなく two people」と「s」は付けない、「people」は単複両用だからだ。従って「one person、two people」という。「one person、two persons、three persons」と「s」を複数としては使わない。とよく英語の間違いや、発音に対して、注意教えられたものだ。英語の先生は正にお客さまであった。「persons」は

誤りとしての慣用語で現代では使われているのだが。またよく耳にしたお客さまの言葉は、子供が色んなことを頼んだり、聞いたりする時は、必ず、母親が「say please」「プリーズと言いなさい」となんとも言えないきれいな言葉で厳しく注意していたものだ。

　古い話だが、戦時中イヤと言うほど、毎日ボーイングB29の空爆にあっていた日本人は、敗戦という、打ちひしがれた暗い気持ちと、新しく国作りに立ち上がろうとしていた。1961年勇躍アメリカへの海外視察旅行、あのボーイング707型機に生まれて初めて空を飛んだ時の感激はひとしおであった。ひとときは体格の大きいパーサーやスチュワーデス、今では「フライトアテンダント」と呼ばれているのだが、コーヒーの注文や、飲み物の用を言い付ける度毎に、「yes sir」「very well sir」と答えられた時は、今まで散々叩き込まれてお客さまに丁寧に英語を使っていた敗戦国の打ちひしがれたサービスマンの私には、それは、それは、とまどいと驚きであった。「ソーカ、オレはお客さまなのだ、偉いんだ」と「sir」の**たった一言が、お客さまにどれだけの満足感と優越感を与えるのかと感激したことは今でも忘れはしない。「yes sir」「yes madam (ma'am)」「very well sir」**である。「Hospitality」産業の接客業の真髄はたったこの一言に気付いた。

　さぁー、今日も「YES SIR」と言い続けよう。

Yes, Sir!

 Yes, Madam!

Very well Sir!

最終章　もう一度、お客さまをゲストに遇しよう

1．"MORE" から "BETTER"

　日本の社会環境、経済環境が活発に変化し、劇的に成長して経済大国と言われるようになってくるとホテルのユーザーの価値基準の意識がライフスタイルとともに変化してくる。その変化のスピードには驚くばかりである。

　昭和20年代は、ご承知のように戦後の混迷期であり、生命を維持する「もの」が欲しい時代で、それも生存志向型の「もの」に飢えていた時代である。一般の庶民は食べるものにも事欠き、飴やチョコレートが宝物の時代であった。当然、ホテルのゲストは外国の賓客、要人、軍人軍属、バイヤー、外国から来る観光客等であり、日本人顧客は皆無に等しい時期でもあった。ホテルはハード、ソフトともにその基本的なレベルの維持に追われていた時期で、暖房機器こそあれ、冷房機器は輸入品以外はなく、扇風機を入れていた時代でもあった。

　そのような状態の中では、ホテルはもちろんのこと外国人ゲスト主導型で、ホテルの復興期であった。

　昭和30年代に入ると、相変わらずの「もの」中心の時代であったが、世はメーカー主導型の高度成長期に入ってきた。1964（昭和39）年の東京オリンピックを迎えて、**第1次ホテルブームに入り**、人並の時代となった。人並の暮らしがしたいという欲望にみちたモア（MORE）の時代。ホテルもそれまでの国産だけでなく、外資系

のホテルが導入され、欧米並のホテルの施設、設備の充実が叫ばれ、研究された時代でもあった。

昭和40年代になると、メーカー主導のマスプロダクション型から流通主導型の時代に入り、質的変換期とも言われ、人よりちょっと違ったもの、変わったものが欲しいという差異志向型となり、ベター（BETTER）の時代になってくる。業界は**第2次ホテルブーム**。大阪で開かれた万国博覧会、札幌冬季五輪が行なわれ、ホテルの利用客も国内のビジネスマンやレジャー客が、外国人利用客とともに増加し始めた折でもあり、業界も国内大衆化期、機能の分化が始まった年代。需要増にともない利用目的によるホテルの種類が出現した。ビジネスホテル、中型ホテル大型グランドホテルが台頭してきた。となると、大型ホテル等では料飲部門の充実が求められ、だんだんと宿泊主導型から料飲宴会主導型への移行が明確化した時代でもある。1974（昭和49）年のオイルショックが原因で高成長から一気に低成長期に転換。外国人客が減少し国内市場の開拓が急務となった。

昭和50年代になると、消費主導型の経済環境に入り、安定成長期へ移行するいわゆる自己確立志向、アイデンティティー（IDENTITY）という言葉がもてはやされた時代で「もの」中心から、即ち「TO HAVE」からライフスタイル中心の時代、「TO DO」、「もの」離れの時代に入ってきた。**第3次ホテルブームである**。大量輸送による地方分散期に入って、地方都市での大型近代ホテルの建設ラッシュ、博覧会ブームへと入ってくる。

1980（昭和55）年に起こった第二次オイルショックで、経済は値上げラッシュ。社会では「省エネ」の言葉がはやった。中級ホテルの地方進出が急ピッチで進み、「ホテルのない街は都市にあらず」と言われた時代。**第4次ホテルブーム**の到来である。コンピュー

ターの導入が当然のように普及したのもこの時期だ。

地域法人や個人の宴会利用が増加し、ファストフードに代表される外食産業の流行。一方、他産業界がホテル事業に侵入というよりは乱入、チェーン化も一層明確になり、経営の合理化、近代化、コンピューターの導入、効能率化等々、ホテルの都市活性化論等がマスコミを賑わす。

昭和60年代に入ってくると、個人のライフスタイルが重視され個人のこだわりの時代となる。

「ココロ」「感性の時代」、つまり「TO BE」、より一層、自己表現志向が高まり、よりコンフォタブル (COMFORTABLE)、快適で気分よく生活したい。より充実した時間を過ごしたい、という生活者主導型の時代、一般に言われている成熟期に入ってくる。ホテル業界はニューコンセプトの時代に入り、**第5次ホテルブーム**の到来を告げている (リゾート法成立、1987年：昭和62年)。

ホテルの利用方法は更に一般化し、日常の生活の中での利用が目立ってきた。飲食はもちろん、ショッピング等、あるいはコンベンション、ウエディング、法事、同窓会等の社交空間となってきた。ホテルは益々巨大化し、「24時間都市」としての機能を内包する。複合多機能化または、一つのコンセプトに特化したプチホテル、女性専用ホテルなど、益々多目的総合レジャー空間化している。ホテル全体を特徴化、商品化し、それがホテルの差別化となり、市場のセグメンテーションが盛んになる。利用客市場の大半が、戦後生まれのユーザーによってリードされていく時代でもある。

また欧米諸国がインフレ、失業、巨大な貿易赤字など経済上の諸問題を抱えている折に、円高による影響もあって外国人客に依存していたホテルが、一斉にそのターゲットをローカルの国内需要に合

わせた商品開発に熱中してきたのだ。

　平成になる（1989年：平成元年）とバブル経済となり、外資系ホテルが続々と参入。インターネットでのホテル予約代行業が始まり、低価格競争でレートは混乱。現在は「公式サイトでの予約がベストレート」と謳うホテルが増加傾向にある。

　昭和の時代から今日まで、1億総ミドルクラスという国民の金持ち意識に迎合している現象は、年代別、世代別に分けて考えると、日本だけの特殊なホテルの開発進化あるいは、ホテルインダストリー化となってきたと感じざるを得ない。新しいホテルの概念、コンセプトが日本だけの市場の特殊な現象として、泊まらないホテル客、つまりゲストではなく、クライアントの増大、そしてその顧客に合わせた市場の拡大が見られる。ホテル業という商売はカッコヨク儲かるからやろう、という考え方も出てきたのではないだろうか。

　特に、大安の日曜日などは果たしてこれがホテルであろうかと思われる程、○○殿とかいう表示が多く結婚式場・会館と間違う程だ。ロビーには、もちろんホテルを利用したことがない人もいる。ホテルを利用する最低のマナーも知らない。売り上げ比率が、宿泊の3～2対料飲宴会の7～8となるのも日本独特の現象である。

　それにしても日本のホテリエ（HOTELIER）は果たしてこれでよいと考えているのだろうか。外国から見れば、これは正しく言えば、ホテルという概念から離れて、「コンベンション＆コンファレンスセンター」と呼ぶに等しい。ダラス近くにあるルネッサンス「コンベンション＆コンファレンスセンター」は、正しく日本の大型ホテルの機能、いやもっと充実した機能を有している。

2．ホテルこそ地域経済・文化を活性化させる

　日本のホテル業界の歴史と動向を見てきたが、ホテルとはどういうものなのか。ホテルが都市の中で果たす機能をもう一度基本に立ち返って考えてみたい。ホテルを主軸に考えないと、第三次産業と文化の時代の都市は活性化しない、と考えるからである。

　そもそも観光の三大産業は宿泊産業（hospitality）、旅客運輸業（transportation）、旅行斡旋業（travel agent）である。なかでも、ホテルは都市の中枢施設である。ホテルを中心に都市は機能する、と私は考えているのである。

　歴史的に見ても、アメリカで言えば、大陸横断ルート沿いに教会が建つ、次いで人々の交流・社交の場であるホテルが建つ。アメリカ人の市民生活には欠かせない。病院が、学校が、スーパー、スポーツ施設、警察、消防署と続く。一大賭博場、世界のEntertainersが集まる。ファミリー向けの施設も出来た。Nevada州の砂漠地帯に忽然と出現した都市LasVegas、地域開発、アメリカ人にとってはホテルが中核として欠かせない。サンフランシスコの中心・UNION SQUAREの周りは、全部ホテルが取り囲んでいる。ホテルの中、その周辺の人々は仕事に、レジャーに励み、興じ、生活しているのである。

　地域の振興、経済の浮上、活性化、は『人』『物』の移動、流れに負うところが多いのである。ツーリズムは地域づくりの一つの手段となる。

　国は、人々は、金も力も何も持たない状況の下では、貨を得ようと、まず自国の住んでいるところ、自然環境、山、海、川、歴史的遺跡、伝統、産物等々を、誇るべき、天から与えられた貴重な資産、素材として、人を呼び込み、活性、活力を得ようと考える。至極当

然のことである。資金力があれば、USJ、ハウステンボス、ディズニーランド等のように人工的にも、イベントを組み立てることができる。そして人が集まることが、その地域の、活性化につながることになる。

Floating Utility 概念

ここで「Floating Utility」という概念を紹介しよう。

　移動＝ Flowing（流れ）→ Floating（浮上）

　「集客のコンセプトづくり」は人の流れをどのようにその地に留め、浮上させるか？「地域の活性化の重要なコンセプト」である。

　人々、都市生活者、あるいは利用者は、都市の各種施設、機能の空間の中を流れるように移動しつつ、行動している。その行動により活性化した状態を Flowing〔流れる〕、と Floating〔浮揚する〕と呼ぶことにする。

　都市には、ホテルを中心にした urban・都市 Floating zone がある。その zone の周辺を、居住地、繁華街、商業基地、さらに office 街、情報基地、工場群、生産基地、そして物流基地が位置する。Floating zone への交通 access は整備されていなければならない。交通 network の確立されていない都市でなければ Floating zone は形成されない。交通 terminal と空港の必要性である。国際化時代に対応した 24 時間関西空港は、大阪都市ホテルの positioning を絶好のものとしている。南海を中心に南へ延びる広大な南大阪一帯、近鉄は東へ延びる中河内地方と奈良を hinterlands として抱えている。潜在需要を掘り起こし有効需要に転換させる。南大阪で言うならば、JAL 日航ホテル堺、大阪、Swiss ホテル南海等々のホテル群は urban Floating zone として機能している。ホテルは都市を変え、創るのである。堤義明氏は都市ホテルよりも先に、リゾートホテル

でその経営のノウハウを身に付けた。大磯のプリンスホテル、スキー場の苗場プリンスホテル等である。昔は都会離れしたリゾートを都市化し、ホテルと一体化した。田舎が都会になる。

ホテルの出現によって一層都市の魅力を増す。正に Flowing people を、ホテルを中心に Floating させているのだ。

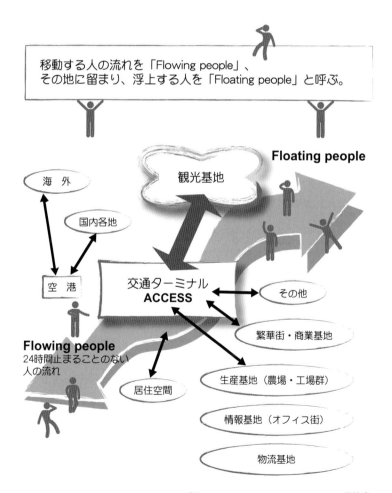

1日24時間の重層化を

　Flowing people の流れは常に止まることがない。その流れを大きなスケールでホテル群のある urban Floating zone に振り向けさせ、都市におけるホテルへの一極集中を図らなければならないのである。百貨店の例で言うと、個人消費の低迷で売り上げは大きく伸び悩んでいる。これから後も高度成長期のような発展はないかも知れない。百貨店自体が魅力の場でなくなっている。コンビニエンスストア、ホームセンター、専門総菜店等の出現は人々の生活パターンの変化を見逃してはならない。ではホテルと百貨店とはどう違うのか。宿泊を提供する場があるとか、ないとかの単なる違いではない。ホテルは 24 時間営業である。都市は Flowing people で溢れている。人が帰宅の途につき、街はひっそりと静かになる。夜の営業は期待できない、のではない。

　夜の営業を stop してしまうから夜は人が集まらないのだ。都心の夜が深夜から朝にかけても賑わっているならば、交通の対応も違ってこよう。ホテルが最近賑わい始めた。それはいついっても昼のような夜があり、朝のような夜にホテルは満ち溢れているからなのだ。24 時間営業を華やかに続けるホテルが都心に群として形成されたら都市は変わる。確実に変わる。New Orleans は一晩中 jazz に、Las Vegas はカジノに明け暮れている。

■フローティングゾーンの24時間の重層化、複合化

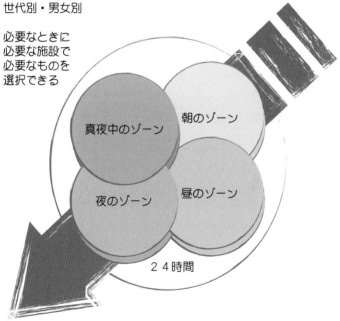

世代別・男女別

必要なときに
必要な施設で
必要なものを
選択できる

真夜中のゾーン
朝のゾーン
夜のゾーン
昼のゾーン

２４時間

人間、情報、時間、空間が常にフローティングしている
都市生活者の活性ダイナミズム
増殖作用の発生

都市空間における「Floating zone をどう活性化させるか」は、かたときも休むことのない 24 時間 zone をどうするかにかかっている。人間だけに限らない、物も情報も、時間も空間も、絶えず、常にこの zone は Floating している。自由業の人々は夜型人間、高齢者は朝方、多様な人間を含みながら生きている。Floating zone は重層化した時間の塊である。当然、その zone の回転時間的経緯は重点を朝から夜、夜から朝に向けて移動させる。

　Floating zone は、だから四つの区域に機能的施設やイベントを用意し提供しなければならないのだ。四つとは、朝の zone、昼の zone、夜の zone、深夜の zone である。人間は全 24 時間一睡もせず、何日も過ごすのではない。休息も睡眠をもとりながらだが、Floating zone は、そんな人間が混合しあうことによって、時間は重層化し、複合化する。Floating zone もまた重点の移動を見つつ、同様の機能は重層化し、複合化するのである。異種混合の重層化、複合化を起こし、新しい商業 complex を生み出す。Flowing する人々を取り入れ、Floating させる。それにより生まれてくる活性 dynamism が zone 全体に増殖作用を発生させる。繁華街はかくして不夜城になる。

　ホテルは大衆化し、市民のものになる。都心はホテルの誕生で活性化する。都心だけではない都市近郊も変わる。ホテルニューオータニ大阪が誕生する、オフィス街ができる、ショッピング zone が生まれる。まさに新しい都市空間の誕生である。大都市、近郊都市、地方都市へのホテルの展開は地域住民に誰にもできる community zone となりその地域の文化の活性化に主役を務める。24 時間稼動する Floating zone にあってホテルこそが中核的役割を果たすのである。ホテルはかつては恵まれた特権階級の専有物であったが、今

は違う。すべての人にホテルのドアは開かれている。

　ホテルは高く使うことができる。ステイタスを高く、高額所得者には相応しい利用法とサービスの提供法がある。同時に低額所得者の恋人たちにもホテルは寛大だ。一杯のコーヒーで恋を語らっていただくためにもホテルはある。広い空間で都市を眺める。大阪である。二つに分けて北と南である。いずれにも Floating zone に、流通業と共に役割の大きいホテルはご理解いただけるであろう。流通業の中でも都市の活性化に最先端を走っていた百貨店は時代の豊富な生産と高い品質、足を運べば、科学や文明の到達した水準や情報、段階を一店に集中させた建物として、百貨店に勝る施設は他にない。だが、ホテルはさまざまな世代の混淆である。生まれてくる世代、退場していく世代そんな世代の Flowing をも視野に入れた営業活動の展開が当然重要となってくる。

都市の時間差ファンクション

　地域、都市が活性化するには、24 時間稼動する都市機能を不可欠としているのである。時間を限られた、単なる物の展示販売場、そんな店舗の集積だけではこれからの都市 area は活性化しない。たとえ活性化しても、短い時間に限定されると、都市生活者の一部そのスペースは利用されないのだ。成熟した都市のバロメーターを、だから、24 時間現象の深度と広がりとイコールと考えたい。24 時間都市の生活様式は新しいニーズを生み、新しい都市文化を形成する。

　成熟した都市を高度な都市と呼ぶならば、高度な都市は、従来のような百貨店を核にターミナルを中心とした地域開発以上の構想を必要とする。人・物・金・情報が昼の時間帯だけでは Floating しな

い。24時間機能を持って初めて地域の活性化は期待できるのである。都市生活者はさまざまな機能を必要に応じて、ある時は瞬間、ある時は長時間、自由に、必要なものを選択することによって、自己表現の欲求を満足させるのである。連続的、休みなく都市機能をFloatingさせる施設・空間・物が必要となってくる。その起爆剤、コアとしてホテルが重要な位置と役割を帯びる。

都市ホテルのポジショニングは、こうした生活者をどこからの側面でもdamming「貯める、留める」の機能と役割を持たねばならない。ホテルの利用を非日常から日常生活の一部としてルーティン化させることにほかならない。24時間を重層化させ、複合化させる。そんなareaが新しい商業complexを開発する。買う・学ぶ・健康保持・創る・飲む・食べる・遊ぶ・集う・休む・儀式・式典・見る・観る・触る・聞く・聴くなど自由に選択する行動は多種多様である。このような行動の集積ネットワークを中心にホテルが位置し泊まるという行動へと誘うのである。これらの行動は超安価・安価・普通・高価・超高価と階層に合わせたプライスの展開、重層的展開である。24時間の展開、さまざまなファンクションの集積を図っていくのである。

ホテルの提出する世代論

年齢世代ごとにライフスタイルや価値観は異なる。ターゲットの絞り方にそれは影響を及ぼす。

《第一世代》は1928－1946年（昭和3年から21年）に生まれた世代。戦後の高度成長期を担って働き蜂、モーレツ人間がダンス、楽器にも触れず、鈍臭く概して浪費型勤勉型。

《第二世代》は1947－1952年（昭和22年から27年）に生まれ

たいわゆる団塊の世代。『欲しがりません、勝つまでは』で育った第一世代が量の充足を求めるのに比べて、質の充足を求める。ニューファミリーなる華麗な名称もつけられただけにファッションとも呼べるライフスタイルの持ち主達だ。

《第三世代》は1957 − 1962年（昭和32年から37年）頃生まれた世代でニューヤング層とも言われる。

質より文化的充足要求を持っている。完全なテレビっ子。

《第四世代》は1967年頃 − 1970年（昭和42年から45年）頃に生まれた世代。目立ちたがり、情報社会の特質を受けている。感覚を頼りに生きている。

《第五世代》は1973年（昭和48年）以降に生まれた世代。俗称「ホリエモン」に代表されるIT万能主義世代。

《第六世代》は平成になってから生まれたゆとり教育世代。通信端末（ケータイ・スマホ）の所持やSNSの利用が不可欠で、内向き。

以上が私なりに捉える世代分けであり、それぞれの特徴である。

ホテルはお客さまの好みに合わせて施設を作り商品化、イベントを展開する。どの世代に照準を合わせ定めるかは大事なポイントであり、世代の特徴、言い換えるならばニーズにマッチした展開を図らなければ歓迎されないからである。捉え損ない、方向性を見失うとホテルの存続にかかわる死活問題である。

ホテルに品格を求める権威高級指向タイプ、家庭中心主義ファミリーレストラン・タイプ、個人主義から趣味に生き小市民的暮らしに満足する、サウンド、スクリーン、やたらとメカに強くコンピューターライズされ万能主義と思い込むタイプ、異星人に似た新たな大群。お客さまはさまざまである。考えてもみよう。私達の世紀ほど

急激な科学技術の進展を見た時代はない。帆船から石炭、重油船へ、重油から原子力に、60年前、TVを知っている人間など誰もいなかった。今は壁掛けのように、あっても何の不思議でもなくなった。当然暮らしも変わり、考え方も変わる。

　ノスタルジアは捨てなければならないのである。そして世帯構造の著しい変化にホテルは何をどう構想するのか、生活時間帯、深夜の活動時間の拡大、コンビニエンスストアの深夜営業、一人暮らしの各世代層の、小型商品化の開発、レンタル化促進、持ち帰り弁当や、総菜宅配、家事の外注化、ニーズに合った新産業の台頭、個人消費の新しい変化が起こってきた。ホテル業界も流れと変化をよく見極め、そして行動をしよう。

3．終わりに——国際化時代に原点を見直す

　ホテルの世界に足を踏み入れて 60 数年。昭和 20 年代から、世界のホテルや日本のホテルの発展の動きを可能な限りこの目で確かめてきたつもりである。

　私は訴えたい。都市文化、地域経済の振興にホテルは先兵役を務めているのだ。ホテルの誕生は新たな需要を生む。各界のトップ、人生の荒波を乗り切った方々の味、匂い、教養を、身をもって学び取れる。名コック長の腕を盗み取りして成長するコックのように、努力を払ってきたつもりだ。それがホテルだ。

　都市は生きている。生きているから変わる。その変化の重要なもたらし手は、都心にあってはホテルである。だから、これからの時代、益々ボーダーレス、国際化、地球規模的な情報・文化交流の場を、より高品質に、より高文化インテリジェンスを持って、世代を超えて提供し、人々の交わり、人間味、そして、地域の、経済の、交錯、進化の中心発信機能をこれからも果たすのはホテルであると私は固く信じている。

　ある本で読んだのだが、その昔、子供の頃ホテルへ食事に連れていってもらう時には、子供なりに正装させられ、マナーも厳しく教えられた。自分自身もなんとなく厳粛なムードを感じ恐いくらいだと述べていた人がいた。社交空間だとホテルは定義されている。だが、ある意味で選ばれた人の社交空間ではなかろうか。周囲を海で囲まれた島国の日本では、集団行動が好きである。海外でも日本人の団体はすぐに分かる。

　国際化の時代に、国際的な最先端企業であるホテルが、国民に胸

をはってその教育をしていくことが今後望まれるような気がしてならない。

　関西国際空港が開港した。諸外国からの訪日客も増大している今こそ、私は言いたい。われわれのホテルゲストが本来のマーケットのお客さまである原点だと考え直してみる機会ではないであろうか。カスタマーではない。今こそ関西の国際化を先導するのはホテルである。海外のホテルのサービスを研究研鑽することも充分に大切であるが、それに見合う土壌づくりがもっと重要なポイントであるように思えてならない。外来語を見ても日本人はつくりかえがうまい。が、日本流ではいかないのが一流ホテルではないであろうか。国際的サービスのレベルを最も必要とされる時期である。

　30数年前、まだまだホテルが発展途上の時代に『都市が変わる、ホテルが変える』と提言した筆者は、本タイトル通り"骨の髄までホテルマン"である。2020年、再び東京オリンピックを迎えるにあたり、今なら読者の皆様もご納得いただけるのではないかと思う。

　さぁ、もう一度、お客さまをゲストに遇しようではないか。
　ホテルよ、万歳！

著者プロフィール

加藤敬三（KATO　Keizo）

　1930（昭和5）年、中華人民共和国・山東省青島市生まれ。慶應義塾大学文学部英米文学科在学中、コンチネンタルホテル（Continental Hotel）にてアルバイト勤務、1953（昭和28）年卒業と同時にフェヤーモントホテル（Fairmont Hotel Tokyo）へ就職。あらゆる部署・職種に携わりホテルのゼネラリストとして成長を遂げる。活躍の舞台を関西に移し、1968（昭和43）年ホテルプラザ入社。1973（昭和48）年南海電気鉄道株式会社によるホテルを核とした難波都市開発事業に参画。南海電鉄のグループ事業としてビジネスホテル、旅館業、リゾートホテル、レストラン、遊園地事業とあらゆるサービス産業の経営・運営にも参画。1979（昭和54）年、株式会社ホリデイ・イン南海大阪代表取締役に就任。ホテルマンとしての現役を退いたのが1994（平成6）年。その後は大学院講師やコンサルタントとして観光やホスピタリティー分野における開発・経営理論を唱え、現在に至る。──齢85歳。ホテル業界にかける情熱はまだまだ現役である。

骨の髄（ホネ　ズイ）までホテルマン
──Executive Hotel Official は語る

2015年3月10日　第1刷発行

著者　　加藤敬三
発行者　太田　進
発行所　株式会社オータパブリケイションズ
　　　　〒105-0001 東京都港区虎ノ門1-19-5 虎ノ門1丁目森ビル
　　　　電話 03-5251-9800
　　　　http://www.ohtapub.co.jp
印刷・製本　　　富士美術印刷株式会社
©Ohta Publications Co, Ltd.　Printed in Japan
乱丁・落丁本は小社にてお取り替えいたします。
ISBN978-4-903721-49-1　定価はカバーに表示してあります。

〈禁無断転訳載〉
本書の一部または全部の複写・複製・転訳載・磁気媒体・CD-ROMへの入力等を禁じます。
これらの承諾については、電話 03-5251-9800 までご照会ください。